论语

全译

李申 译注

巴蜀书社

图书在版编目（CIP）数据

论语全译 / 李申译注 . — 成都：巴蜀书社，2024.2
（中国古代哲学名著全译丛书）
ISBN 978-7-5531-1548-1

Ⅰ.论… Ⅱ.①李… Ⅲ.①儒家 ②论语-译文
Ⅳ.B222.24

中国版本图书馆 CIP 数据核字（2021）第 193325 号

论 语 全 译
LUNYU QUANYI

李 申 译注

出 品 人	王祝英
责任编辑	童际鹏
封面设计	王 琪
发　　行	巴蜀书社
	四川省成都市锦江区三色路 238 号新华之星 A 座 36 楼
	邮编 610023　总编室电话：（028）86361852
网　　址	www.bsbook.com
经　　销	新华书店
印　　刷	成都蜀通印务有限责任公司
版　　次	2024 年 2 月第 1 版
印　　次	2024 年 2 月第 1 次印刷
成品尺寸	140mm×203mm
印　　张	18.25
字　　数	360 千
书　　号	ISBN 978-7-5531-1548-1
定　　价	69.00 元

本书如有印装质量问题，请与工厂调换

第一版编委会

主　编

任继愈

编　委

（按姓氏笔画排序）

方立天	孔　繁	任继愈	牟钟鉴
杜继文	何兆武	余敦康	杨宗义
庞　朴	冒怀辛	段文桂	段志洪
萧萐父	阎　韬	黄　葵	楼宇烈

再版说明

文化是一个国家、一个民族的灵魂。中国古代哲学是中华优秀传统文化的重要组成部分，集中反映了中华民族认识世界、改造世界的过程，体现出中华民族的超群智慧和深厚文化底蕴，在新时代仍具有重要的价值和意义，充满了生机与活力。为积极弘扬中华优秀传统文化，推动中华民族现代文明建设，我们对20世纪90年代我社出版的《中国古代哲学名著全译丛书》进行修订再版，以飨读者。

为方便时下读者阅读，本次再版，我们做了如下调整。

（1）对原二十四种哲学名著做了精选，保留其中十八种。

（2）对各译本内容的结构进行了优化调整，将原文、注释和译文分段对应，将原注释及译文部分的脚注放到原文之下，以便更好地发挥注释、译文、脚注等对原文阅读的辅助作用。

（3）为适应哲学研究发展、语言发展和新时代文化发展要求，对原版内容中的一些专业提法及语言描述等做与时俱进的优化修改。

岁月不居，时节如流，斗转星移，物是人非。三十多年过去了，当初的青年才俊已是学界的巨擘，不无遗憾的是有些先生已经驾鹤西去，当我们再品读这些字字珠玑时，才发现他们并未离去。这就是文字的魅力。世间一切皆会朽，唯有文字能穿透历史的时空而永生。文字就是他们的一座丰碑。谨此向那些筚路蓝缕的先驱者致以敬意。

本次再版，得到李申等几位先生的大力支持。在此，表示衷心感谢。再版工作的不足之处，恳请读者提出宝贵意见，以便本丛书不断臻于完善。

巴蜀书社
2023 年 6 月

原书总序

在国务院古籍出版规划统一方针指导下，我们与巴蜀书社合作，编辑了这套《中国古代哲学名著全译丛书》。

世界各民族不论大小，都对人类文明有所贡献，中华民族有五千年的历史，它对人类文明已经做出过伟大的贡献。伟大的贡献，有赖于民族思想文化的成熟。中国哲学，是中华民族思想文化成熟的标志。

五千年来，中华民族经历了无数的忧患和灾难。但是，忧患和灾难并未使它消沉，反而使它磨炼得更加坚强，在与困难和挫折的斗争中，它发展了、前进了。在前进的过程中，中华民族认识着世界，改造着世界，同时也改变着自身。

中华民族认识世界、改造世界的过程，在中国哲学中得到了集中的反映。其深闳的内容，明睿的智慧，在古代社会，和其他民族相比，都达到了极高的水平。中国哲学，在当时，无愧于自己的时代；在今天，是我们宝贵的文化遗产。随着人类社会的不断前进，随着对历史的深入剖析，中国哲学的内容和它的价值，将日益被更广大的人群所认识、所接受。

中华民族这个伟大的民族，有责任对世界文明做出更多的贡献。我们今天面临的任务，是要创造新的物质文明和新的精神文明，要完成这个历史任务，从中国古代哲学中寻求借鉴，提高广大人民的文化素养，是个必要的途径。

借鉴中国古代哲学，广大读者首先遇到的麻烦，是语言文字的障碍。本丛书的目的，就是为广大读者扫除这个障碍，使得更多的人能从中国古代的哲学著作中得到启迪，锤炼他们的智慧。

汲取前人的文化财富（包括哲学、文学、科学、艺术），都应该直接取自原作，这是不言而喻的道理。事实上，能做到这一点的，总是少数人。所以从古到今，都有一些人在从事翻译工作。有不同文字的互译，也有古籍今译。缺少这个工作，人类创造的精神产品，就不可能成为广大人民的财富。

古文今译，并不是现在才有的。司马迁撰写《史记》，曾把商周的文献典籍译成当时流行的语言，树立了成功的范例，使佶屈聱牙的古代文献，被后世更多的读者所理解。古希腊哲学为后世欧洲哲学的源头，今天的欧洲人（包括今天的雅典人）了解古希腊哲学，很少有人直接阅读古希腊文原著，人们多是通过各自民族的现代译文去了解古希腊哲学，这是学术发展的趋势和方向。

任何译作（古文今译，异国语文互译）都难做到毫不走样。但我们要求本丛书的译文除了对原文忠实外，还要尽力保持原著的神韵风格。这是我们争取的目标，并希望以此和广大读者共勉。

任继愈

名家导读

《论语》是记载孔子及其弟子们言论的书。

孔子，又称孔夫子，名丘，字仲尼，春秋（公元前722—前481年）末年思想家、儒家学派的创立者。

子，是古代对男子的尊称。春秋时代，男子如做过大夫及其以上的官职，可被称为夫子。后世对于德行好或学问高的男子，也尊称为夫子。

孔子先世为宋国贵族，后来定居鲁国（今山东曲阜）。宋国是商朝（也称殷朝）的后裔，所以孔子常自称"殷人"。

鲁国是周公姬旦的封地，由于姬旦对周朝的特殊功勋，周天子特别允许鲁国用天子的礼乐祭祀神祇。因此，以礼乐制度为核心的周代文化，在鲁国保存得比较丰富和完备。这样的文化背景为孔子的成长提供了良好的社会基础。

孔子幼年家境贫苦，但聪明博学，十几岁时就以通晓礼乐制度闻名。为了养家,他做过不少当时被认为是低贱的管理粮库和放牧的工作,后来做了鲁国某地主官,只一年,就取得了显著的政绩。于是先被提拔为司空,又被提拔为大司寇,即主管司法的官吏,并且代理过宰相。在代理宰相期间,曾随同鲁国国君和齐景公会盟,以自己的才智和学问,折服了齐国君臣,迫使齐国归还了以前侵占鲁国的土地,取得了外交上的重大胜利。然而由于鲁国政局的动乱和各派政治力量的斗争,使他不能正常地履行自己的职务,不得不一再离开鲁国,到其他诸侯国去谋求施展才能的机会。他带着自己的弟子到过当时的许多诸侯国,这样的旅程被称为"周游列国"。

孔子到过当时周天子所在的洛阳,向当时主管国家图书的老聃(老子)请教过有关礼仪的问题。他到过齐国,齐景公向他请教如何治国。当时齐国的臣子陈恒把持着齐国的实权,不安于臣子的本分,有篡夺政权的危险。所以孔子回答说:君要像个君,臣要像个臣,父要像个父,子要像个子。也就是说,君臣父子都要认真履行自己的职责,遵守相应的礼制。齐景公非常赞赏,并且感动地说,假如君不像个君,臣不像个臣,父不像个父,子不像个子,即使国家非常富有,能够由我享用吗?齐景公准备封给孔子一块土地,任用他做齐国的官。但是齐国的大臣,也是当时著名的政治家晏婴反对孔子,认为孔子主张的那套礼仪制度繁琐难学,不是治国的当务之急,于是孔子离开了齐国。

孔子到卫国,卫国按他在鲁国的级别付给他俸禄。但是有人在君主面前说他的坏话，于是他又离开了卫国。他要到陈国，经过匡地，匡人把孔子当成曾经危害过他们的阳虎，于是把孔子囚禁起来。孔子派人向卫国大臣宁武子求救，才得以脱险。有一次他经过宋国，在一棵大树下演习礼仪，遭到宋国军事长官的谋害，几乎送掉性命。到郑国，其狼狈的样子被郑国人形容为像一只丧失了主人的狗。他在陈国住了三年，由于陈国经常遭受侵略，他又不得不离开陈国。后来他又到了蔡国。当时的大国楚国听说孔子道德高尚、才能卓越，就派人聘请他，他也准备前去。蔡国的臣子们怕他到楚国会危害蔡国，于是把他围困起来，断绝了粮食供应。孔子和他的弟子们差点被饿死。后来楚国派兵来救，孔子才脱离危险。有两个背叛主人的家臣，想请孔子去协助他们，孔子也准备前去。有个弟子不满地质问道：你过去说过，不和坏人来往。现在为什么要到他们那里去？孔子说，我是说过这样的话。但是我不是一只没用的葫芦，只配挂在那里而不让人吃。我应该做事。当年周文王用一小块土地作根据地，最后取得了整个天下。如果他们能够用我，我也要借助他们实行周朝的礼乐制度。但是，孔子最终在哪里都没有得到任用。孔子的学生冉有做鲁国大臣季康子的家臣，率领军队战败了齐国。季康子问他，跟谁学的军事？冉有说是跟孔子学的。于是季康子派人带着丰厚的礼物，请回了孔子。这样，十四年后，孔子又回到了鲁国。

当时的政治情况是，各诸侯国不听周天子的号令；诸侯国中，大夫（诸侯的臣子）又不听诸侯的号令；而在大夫家中，又往往是大夫们的家臣把持权力。这整个是一个尊卑倒置、上下易位的秩序混乱的时代。处在这样的时代，孔子坚决站在君主一方，维护君主的地位，反对臣子们冒犯君主，制造动乱。他在做大司寇期间，曾拆毁了把持鲁国政权的季氏家族超过礼制规定所修建的坚固城池。孔子晚年，齐国的臣子陈氏篡夺了政权，并杀死了齐国的君主，于是孔子沐浴更衣，隆重地向鲁国国君和把持朝政的季氏请求出兵讨伐陈姓的齐国。卫国发生内乱，父子争做君主，孔子的弟子有许多在卫国做官，问孔子应该如何办。孔子回答，应该首先确定名分，名分确定了，才好使每个人都知道自己的社会地位，从而自觉地按照礼制的要求去做。

当时的社会动乱，集中表现在诸侯和大夫、大夫和他的家臣们都纷纷违背礼制，诸侯要用天子的规格，大夫要用诸侯的规格。历史上把这种情况称为"礼崩乐坏"，即礼仪和相应的音乐制度都被破坏了。礼乐的崩坏又首先和主要表现于祭祀礼仪的破坏。比如说，依照礼制，只有天子才可以祭祀上天，但鲁国国君仅仅是个诸侯，却用天子的礼乐祭祀上天。虽然，这是经过周天子特别批准的，但是后来的儒者们认为，这也是不应该的。鲁国国君如此，其他诸侯有条件时就加以仿效。首先是秦国，刚刚被封为诸侯国，就祭祀自己的祖宗神，后来又祭祀其他古代君主。秦国如此，别国也不甘落后，齐国、楚国、魏国等，都祭祀起自己的上天来。诸侯如此，大夫们也不示弱。依照礼制，诸侯才可以祭祀自己国境之内的名山大川，但是鲁国的大夫季氏却去祭祀鲁国境内的泰山。孔子批评说，泰山神是懂得礼制的，决不会接受季氏的祭品。依照礼制，天子在祭祀自己祖先时，诸侯们都来助祭，所以祭祀的歌词有"公侯们来助祭啊，天子庄严而肃穆"。但是季氏仅仅是个大夫，他们在祭祖时也唱着"公侯们来助祭啊，天子庄严而肃穆"。孔子愤慨地说，他们家有什么资格唱这样的歌！

但是，如果能够在大局上维护上下尊卑的等级秩序，即使在细节上有些不守礼制，孔子也能加以容忍，并且给予最高的评价。依孔子的标准，"仁人"是对人的最高评价，在古代和当时的许多著名人物中，孔子很少称他们为仁人。而春秋初年的大政治家管仲，也有违背礼制的行为，比如他家里也建有只有诸侯才能设置的屏壁和放置酒具的台子。但是由于他多次召集诸侯会盟，并立约共同尊奉周天子，使天下从根本上恢复了正常的秩序，所以孔子认为，管仲可以算是一个仁人。

在所有的礼制之中，孔子最看重的是祭祀上天，并由祖宗陪祭的"禘礼"。这是当时最隆重的礼仪，也是最能显示人的身份、地位和政治秩序的礼仪，所以孔子认为，假如懂得了禘礼，治理天下就会像摆弄掌中之物。

当时礼崩乐坏的另一重要表现，就是行礼者只是徒具形式，而缺乏内心的虔诚。孔子反对这种虚伪的礼仪，他说，行礼啊，行礼啊，难道只是向神祇贡献玉帛吗？音乐啊，音乐啊，难道只是敲钟打鼓吗？假如人心里没有遵守礼制的仁爱之心，能行出个什么样的礼仪呢！孔子把不仅外表上遵守礼仪，而且内心也虔诚、自觉地遵守礼仪的品质，看作最高的德行。他希望以周代的礼仪为蓝本，然后根据现实情况加以增删，制定出为当代所用的礼仪来，但是，他没有条件实现自己的愿望。

把当时混乱的状况纳入以礼制为规范的秩序，是孔子的追求和理想。然而，当时那些想任用他的都是些没有力量的君主；有力量的君主想的都是如何违背礼制，获取更大的权力和利益，所以不能任用他。孔子也就始终没有机会亲自实现自己的理想。晚年，孔子企图通过自己的努力使天下归于秩序的希望已经破灭，只好专心于教授学生和整理古代的典籍。他希望通过自己的劳作，把古代英明帝王的统治经验流传下去，使后世有所遵循。

他所整理的古代典籍，有《尚书》，那是古代留传下来的优秀政治文告，也是当时政治经验的集中体现。有礼书，他教导自己的儿子说，不学习礼仪，就不能做一个合格的社会成员。有《诗经》，据说古代留传下来的诗歌很多，他经过删改，存留了三百多篇。他认为，不学习诗歌，在外交场合就不会说话；学习诗歌，还可以增长知识。他整理了古代的乐曲，据说他回到鲁国以后，使古代优秀的雅乐和专为祭神的颂歌都有了很高的标准。他根据鲁国的史料加以删订，写成了《春秋》一书。儒者们认为，《春秋》的字里行间，包含着孔子对当时事件的批评或是表彰，因而可作为后世处理政事的标准案例，所以被尊为经。据说他晚年特别喜欢《易经》，那时的书籍都是用刀刻在竹简上，然后用绳子穿起来。孔子读《易经》遍数太多，致使穿竹简的皮绳都断了三次。后世儒者们认为，解释《易经》的《易传》也是孔子写的，所以和《易经》合称《周易》，被一起尊为经典。但现代学者多数认为，《易传》是战国时代的作品。

孔子一生，教授了很多学生。史书上说，他的弟子有三千人，其中优秀者有七十二位。七十二位之中，又有十几位是最优秀的。这些学生，以及学生们的学生，在中国古代的政治、文化上，发挥着重要的作用。

孔子教授学生的功课有六种：第一是礼仪，第二是音乐，第三是书法，第四是数学，第五是射箭，第六是驾车。其中射箭和驾车都是当时经常处于战争状态的国家中每个官吏都必须掌握的军事技能。也有的说，他教授学生的功课，主要是《诗经》《尚书》、礼仪和音乐。

这些知识，可以说都是古代国家在政治、军事、外交事务中经验的结晶。孔子认为，它们都是古代英明帝王留给后世的宝贵遗产，自己的任务仅仅是把这些遗产接过来，传授下去，而不进行创造，这叫作"述而不作"。他表示，自己热爱这些文化遗产，到老也不改变。这些遗产，是他教授学生的基本教材。在教学中，学生随时向他发问，他都耐心解答。这些问答被记录下来，构成《论语》一书的基本内容。

由于他教授的主要是实际的技能，比如礼仪，主要是如何去做，所以他要求学生，要一边学习知识，一边进行演习。孔子和他的学生演习礼仪的故事，在中国古代广泛流传。

孔子热心地教授学生，不分贫富。只要拿很少一点礼物，他就收作弟子。有许多人，是父子两代都跟他学习。他自己对于学习，从不厌倦；教导别人，从不厌烦。他根据学生的才能，分别进行教育，使学生的才能得以充分发挥。他不让学生死记知识，而是启发学生思考，他认为，不能把学得的知识进行推广，不是好的学生。他因教育学生众多，教育方法优秀，而被尊为古代伟大的教育家。

他几乎是在著述、教学生活中过了一生。到了晚年，有一次鲁国人在打猎时，猎杀了一只野兽，不知它是什么。孔子看到了，说这是麒麟。古人认为，麒麟是吉祥的神圣动物，要在圣人出现的时候它才出现。现在出现了，却被人杀死，孔子非常伤心，认为这是圣人的主张不能推行的预兆。这时候，他年轻并且最受器重的学生颜回因病死去；不久，他那最年长，也是经常跟随他的学生子路在卫国的政治动乱中被人砍成了肉酱。他感到，这都是上天在告诉他，他的主张无法推行了。他又梦见自己坐在两根柱子中间，那是殷人礼仪中放置死者的地方，所以他认为自己将要死了，悲哀地唱道："泰山要塌了啊，房梁要坏了啊，一个智慧的头脑要消失了啊！"边唱边流下了眼泪。在悲哀和绝望中，孔子离开了人世。

依照礼制，弟子们都为孔子服丧三年。其中他优秀的学生之一——子贡，在孔子墓旁修建了一个草棚，为孔子守墓六年，然后才离去。后来，他的弟子和鲁国群众有许多就在墓旁安了家，形成了一个新的居民区。儒者们也经常在孔子墓旁演习礼仪。由于孔子的影响，鲁国长期遵守着古代的礼制。

孔子死后，他的学生们有的做了诸侯们的师傅、将相，有的隐居起来教授学生。由于诸侯们仍然忙于争夺天下，孔子的学说仍然得不到社会的理解和重视。

秦朝统一天下，为了使社会安定下来，建立新的统治秩序，曾经聘请了七十个学者做国家的博士，充当皇帝的顾问，其中多数都是儒者。国家最重要的礼仪制度、刻石颂功等文字工作，以及天子的称号叫"皇帝"，皇帝下达的文书称"诏书"，皇帝自称"朕"等，都是皇帝和博士们讨论以后确定的。

由于秦朝是依靠自己的武力取得天下，鉴于春秋战国时期天下动乱的教训，秦王朝对以往的制度有许多重大的变革。比如实行郡县制，废除以前的分封制；皇帝只称一世、二世等，死后不再让臣子们经过评论给出谥号等，这些都不采纳博士们的意见。

五百多年之后，汉武帝（公元前140—前87年）采纳董仲舒的建议，独尊儒术，废除其他各家的学说，孔子所创立的儒学终于成为国家的指导思想。

在统一的国家中，如何对待孔子的祭祀？在决定把孔子学说作为国家指导思想以后几十年间，这一问题没有得到很好的解决。后来，国家政治混乱，自然灾害不断发生，儒者梅福向皇帝上书，说是由于祭祀孔子的规格太低，上天不高兴了，才降下灾祸。于是把孔子封为殷朝开国君主汤的后裔,并且由国家拨款祭祀孔子。到了东汉,国家又进一步做出决定,把孔子列为国家祭祀的神祇,和社稷神规格相等。由此开始,独尊儒术的国家,终于在自己的祭祀系统中,为儒术的创立者孔子找到了合适的位置。从此以后,历代对孔子的祭祀礼仪也不断改进,规格也不断提高。唐朝规定,每个县城都必须建立孔庙,祭祀孔子。每年春秋两季,地方主官要主持孔子的祭祀;每月朔望,在校学生必须在老师的主持下祭祀孔子。在京城的孔庙,一般由宰相或太子主祭,但皇帝也往往亲自前往致祭。孔子的优秀弟子也和孔子一起,享受后世祭祀。后来又把历代已故的优秀儒者选进孔庙,享受祭祀。死后能够进入孔庙享受被祭祀,是一个儒者最大的荣耀。在中国封建王朝灭亡前夕,对孔子的祭祀也达到了最高规格:和上天同一规格。然而不久,辛亥革命爆发。中华民国不再祭祀上天,也不再祭祀孔子。全国各地孔庙随之遭受了严重的破坏。现在保存下来的,除了北京和孔子家乡曲阜的孔庙之外,其他地方已经为数不多了。

孔子,是中国古代伟大的思想家,是中国传统文化的象征。

目 录

引　子	○○一
第一篇　学　而	○○三
第二篇　为　政	○二五
第三篇　八　佾	○五五
第四篇　里　仁	○八三
第五篇　公冶长	一○九
第六篇　雍　也	一四三
第七篇　述　而	一七七
第八篇　泰　伯	二一五
第九篇　子　罕	二三九
第十篇　乡　党	二七一

第十一篇　先　进 ……………………………	二九一
第十二篇　颜　渊 ……………………………	三一九
第十三篇　子　路 ……………………………	三四七
第十四篇　宪　问 ……………………………	三八一
第十五篇　卫灵公 ……………………………	四二七
第十六篇　季　氏 ……………………………	四六三
第十七篇　阳　货 ……………………………	四八三
第十八篇　微　子 ……………………………	五一五
第十九篇　子　张 ……………………………	五三一
第二十篇　尧　曰 ……………………………	五五五

引 子

《说文》中说"直言曰言,论难曰语";郑玄《周礼注·春官·大司乐注》中说"发端曰言,答述曰语"。也就是说,自己主动开口讲话,叫"言",比如"发言";和别人讨论问题,或者回答别人的话,叫"语"。"论语",就是孔子回答弟子和其他人的提问,或者和弟子们讨论问题、弟子们相互讨论问题的记录,由孔子弟子或弟子的弟子们编纂而成。宋代程颐根据《论语》中称有若、曾参为有子、曾子,其他弟子则直称名、字,认为《论语》可能成书于有若、曾参的弟子之手。

《论语》在汉代有三个传本。传自鲁国的称"鲁论",传自齐国的称"齐论",孔府夹壁中出土的称"古论"。"齐论"多出两篇,其余分章和文字差异不大。西汉末年,丞相张禹根据鲁论解说和整理《论语》,称为"张侯论"。后世传本,大多都是依张侯论而来。影响广泛的,有魏晋时代何晏主持的

《论语集解》、北宋邢昺根据何晏集解作"正义"合称《论语注疏》、南宋朱熹所作的《论语集注》、清代刘宝楠所作的《论语正义》。当代最有影响的是中华书局编辑杨伯峻所作的《论语译注》。

汉代独尊儒术,选出《春秋》《诗经》《尚书》《周易》《仪礼》等五部古代典籍作为最重要的儒家经书。其次就是《孝经》。《论语》虽然也非常重要,但是不能作为经书。唐代,儒家经书扩大到九部,仍然没有《论语》。到宋代,儒家经书扩大到十三部,《论语》才作为十三经之一。儒家的十三部经书都有注、有疏,统称"十三经注疏"。由何晏"集解"和邢昺"正义"构成的《论语注疏》,是十三经注疏之一。

宋代儒者认为,《礼记》中的《大学》《中庸》两篇,和《论语》《孟子》两书,在儒家典籍中有特殊且重要的意义,于是把它们合在一起,统称"四书"。儒者朱熹用毕生精力为这四部书作注,称《四书集注》。朱熹等人认为,"四书"是理解儒经的入门书。要读通儒经,首先要读通"四书",于是"四书"实际上就位于其他儒经之上,成为最重要的儒家经书。从元代开始,国家选拔官吏的科举考试,首先要考的,也是试题最重要的内容,就是"四书"。朱熹的《四书集注》,则是理解"四书"的标准答案。《论语集注》,就是《四书集注》之一。

本书所用的《论语》正文,是《四库全书》本的《论语注疏》本,并参考《四库全书》本的《四书集注》本。

第一篇 学 而

【解题】

《论语》总共二十篇，《学而》是第一篇，取本篇开头"学而时习之"的头两个字作为篇名。这也是先秦时期许多文献命名的基本方法。

这一篇，讲述的是有关学习的内容、方法等各种道理。比如，学习是件愉快的事情；学习最重要的内容，就是对父母尽孝、对君主尽忠；孝，是仁德的基础；一个人，如果能够做到忠、孝，即使没有拜过老师，也应该认为他获得了优秀的学习成绩；学习首先是学习如何行孝、如何求仁、如何守信，有多余的精力，再学习文献知识；求学者应该常常反省自己。这些主张，不仅表现着孔子及其弟子们对教育问题的基本看法，而且对中国两千年来教育的目的和内容，都产生了深刻的影响。

共十六章。

【原文】

1.1　子曰："学而时习之，不亦说[1]乎！有朋自远方来，不亦乐乎！人不知而不愠，不亦君子乎！"

【注释】

[1] 说，同"悦"。

【译文】

孔子说："学过的又按时练习，不也是很高兴的事吗！有同学从远方来了，不也是很快乐的事吗！别人不理解却不恼怒，不也是个君子吗！"

【解义】

学，模仿、效法的意思。习，指鸟儿一次次地学飞。孔子以《诗》《书》、礼、乐教弟子，通六艺者七十二人。这些功课，都需要先模仿、效法，然后进行练习。特别是礼、乐、射、御（驾车）等技能，更是要一边学、一边练习。由此开始，逐渐形成了一个双音词："学习"，就是先模仿、效法，然后再进行练习的求学方式。

原文"时习"，意思是按时练习。说明孔子当时教学生，每天应该有相对固定的程序安排。

"有朋自远方来"的"朋",指同学。同学从远方来,在今天仍然是快乐的事。

同学们相处,相互之间往往有不理解或暂时不理解的事。在这种情况下,能够正确对待,不致恼怒,也是君子品德的一种。

这一章,讲的是学习的方式和同学间相处的事,但具有普遍的意义,所以常常被引申到一般情况下的人与人之间的关系。

【原文】

1.2 有子曰:"其为人也孝悌[1],而好犯上者,鲜矣。不好犯上,而好作乱者,未之有也。君子务本,本立而道生。孝悌也者,其为仁之本与!"

【注释】

[1] 悌,也写作"弟"。

【译文】

有子说:"一个孝悌的人,却好冒犯上级,是非常罕见的。不喜欢冒犯上级,却好发动叛乱,是没有的事。君于致力于根本,根本树立起来,正道也就产生了。孝悌这种品质,它是培养仁德的基础吧!"

【解义】

有子,孔子的学生,名若。

孝悌,好好侍奉父母叫孝,好好侍奉兄长叫悌。

这一章,讲述的是孔子,也是后来儒家教育学生的目标,就是要把学生培养成一个忠孝的人。孝是孝顺父母,包括尊敬兄长;忠是忠于君主。他并且认为,一个顺从父母、尊敬兄长的人,很少会冒犯上级,更不会反叛君主。并且认为,孝顺,应当是养成仁德的基础。

宋代朱熹认为,孝顺是养成仁德的基础,但不能说,孝就是仁德的基础。因为仁德是"爱之理",即施爱的道理,内容丰富。孝顺仅仅及于父母,没有涵盖如何对待君主、朋友等,所以只是仁德的内容之一。一个人,从孝顺父母开始,可以逐渐培养自己具备仁德,但不能仅凭孝顺就可进入仁德。

在儒家看来,仁德,是人的最高品德。仁德,也称仁爱。也就是说,仁德也是一种爱,但不是一般的爱。历史上,讲爱的种类很多,但内容都有差别。墨家讲"兼爱":你爱我,我也爱你;你不爱我,我也不爱你。基督教讲爱,讲的是人人要爱上天。你爱上天,上天才会爱你。后来法国革命,反对基督教的爱,提倡"博爱",即广泛的爱,甚至要爱一切人,虽然未必能够做到。儒家的仁爱,是有等差的爱,即根据亲疏远近合理地分配自己的爱。

【原 文】

1.3 子曰:"巧言令色,鲜矣仁!"

【译 文】

孔子说:"花言巧语、装模作样,很少有仁德的。"

【解 义】

一切德行,共同的基础是真诚。没有真诚,也就没有德行,更不可能有仁德。花言巧语、装模作样,是言行不真诚的表现。这样的人,自然很少有可能是具有仁德的人。

【原 文】

1.4 曾子曰:"吾日三省吾身:为人谋而不忠乎?与朋友交而不信乎?传不习乎?"

【译 文】

曾子说:"我每天都要从三个方面反省自己:为别人谋划有不忠实的吗?和朋友交往有不信任的吗?传授的东西练习了吗?"

【解 义】

曾子，孔子的学生，名参（shēn），字子舆。曾参每天从这三个方面反省自己。过去有人理解为三次反省自己，是不正确的。晚上休息以前，反省一次就可以了。一天三次，没有工夫，也不可能做到。

为别人谋划，就是答应帮忙。答应帮忙而不忠实，就是欺骗。和朋友交往，应该信任。没有信任，友谊就不能持久。传授的东西，来自师长。可能自己也要继续传授，所以需要温习、练习。不温习、练习，就会生疏，继续传授时就可能发生错误。这三个方面，都是个人品德的重要方面。

今天生活节奏加快，每天反省也不大可能。但常常反省自己，也是提高德行的途径。

【原 文】

1.5　子曰："道千乘之国，敬事而信，节用而爱人，使民以时。"

【译 文】

孔子说："治理千乘之国，要认真于政事，讲究信用；节约开支，爱护百姓；让民众服役要考虑农时。"

【解义】

这是孔子讲的几条治国原则,也是讲治国者应有的品德。因为孔子的学生将来的基本工作,就是治理国家。

千乘之国,是公、侯等级别较高的封国。周朝依照公、侯、伯、子、男五等爵位分封国土。等级越高,分封的土地越大,能出的兵车也就越多。在当时,能出千乘兵车的封国,是级别较高的公、侯之国。

古代封国的君主和臣子,也包括后世的皇帝和臣子,起初或者起初几代,一般都能认认真真、兢兢业业地对待政事。到了后来,往往就懈怠下来。君臣不再认真于政事,而是讲究玩乐。讲究玩乐的方式,一般有大修宫殿、宅第、沉迷于歌舞游玩。这些都需要耗费财富。财富不会从天上掉下来,也不会从地下冒出来,只有靠榨取民众。修建宫殿、宅第等建筑工程需要民众服劳役。政治清明的年代,民众往往只在农闲时服役即可。如果君臣都讲究享乐,大兴土木工程,就要侵犯民众们从事农业生产的时间。中国古代是农业国,农民的生产时间被侵犯,农业生产的财富就会减少。生产的财富减少,君臣的需求增多,首先受苦的就是民众。加上为讲究享乐、追求财富而兼并农民的土地等,民众忍无可忍,就只能起义反抗。这就是中国古代许多朝代兴亡的重要原因。所以孔子提出的这几条治国原则,对于古代国家,是重要的指导方针。在当代,也不失其理论价值。

【原 文】

1.6　子曰："弟子入则孝，出则弟，谨而信，泛爱众，而亲仁。行有余力，则以学文。"

【译 文】

孔子说："年轻人，回到家就孝顺父母；出门在外要像个弟弟；谨慎而守信，广泛地爱戴众人，并且亲近有仁德的。这些做到了还有多余的精力，就学习书本知识。"

【解 义】

这一段是孔子对年轻人，也是对他的学生们的教导，再次表明了孔子及一般儒者教育的目的，就是要培养安分守己的好公民。在家孝顺不必说，出门在外，都要像弟弟对待兄长一样地对待别人。直到现在，中国人同辈之间，不论年龄大小，往往泛称兄台、仁兄，当是孔子教导的深入人心。其他几条，也都是和人和睦相处的必要条件，最后才是学习书本知识。因此，孔子的教育目的和教育方法，可以归结为：首先是德行，然后是知识。

【原 文】

1.7　子夏曰："贤贤易色；事父母，能竭其力；事君，能致其身；与朋友交，言而有信。虽曰未学，吾必谓之学矣。"

【译 文】

子夏说："崇尚贤能胜过爱好美色；侍奉父母能竭尽全力；侍奉君主能不惜献身；和朋友交往言而有信。即使没有正式入学，我一定会认为他学过了。"

【解 义】

子夏，孔子的学生，姓卜，名商，字子夏。

这一章，是从学生的角度讲述儒家教育的目标。假如一个人，崇尚贤能而不崇尚美色，孝顺父母、忠诚于君主等，那么，即使他没有正式入学，子夏说，他一定会认为这个人已经学过了，如同今天我们说的毕业了。这就再次说明，儒家培养的目标，不是知识，而是德行。

不仅如此，这里还第一次指明了，德行之中，孝顺父母和忠诚于君主居于特殊且重要的地位。所以后世有儒者把儒家的德行要求归结为"事父事君之道"。

后世也有儒者评论说，子夏是孔门弟子中掌握书本知识最好的学生，如今流传的许多儒经注释，都是从子夏系统传下来的。连子夏也这样讲述儒门的学习目标，那么，古人的学习目标是什么，也就清楚了。

【原 文】

1.8 子曰:"君子不重则不威,学则不固。主忠信,无友不如己者。过则勿惮改。"

【译 文】

孔子说:"君子不庄重就没有威严,学到的知识就不牢固。要以忠诚和信誉为核心,不和不如自己的人交朋友。有了过错,不要害怕改正。"

【解 义】

上面几节讲述了学习的内容和目标,这一节讲到了外表。

儒家的学习目标,是做一个好人。古代对好人的称呼,就是君子。君子本来是指地位高的人。由于道德原则是地位高的人制定的,也首先是为地位高的人们制定的,所以高地位的人们也是掌握和履行这些道德原则的模范。这样,君子也就逐渐成为道德高尚者的称呼。

做一个君子,首先当然是内在的品德,比如孝顺父母、忠于君主、对朋友守信等。但是外表也一定要庄重。外表不庄重,就没有威严。没有威严,学到的知识就不牢固。这里所谓学到的,也是指学到的忠孝信义等优秀品质。孔子认为,这些优秀的品质之中,核心或根本是忠诚和信誉。这里的"不和不如自己的人交朋友",也是指道德品质上的,并且只能理解为要敬佩、崇拜高尚的人，向他们学习，向他们看齐，而不能做一般性的理解。

最后"有了过错，不要害怕改正"，也是针对不少人的缺点而言。这些人犯了错不仅害怕改正，而且害怕被人知道。然而掩饰错误往往会导致更大的错误。勇于担责，改正错误，即使失去什么，也会因为行事光明磊落而内心坦然。内心坦然，也是人生难得的境界。

【原　文】

1.9　曾子曰："慎终，追远，民德归厚矣。"

【译　文】

曾子说："谨慎料理丧事，追念久远的逝者，民众的德行就会变得淳厚。"

【解　义】

这是讲如何培养民众的品德。

儒家的教育，不仅针对自己的学生，原则上，也包括所有民众。提高所有民众的德行，使所有的民众都成为遵纪守法的好公民，国家才能治理得好。对民众的教育，从战国时期的荀子开始，被称为"教化"，即通过教育，使民众逐渐进化到道德高尚境地。

教化的重要方法，就是所谓的"慎终追远"，即谨慎地料理死者的丧事，追念久远的逝者。谨慎地料理死者的丧事，这里的死者，不限于生者的父母，还应当包括其他亲朋好友、没有亲属关系的人，甚至敌人。在需要的时候，在有条件的情况下，都应当谨慎而认真地料理他们的丧事。古代也出现过许多为亲朋、陌生人，甚至敌人认真料理丧事的感人故事，这都是古人厚道的表现。

追念久远的逝者，也不限于追念已故的父母和先祖，应当包括亲朋好友中久远的逝者，包括为国家、为民族、为人民做出过贡献的逝者。按照一定方式追念他们，让他们的德行教化后人，不仅是当事的在世后人德行厚道的表现，也使优良的德行广泛传播。

在古代，追念那些为国家、为民族、为人民做出卓越贡献人们的方式，往往是把他们作为国家的神祇，每年按时祭祀他们。今天当然不必把这些英雄尊为神祇，但以一定的方式纪念他们，仍然是德行淳厚的表现，是教育民众的好方式。

不仅是学生要受教育，一般民众仍然要接受教育。事实上，任何国家，都在以一定的方式教育民众。它的文艺作品宣扬什么，它的法律保护什么，它的奖惩制度奖励什么、惩罚什么，都是对民众的教育。区别仅仅在于，教育的方式和内容。

【原 文】

1.10 子禽问于子贡曰:"夫子至于是邦也,必闻其政。求之与?抑与之与?"子贡曰:"夫子温、良、恭、俭、让以得之。夫子之求之也,其诸异乎人之求之与!"

【译 文】

子禽问子贡说:"夫子到一个国家,一定会听到这个国家的政治状况。是他要求的呢,还是人家主动告知的呢?"子贡说:"夫子靠自己温和、友好、恭敬、简约、谦逊的态度得到的。夫子提要求的方法,都是不同于别人的吧。"

【解 义】

子禽,姓陈,名亢,字子禽。子贡,姓端木,名赐,字子贡。两人都是孔子的学生。也有人说,陈亢是子贡的学生。

这一章讲的是孔子自身的德行。

孔子教授学生的目的,就是培养治理国家的人才。教授的内容,也是所谓先王之道,就是以前那些英明君主们治理国家的经验和传统。所以孔子到一个国家,首先关心的就是这个国家的政治状况。那时候没有公开发行的报纸,所以要了解情况,一般会有两种办法:一是主动询问,另一是人家主动告知。所以陈亢才会提出这样的问题。子贡回答说,都不是。孔子是靠自己优秀的人格魅力得到的。

孔子以后，社会日益发展，分工日益细密，各个行业的社会作用也都在发展增强，学者到某个国家，关心的事情也多种多样，并且有公开的传媒可参考借鉴。

【原　文】

1.11　子曰："父在，观其志。父没，观其行。三年无改于父之道，可谓孝矣。"

【译　文】

孔子说："父亲在世时，看他的志向；父亲不在了，看他的行为。三年之间能不改变父亲行事方式的，可算是孝行了。"

【解　义】

这一章，是讲公卿、大夫，包括君主们的德行。

这些人，不仅要继承父亲的财产，还要继承父亲的权力，治理他的封地甚至一个国家。父亲在世时，看他的志向，这没有什么可解说的。父亲不在了，看他的行为，就看他能否三年之内不改变他父亲的处事方式。不改变，说明他怀念着父亲；改变了，说明他可能很早就对父亲的处事方式不满了。所以孔子说，那三年之内不改变父亲行事方式，以此行事，是孝顺的行为。

说三年之内不改变的是孝顺的行为,那么,三年以后,几乎没有不改变的。这也是必然。说明古代社会也处于不断地变迁之中。治国方式的改变,就是社会变迁的反映。

三年不改被认为是孝行,也说明古代能够坚持三年不改的事很少。儿子急于改老子的,也不是什么孝行不孝行的,而是由于围绕在儿子身边的那些人,往往为了显示自己对于新主人的忠诚,而急于表功促成的。这种急于改变的事,从进步一面说,是好事。缺点是不易保持政策的连续性,使百姓无所适从,引起社会混乱不安。从保持社会安定一面说,三年不改也是好事。

实际上,改变是必然的。至于什么时候变?是不是一定要等三年之后?或者三年之后是否一定要变?根据实际情况决定,才是正确的做法。

【原 文】

1.12 有子曰:"礼之用,和为贵。先王之道,斯为美。小大由之。有所不行,知和而和,不以礼节之,亦不可行也。"

【译 文】

有子说:"礼的运用,和谐最重要;先王处理行礼的事,这样才算完美;大小礼仪都这样做。也有不这样做的。知道和谐重要因而只求和谐，不用礼加以节制，也是不可以的。"

【解义】

孔子认为，礼仪制度是治理国家、教化民众最重要的手段。因此，是否遵守礼仪制度，也是一个人德行优劣最重要的标准。这一章讲的是施行礼仪的基本原则。

《礼记·曲礼篇》讲"礼主于敬"；又讲"夫礼者，所以定亲疏、决嫌疑、别同异、明是非也"。这就是说，行礼时，态度要严肃、恭敬；礼的作用就是分别亲疏、贵贱，辨别嫌疑、是非。简而言之，礼的主要作用是分别或辨别。

古代治理国家，和礼同样重要的是乐，即音乐。《礼记·乐记篇》道，"乐者为同，礼者为异。同则相亲，异则相敬"；"礼节民心，乐和民声"；"大乐与天地同和"。乐的作用，是讲和谐的。

通过辨别，使等级严格，尊卑分明。然而如果只是严格、分明，人心就容易疏离。假如通过行礼，既能辨别尊卑贵贱，又不造成人心离散，而是使人心和谐相亲。这才是最重要的，也是最宝贵的。所以有子说，先王行礼，能达到这样的效果，才是完美的。

但是又不能为了追求和谐，而忽略了礼的辨别和节制作用。这样去追求行礼效果，在有子看来也是不可行的。

《论语》传到后世，"和为贵"成为一些人不分场所、不看对象的口头语。除去为某些特殊目的运用之外，许多都是对《论语》这段文字的曲解。

【原　文】

1.13　有子曰："信近于义，言可复也。恭近于礼，远耻辱也。因不失其亲，亦可宗也。"

【译　文】

有子说："守信接近道义，这样的话是可以实行的；恭敬接近礼制，可以远离耻辱。所依赖者不会失去该亲近的，也可以作为主心骨。"

【解　义】

这一章是对守信、恭敬两种德行的解说。

意思是，接近道义的守信，是可以实行的；反之，如果所守的信约不符合道义，就不可以实行。恭敬接近礼制，可以远离耻辱；反之，恭敬如果违背礼制，就未必能够远离耻辱。所依赖的不会失去该亲近的，可以作为主心骨；反之，所依赖的东西，如果因此要失去一向被认为该亲近的，就不可以完全依赖而作为主心骨。这讲的是和人交往时辨别是非的几个原则。涉世不深的年轻人，往往只记住了守信、恭敬之类的原则，而忽略了在这些道德原则之上，还有更重要的、更大的不能违背的原则。至于哪些是该亲近而不可失去的，则因为时代不同有不同的内容。但在选择依赖对象时不可失去基本原则，则具有普遍的意义。

【原　文】

1.14　子曰："君子食无求饱，居无求安，敏于事而慎于言，就有道而正焉，可谓好学也已。"

【译　文】

孔子说："君子吃饭不要求吃饱，居住不要求安适，办事勤奋而说话谨慎，亲近有道的人来端正自己，可算是一个好学的人。"

【解　义】

好学，如同今天说的学习优秀，是当时人包括孔子对于学生的最高评价。所谓吃饭不要求吃饱，居住不要求安适，说明当时社会生产能力低下，物质匮乏，连那些有能力求学的年轻人，也常常要饿肚子。今天，在学习期间不追求物质享受，把学习知识、端正德行作为追求的目标，仍然是评判好学生的一个标准。而"亲近有道者"，也是对上一章谁是"可依赖者"的说明和注解。

【原文】

1.15　子贡曰:"贫而无谄,富而无骄,何如?"子曰:"可也。未若贫而乐,富而好礼者也。"

子贡曰:"《诗》云:'如切如磋,如琢如磨。'其斯之谓与?"

子曰:"赐也,始可与言《诗》已矣!告诸往而知来者。"

【译文】

子贡说:"贫穷而不卑躬屈膝,富贵却不骄横自大,怎么样?"孔子说:"不错的。但不如贫穷而快乐,富有而喜好礼义。"

子贡说:"《诗经》上说:'好像切割又好像刻挫;好像雕琢又好像打磨。'说的就是我们这样的吧!"

孔子说:"赐啊,现在可以和你讨论《诗经》了啊。告诉你过去的,你就能推断出将来的。"

【解义】

子贡家里富有,所以他向孔子讨教贫穷和富有各自应有什么样的品德。孔子的回答,显然比子贡的境界高出很多。子贡借用《诗经》上的话形容孔子对他的教导,如同切磋打磨象牙兽骨,如同雕琢美玉宝石,由此引出孔子对他可以告往而知来的赞扬。从此以后,"切磋"就成为讨论学问的一个专用名词。

这里也表现出中国古代老师和学生相互关系的重要方面,那就是,老师不仅像园丁一样,给学生施肥浇水,而且像玉工石匠那样,经过切磋雕琢,把学生打造成社会需要的、有用的人才。

【原 文】

1.16 子曰:"不患人之不己知,患不知人也。"

【译 文】

孔子说:"不忧虑别人不了解自己,忧虑的是自己不了解别人。"

【解 义】

希望别人了解自己,当然是希望别人了解自己的才能和德行。了解自己的才能和德行,是希望得到别人的尊重或任用。但是别人是不是了解自己,甚至是不是愿意了解自己,是自己所难以控制的,甚至无法控制的。自己能够做的,就是努力去了解别人。了解别人,是为了正确和别人相处。在古代,这被认为是一种美德。和第一章中"别人不理解也不恼怒",是同样的意思。

现代社会不同了。设法推销自己,成为一种潮流,也是一种必要,但要做得恰当。沽名钓誉者也可能一时得逞,夸大和虚构往往会适得其反。实事求是,不仅是一种美德,也是全身之道。

第二篇　为　政

【解题】

这一篇讲述了孔子的"德政"思想,即依靠道德,而不是依靠刑罚治理国家的思想。所谓依靠道德治理国家,有两个方面:一是提倡、培养、提高民众道德水平,大家和睦相处,从而秩序良好、社会安定;二是国家的领导者要做道德模范。孔子认为,国家的领导者是道德模范,其他人就会像众星拱卫北斗那样,围绕、团结在他的身旁,从而上下一心,政权巩固。

中国古代认为,人最重要的品德就是孝顺父母。上一篇讲了,一个孝顺父母的人,是不会冒犯上级、更不会发动叛乱的。因此,国家所提倡的德行中,最重要的,也就是孝的品德。这一思想发展到汉代,就是所谓"以孝治天下",即依靠提倡孝行，达到天下太平。所以在这一篇中，讲了许多行孝的道理。此外，在这一篇中，还记录了孔子回答弟子如何求官，回答鲁国君主如何才能使民众服从等治国原则。孔子认为，求官者言语要谨慎，才能成功；提拔正直的人，百姓就会服从。

宋代学者认为，把《为政》放在《学而》之后，说明学习是将来从政的基础。

共二十四章。

【原　文】

2.1　子曰："为政以德，譬如北辰[1]，居其所，而众星共之。"

【注　释】

[1] 北辰，指北极星。

【译　文】

孔子说："治国者品德高尚，就会像北极星一样，处在自己的位置上，众星都围绕着它。"

【解　义】

孔子当时的社会，最上面是周王，管理的地方称"天下"。意思是周王管理的地方就是天底下全部的土地。周王下面是"诸侯",管理的地方叫"国"。诸侯下面是"大夫",管理的地方叫"家"。周王、诸侯、大夫,不仅是天下、国、家的统治者,也是他们各自家族的家长。这种主要依靠血缘关系连接起来的社会组织,家长的品德对于家族,对于天下、国、家的安定和秩序,具有特别重要的作用。这是孔子提出"德政"思想的现实基础。

欧洲国家的形成,几乎完全以地域为基础。国家元首和臣子们之间很少有血缘关系,所以也几乎没有"德政"的思想。

随着社会的发展,中国古代政权组织中的血缘关系越来越淡薄,但国家领导人的品德状况,对于政权的巩固和社会的安定,仍然有重要的影响,所以孔子的"德政"思想也一直绵延流传。

直到现代,虽然国家的治理主要依靠法制,但是国家领导人的品德对于国家的政治状况,仍然有着比其他人更大的影响。所以孔子的德政思想也没有完全过时。

【原文】

2.2 子曰:"《诗》三百,一言以蔽之,曰'思无邪'。"

【译文】

孔子说:"《诗经》三百篇,可以用一句概括,就是'思想端正'。"

【解义】

《诗经》是孔子以前的诗歌总集。据说以前留下的诗有三千多篇,经过孔子删除,只剩下了三百一十一篇。后来又有六篇丢失了诗句,只留下了名称,所以流传至今的只有三百零五篇。说"《诗经》三百篇",是就大数而言。

《诗经》中的诗,就是歌词。歌词,是古代音乐最重要的部分。二十五部正史中的音乐志,记载的基本上都是当代创作的诗歌。中国古代把礼乐作为治国的基本手段,所说的"乐",主要就是音乐中的歌词。而历代创作的、被认为是治国重要手段的歌词,其源头都是《诗经》。因此,《诗经》中的诗,在中国古代,并不仅是今天所说的文艺作品,而是肩负着治国的重要使命。

诗歌是抒发情感的,但也有一些是讲道理的。即使在那些纯粹抒发情感的诗歌中,也会蕴含着一些道理,或者可以引申出治国的道理。当代就不乏这样的事例,中国古人更是自觉地把诗歌中的道理用于国家治理,把诗歌中的情感引向他们认为正确的道路。在孔子看来,《诗经》三百篇的基本精神,都可以概括为"思想端正"。

"思想端正"的原文是"思无邪",本是《诗经·鲁颂·駉》篇的诗句。汉代著名儒者郑玄认为,这句话的意思是,赞扬鲁僖公"思遵伯禽之法,专心无复邪意也"。伯禽,是周公姬旦的儿子，鲁国的第一代封君，鲁僖公的远祖。诗说的是鲁僖公思念着要遵照远祖伯禽的精神，专心致志、心无邪念，目的是把马放牧好。孔子引申到指《诗经》的全部精神，就是使心无邪念，思想端正。

历代对《诗经·鲁颂·駉》篇的理解，特别是"思无邪"这一句的理解，差异甚大。至于对整部《诗经》，其理解的差异就更为明显。把《诗经》的全部精神理解为"端正思想"，是孔子的理解，也是孔子对《诗经》作用的期待，对后世也发生了最大的影响。

【原 文】

2.3　子曰："道[1]之以政，齐之以刑，民免而无耻。道之以德，齐之以礼，有耻且格[2]。"

【注 释】

[1] 道，音 dǎo，引导。
[2] 格，正，正道。

【译 文】

孔子说："用政策进行引导，用刑罚使他们规矩，民众就设法逃避而不觉耻辱。用道德进行引导，用礼义使他们规矩，民众就知道什么是耻辱并且会走正道。"

【解 义】

这一章，孔子再次论述了他的德政思想。在这个基础上，形成了后世儒家"尚德不尚刑"，即重视道德而不重视刑罚的治国思想。这个思想的核心，就是教育民众自觉地遵守国家的政策法令，而不是依靠刑罚使民众畏惧。

【原 文】

2.4　子曰："吾十有五而志于学。三十而立；四十而不惑；五十而知天命；六十而耳顺；七十而从心所欲，不逾矩。"

【译 文】

孔子说："我十五岁时立志好好学习，三十岁时确立了信念，四十岁时能不被迷惑，五十岁时知道了天命，六十岁时听什么都不觉得刺耳，七十岁能够随心所欲而不违犯规矩。"

【解 义】

上一节讲了《诗经》的基本精神，就是让人思想端正。这一节是孔子讲述自己从求学开始到思想端正、不违背规矩的过程。

"十五岁时立志好好学习。"一种说法是，古人八岁入小学，十五岁入大学。这是懂得好好学习、能够立志的年龄。这个阶段孔子和别的孩子还没有更大的区别。

"三十岁时确立了信念。"经过学习和社会实践的磨练，孔子确立了信念和选择了人生的道路。

然而，信念虽然确立，道路已经选择，但是还不牢固，还会受到其他学说的迷惑而动摇。又过了十年，到四十岁，可以做到"不被迷惑"，从而信念更加坚定。

"五十岁时知道了天命。"从《论语》后面的内容看来，是孔子知道了自己是担当着上天使命的人。这一点我们在后面的阅读中会多次遇到。

"六十岁时听什么都不觉得刺耳。"信念虽然确立，也可以不受迷惑，甚至已经知道自己肩负着上天的使命，但是听到不同的声音，特别是反对的声音，总会觉得刺耳，不愿意听。六十岁时，知道无论什么话都有它的起因，也有它的根据和道理，虽然并不同意，但是能够理解，所以就不觉得刺耳。

七十岁时，经过数十年的修养、磨炼，再不会有什么越出规矩的想法，行动上自然也不会违背规矩。

孔子讲述自己的人生历程，也是在教导学生，规劝世人，要学习，要磨炼，但不要违背规矩，因为终归是要回归于规矩的。在孔子看来，回归规矩，应是人生的最终归宿，也是人生的最高境界。这段话也再次表明，维护现存的规矩和秩序，其集中的表现就是礼制，乃是孔子三十岁时就确立的信念，也是他终生为之奋斗的目标。

【原 文】

2.5　孟懿子问孝。子曰："无违。"

樊迟御，子告之曰："孟孙问孝于我，我对曰'无违'。"

樊迟曰："何谓也？"子曰："生，事之以礼；死，葬之以礼，祭之以礼。"

【译 文】

孟懿子问什么是孝？孔子说："不要违规。"

樊迟为孔子驾车，孔子告诉他说："孟孙问我什么是孝，我回答他说'不要违规'。"

樊迟问："什么意思？"孔子说："父母在世时，侍候要遵守礼制；父母去世，埋葬要遵守礼制，祭祀要遵守礼制。"

【解 义】

孟懿子，鲁大夫仲孙氏，名何忌；谥号为懿，聪明好学的意思，是个美好的谥号。

鲁国鲁桓公有四个儿子。老大是嫡长子鲁庄公，老二是公子庆父，老三是公子叔牙，老四是公子季友。按照古代以孟、仲、叔、季称呼兄弟排行的规矩，老二庆父、老三叔牙、老四季友的子孙，分别以仲孙、叔孙、季孙作为他们姬姓之下的"氏"。后来，仲孙因为他们的祖先是庶子中的老大，所以改称孟孙。

樊迟，孔子的学生，名须。

孝，是儒家认为的最重要的品德。这一章，孔子论述如何实行孝道。最重要的，就是按照礼制对待父母，无论是父母在世时，还是父母死后的埋葬和祭祀。而使人人都能按照礼制去实行孝道，这是当时国家治理中的重要手段，也是对前面几章所说的规矩、正道的进一步说明。这个规矩、正道，就是按照礼制行事。

【原　文】

2.6　孟武伯问孝。子曰："父母惟其疾之忧。"

【译　文】

孟武伯问什么是孝。孔子说："让父母只担心他的健康状况。"

【解　义】

孟武伯，孟懿子的儿子，名彘。

一般认为这段话的意思是说，儿子各方面都很好，守规矩，不会让父母操心。让父母操心的，只是他的健康状况。

朱熹认为，这一段话的意思是，父母对儿女的关心，无微不至，常常担心他们的健康状况。并且认为，两种说法都说得通。

【原 文】

2.7 子游问孝。子曰:"今之孝者,是谓能养。至于犬马,皆能有养。不敬,何以别乎!"

【译 文】

子游问什么是孝。孔子说:"现在所说的孝,是能够赡养父母。即使对于猫狗马牛,也都可以豢养。没有尊敬,与禽兽有什么区别!"

【解 义】

子游,孔子的学生,姓言,名偃。

这一章,论述孝道不仅是赡养父母,而且要尊敬父母。尊敬,是古代施行礼制的基本要求。《礼记》第一篇《曲礼》的第一句话就是:"毋不敬。"所以,尊敬父母,也是第五章"父母在世时,侍候要遵守礼制"的内容之一。

【原 文】

2.8 子夏问孝。子曰:"色难。有事,弟子服其劳;有酒食,先生馔。曾是以为孝乎!"

【译 文】

子夏问什么是孝。孔子说:"和颜悦色难以做到。有事了,做子弟的去办;有了酒饭,让父兄们先吃。你以为这就是孝吗?"

【解 义】

这是孔子进一步说明,行孝不仅要遵守礼制,而且还要和颜悦色。赡养父母,为父母办事,是许多人都能够做到的。但是还要做到时时处处都和颜悦色,这就比较困难。这也是孔子对于实行礼制的高标准要求。即,对礼制不仅要在行动上遵守,而且要从心里头自觉自愿遵守。

【原 文】

2.9 子曰:"吾与回言,终日不违,如愚。退而省其私,亦足以发[1]。回也不愚。"

【注 释】

[1] 又作"亦足发挥"。

【译 文】

孔子说:"我和颜回谈话,他整天都不提问,好像有点愚钝。过后观察他，他也非常能够发挥我说的。颜回不愚钝。"

【解义】

颜回，孔子的学生，姓颜，名回，字子渊。

从这一章开始，讨论学生们的学习态度和个人品德诸问题。这些问题大多也是从事国家管理所需要的。因为颜回是孔子最好的学生，所以编者就把讨论颜回的学习态度作为开始。颜回学习态度的特点，就是认真领会老师所教的内容。

现在的教育提倡独立思考，是正确的。但是，老师所教的，也是老师认为最重要的。如果不首先认真领会，那么求学期间最该学的东西，可能因此就丢掉了。

孔子教授的学生，将来大多都是要从政的。讲讲学习方法和态度，也是将来从政的基础。

【原文】

2.10 子曰："视其所以，观其所由，察其所安。人焉廋[1]哉？人焉廋哉？"

【注释】

[1] 廋，音 sōu，藏匿，掩饰。

【译 文】

孔子说:"看他所做的事情,观察他所用的手段,研究他追求的目标。他还怎么能够掩饰,他还怎么能够掩饰!"

【解 义】

这是讲如何观察一个人。

首先是要看他做的事情。是善事呢,还是恶事。然而,行善的不一定是善心,作恶的也未必就是恶意。所以第二步是要观察他用的手段。然而这还不够,还要研究他要达到的目的。一个人,一件事,要达到的目标,才是区别善恶最重要的根据。弄清这一点,也就认识了这个人,即使他要掩饰,也掩饰不了的。

一个人所做的事情和所用的手段,是有形的,比较容易看到。要达到的目的,往往隐藏在事情和手段背后,难以发现和弄清,所以不易做到。但只有这样,才能真正认识事情的本质和人的善恶。即使不能完全做到,但心中存有这样的方法,就有可能少出差错。

孔子这里的思想非常深刻,值得认真领会。这是普遍适用的区别人的方法,也是学生们将来从政时用得到的知识。

【原 文】

2.11 子曰:"温故而知新,可以为师矣。"

【译 文】

孔子说:"温习旧知识有新的发现,可以做老师了。"

【解 义】

学习知识,很少能在第一遍就全部掌握的。所以温习旧知识的时候,往往能有新的体会和新的发现。即使第一遍已经完全掌握或基本掌握,随着时间的推移,阅历的增加,也会对旧的知识有新的体会。能从旧知识中发现新的,需要认真的思考,也需要较高的智慧和适当的学习方法。所以孔子认为,这样的人可以做别人的老师。这样的人可以做别人的老师,也就是说,也还有那些只知死记硬背的人,是不会从旧知识中发现新知识的。孔子认为,这样的人,就未必堪为人师了。

现在"温故知新"已经成为一个成语,似乎只要温故,就可以知新。孔子不这样认为,事实也不是如此。

【原 文】

2.12 子曰:"君子不器。"

【译 文】

孔子说:"君子不做器具。"

【解义】

这里的君子，主要是指地位高的人。

器具，只能适于一种用途的工具，如同车只能在陆地上行走，船只能在水上漂浮；刀只能切割，瓦罐只能盛水等。君子不做这样的人。

在古代社会，君子的工作就是管理国家，而不是某一方面的专业人才。管理国家需要广泛的知识。君子既然需要广泛的知识，那些将来要进入君子行列的学生们，也就不能把专业知识作为自己学习的内容。

随着社会的发展、知识的增加、分工的细密，君子所需要的知识也逐渐专门化了。这是古今的不同。现代的"君子"群中，"专家"乃是很崇高的称呼。孔子如果活到现在，也不会再说"君子不做器具"了。

【原文】

2.13　子贡问君子。子曰："先行其言，而后从之。"

【译文】

子贡问什么是君子。孔子说："先把要说的实行了，然后再说出来。"

【解 义】

孔子主张言行一致。自己要说的,自己要先实行,然后再说出来。对于一些只能讲大话、空话的人,这是一副对症良药。如果进入君子行列,讲空话、大话太多,也不会有良好的政绩。

【原 文】

2.14 子曰:"君子周[1]而不比[2],小人比而不周。"

【注 释】

[1] 周,普遍。
[2] 比,偏向,结党营私。

【译 文】

孔子说:"君子周遍而不偏向,小人偏向而不周遍。"

【解 义】

无论是古代还是现代,在一个群体里,都应该对所有的人友好和尊重。如果心有偏向,就可能在一个群体里形成一些小集团。这不利于整个群体的繁荣和发展。这也是在一个群体里区分君子和小人的重要指标。所说的群体,可以是一个国家,一个党派；也可以是一个公司、一个班级，一个村落，都是如此。因为对所有的人友好和尊重，符合整个群体的利益。群体里面的小集团，为的只是少数人的利益。

无论古今，整个群体和局部利益的区别，都是公和私、正义和非正义的区别。所以孔子把周遍而不偏向作为高尚品德的标志。这样的品德，对于一般人是需要的，对于处于君子行列中的人，更是需要的。在中国历史上，官吏们结成不同的利益集团，危害国家政治的事，不断发生，也是各个朝代都难以解决的政治问题。在这些不同利益的斗争中，总是能够"周遍"的君子少，而有所偏向的小人多。孔子的教导虽然被历代所尊崇，却难以被实际遵守。毕竟，人们的现实利益才是他们行为的真正指导。

【原文】

2.15 子曰："学而不思则罔[1]，思而不学则殆[2]。"

【注释】

[1] 罔，迷茫。
[2] 殆，疲惫。

【译文】

孔子说:"学习而不思考,就会迷茫;思考而不学习,就会疲惫。"

【解义】

这讲的是学习方法。

学习,是汲取外面传入的知识和消息。如果不加思考,就无法心领神会,变成自己的东西。也可能会听到什么就相信什么,被一些互相矛盾,甚至虚假不实的消息扰乱思想,难辨是非,因而行动上会不知该怎么做。所以要认真思考,去粗存精、去伪存真、由表及里、由此及彼,由现象到本质,明辨是非,深入理解,把外面传入的变成自己内在的。这就如同胃、肠消化食物,去掉糟粕,汲取精华。

胃肠得到的食物不加消化,会影响健康。头脑得到的知识不加"消化",就会迷茫而不知所从。

思考,是对思想材料进行加工的过程。如果没有外来的材料,就会像没有原料的机器空转,没有食物的胃肠空腹运行。空转的机器和空腹运行的胃肠,都只会消耗自身,结果就是疲惫不堪而没有任何成果。

在教育和学习的问题上,知识的灌输和提倡独立思考,都是重要的,不可偏废。

【原文】

2.16 子曰:"攻乎异端,斯害也已!"

【译文】

孔子曰:"研究异端的学说,这样的危害是非常深刻的。"

【解义】

异端,指不同的学说。孔子当时所指的异端,没有确定的对象。孔子以后,儒家所说的异端,先是指诸子百家,后来主要是指佛教、道教。研究这些学说的人,往往受这些学说的影响,甚至成为这些学说的信徒。所以孔子认为,研究异端邪说,危害是非常深刻的。

本章的原文是:"攻乎异端,斯害也已!"有人认为,攻的意思,就是攻击。意思是:"攻击异端的学说,这样异端的危害就被消除了。"也说得通。然而历史证明,单凭理论上的攻击,也就是批判,就能消除一种学说的危害,是困难的。孔子也不会做如此乐观的估计。

【原文】

2.17 子曰:"由!诲女[1]知之乎!知之为知之,不知为不知,是知也。"

【注释】

[1] 女，音 rǔ，一般写作汝，指你。

【译文】

孔子说："由啊，告诉你什么是知道吧。知道就是知道，不知道就是不知道，这才是知道。"

【解义】

由，孔子的学生，姓仲，名由，字子路。

这是孔子教导子路，不要对自己不知道的事情也强作知道，胡乱发言。从古到今，都有不少好在人前显摆的人，也有怕被人小瞧的人，他们常常以不知为知，胡乱发言。这样做，对己无益，对人往往有害。

【原文】

2.18　子张学干[1]禄[2]。

子曰："多闻阙疑，慎言其余，则寡尤。多见阙殆，慎行其余，则寡悔。言寡尤，行寡悔，禄在其中矣。"

【注释】

[1] 干，追求。

[2] 禄，俸禄，做官的薪水。

【译文】

子张学习求官。

孔子告诉他说："多听，有疑问的要保留，其他的表态也要谨慎，就会少出错误。多看，不明白的要保留，其他的行动也要谨慎，就会少有后悔。说话少出错误，行动少有后悔，官禄就在这里边了。"

【解义】

子张，孔子的学生，姓颛孙，名师，字子张。

这是说做官要谨慎小心。不要随便表态，也不要贸然行动。这样会少出错误，少办后悔的事。做官的如果只是记住这些，就可能成为一个不作为的庸官。既不冒失言行，又要敢于作为，才是一个合格的官吏。

研究者大多认为，孔子回答问题，对同一件事，回答往往不一样，都是针对提问者的特点或缺点而言的。回答学生是如此，回答其他人也是这样。子张大概行事比较冒失，所以才要他谨慎言行。这一点，读《论语》时要加以注意，才好正确理解孔子的意思。

【原 文】

2.19 哀公问曰:"何为则民服?"孔子对曰:"举直错诸枉,则民服。举枉错诸直,则民不服。"

【译 文】

鲁哀公问道:"怎样做,民众才能服从?"孔子回答说:"提拔正直的置于歪邪的之上,民众就会服从;提拔歪邪的置于正直的之上,民众就不会服从。"

【解 义】

鲁哀公,鲁国君主,姓姬,名蒋。哀公是他死后的谥号。

让民众服从,是古代国家政治中最重要的问题。在本篇中,孔子认为,第一是统治者要有良好的品德,其内容在第一章;本章所讲的,可算是第二条,即要让正直的官吏处于歪邪的官吏之上。正直和歪邪的标准,应看他的言行是不是维护整个国家的利益。

官吏队伍中要完全没有歪邪,是不可能的,但是只能让他们处于较低的职位。孔子对当时政治的观察,是实事求是的。

当代的公务员队伍中,也有正直和歪邪之分,区别也是是否维护整个国家的利益。时代变了,维护整个国家的利益就是公义,就是正直,这一基本判断标准,则是一样的。

【原文】

2.20 季康子问:"使民敬、忠以劝,如之何?"子曰:"临之以庄,则敬。孝慈,则忠。举善而教不能,则劝。"

【译文】

季康子问:"要让民众敬业、忠诚和勤勉,应该怎么办?"孔子说:"会见民众时态度庄重,民众就尊敬您;您孝顺又慈爱,民众就会忠诚于您;提拔优秀的,教育低能的,民众就会勤勉。"

【解义】

季康子,鲁国大夫季孙氏,名肥。祖上是仲孙氏最小的弟弟,康子是他死后的谥号。

季康子提出这些问题,应当是反映了当时社会的需要,也从一个侧面说明了当时的社会状况。那就是民众不尊敬也不忠诚于他们这些君子,也不勤勉地为他们效力,所以季康子才有这些疑问。孔子回答的前两条,与他在第一章中主张的以德治国的"德政"是一致的。也就是说,统治者要做出道德的榜样。至于最后一条是否可以让民众勤勉,则不得而知。可能会有一些效果。但要提高民众的劳动热情,恐怕单是这些措施是不够的。

【原文】

2.21 或谓孔子曰:"子奚不为政?"

子曰:"《书》云:'孝乎惟孝,友于兄弟,施于有政。'是亦为政,奚其为为政?"

【译文】

有人问孔子:"先生为什么不去求官从政?"

孔子说:"《尚书》上说了:'孝顺啊,孝顺父母,友爱兄弟,影响到政治。'这也是从政,还有什么叫从政?"

【解义】

古代的普通民众分为四类:士、农、工、商。官吏则分为公、卿、大夫、士,也是四等。士,是最低一级的官吏,最高一级的民众。民众中,农民务农,工人做工,商人经商。士人的工作,就是从政。从政,就是他们的职业。

孔子属于士人阶层,做官从政,是他的职业。鲁定公元年,孔子43岁。季孙氏把持鲁国政权,季孙氏家臣阳虎又掌握了季氏家的权力,所以孔子不愿做官。据朱熹的意见,这段对话,应是发生在鲁定公继位之初。数年以后,孔子还是接受了鲁定公的任命,曾做到大司寇,并代理过宰相。

孔子这段话的意思是,一个士人,即使没有官职,也可以用自己的德行影响到国家政治。这也是后来儒者们遵循的处世原则。即做官时，就勤勉为政；不做官时，也要品德高尚，做民众榜样。做一个好榜样，也等于从事政治。

也有人认为，孔子无法说出自己不去从政的真实原因，只好用这些话来搪塞问者。但所说的道理，就是当时的道理。即使在今天，以自己为榜样影响民众奉公守法，也是对国家政治的贡献。

【原 文】

2.22 子曰："人而无信，不知其可也。大车无輗[1]，小车无軏[2]，其何以行之哉？"

【注 释】

[1] 輗，音 ní。
[2] 軏，音 yuè。

【译 文】

孔子说："一个人没有信誉，不知道怎么可以。大车没有輗，小车没有軏，它怎么能走啊！"

【解 义】

这是孔子强调信誉的重要。一个人是如此，一个国家的政治也是如此。失去了信誉的政权，也就离灭亡不远了。

大车，载重的牛车。輗，车辕前头的横木，缚上轭用来驾牛的。小车，四匹马拉的兵车、乘车和打猎用的车。軏，车辕前端向上弯曲，钩住横杆用来驾马的。

【原　文】

2.23　子张问："十世可知也？"子曰："殷因于夏礼，所损益，可知也。周因于殷礼，所损益，可知也。其或继周者，虽百世可知也。"

【译　文】

子张问："十代以后的事可以知晓吗？"

孔子说："商朝根据夏朝的礼制，所删除和增加的，是可以知道的。周朝根据商朝的礼制，所删除和增加的，是可以知道的。如果有周朝以后建立的朝代，即使一百代以后，也是可以知道的。"

【解　义】

中国古代社会最重要的制度，就是礼仪制度。所以子张问十代以后的事，孔子就论述从夏代以来礼仪制度的变革。孔子的回答说明，夏朝到周朝，其礼仪制度是不断变化的。礼仪制度的变化，说明社会制度的变化。不过在孔子看来，即使有所变化，其核心的部分是不会变的，或者说，不会有大的变化。所以他敢于说，如果有在周朝以后建立的朝代，他们礼仪制度的大体情况，即使一百代以后，也是可以知晓的。在这里，孔子显然已经看到，周朝也是要灭亡的。不过认为百代以后可以知晓，就显然有点过于自信了。孔子以后数代，就到了秦朝。由分封制变为郡县制，社会制度和礼仪制度，都有了根本的变化。假若以三十年为一代，孔子到现在，还不到一百代，礼仪制度已经不是社会的主要规范，社会制度的变化更是孔子所难以想象的。

在这里，隐含着中国古代对于变化问题的一个基本哲学观念，那就是有变、有常。也就是说，任何变化中，都有稳定的因素；任何稳定的因素中，也有变化存在。比如在古人看来，朝代虽然不断变化，甚至分封可以变为郡县，但君臣父子的关系，则是不变的。自然界的变化，也是如此。水可以不断从固态变为液态，变为气态，但水的分子式，也就是氢二氧一的本质，是不变的。

中国古代哲学关于常与变的关系，原则上是正确的。只是哪些是常，哪些要变，程度如何，则只能根据具体情况而定。这一点，是孔子所难以预测的。

【原义】

2.24　子曰："非其鬼而祭之，谄也。见义不为，无勇也。"

【译文】

孔子说:"不是自家的鬼却要祭祀它,是谄媚。看到正义的事而不去做,是缺乏勇气。"

【解义】

《礼记·祭统》篇说:"凡治人之道,莫急于礼。礼有五经,莫重于祭。"也就是说,治理国家最重要的手段,没有比礼更迫切需要的了。礼有五类,没有比祭礼更重要的了。《左传·成公二十三年》记载:"国之大事,在祀与戎。"也就是说,国家最重要的两件事情,一是祭祀,二是战争。说明祭祀鬼神的礼仪,是最重要的礼仪,也是中国古代国家治理的重要手段。

至于怎么祭祀?古代国家的礼仪制度也有许多明确的规定。其中有一条是:"神不歆非类,民不祀非族。"(《左传·僖公十年》)也就是说,神不享用不该享用的祭品,民众不祭不该祭祀的鬼神。假如不是自己该祭祀的鬼神却要去祭祀,那就是谄媚。就像在人间给某些不该自己侍奉的官长送礼,无非是想巴结讨好人家一样。当时一定有不少人去祭祀本不该由自己祭祀的鬼神,所以孔子在这里对这种现象提出了批评。

这种现象,现在的中国也没有绝迹。有些人,进庙就磕头,见神就下拜,无非是想讨好鬼神,企求保佑。如果孔子见到这种现象,也会说一句:"谄媚!"还有一句,孔子这里没有说,那就是,神如果是正直的神,是不会理睬这种谄媚的,就像人间正直的官长也不会理睬那些喜好谄媚的人一样。

不是自家该祭的鬼神而去祭祀,不合礼制,因而是非正义的行为。在许多人都这么做的情况下,自己能坚持礼仪制度,不去祭祀那些不该祭的鬼神,也是一种勇气。所以把这两条放在一起,这种解释,也有道理。

第三篇　八　佾

【解题】

　　这一篇和上一篇最后两章一起，主要是讨论礼乐制度的各种问题。礼乐制度是中国古代国家保持社会安定、政权巩固的主要手段，所以放在《为政》篇之后。

　　本章开始先批评了鲁国的大夫季氏在庭中用八佾舞蹈，在祭祀祖宗时演唱天子才能使用的歌曲，并且前去祭祀只有诸侯才有资格祭祀的泰山。孔子认为，这些都是违背礼制的。在这一篇中，孔子还指出，懂得禘礼的人，就可以非常容易地把天下治理好。禘礼，是当时祭祀上天和祖宗的最高礼仪。

　　共二十六章。

【原 文】

3.1　孔子谓季氏："八佾[1]舞于庭,是可忍也,孰不可忍也?"

【注 释】

[1]佾,音 yì,舞蹈行列。

【译 文】

孔子说季氏："用八队人在大庭中跳舞。这样的事都忍心做得出来,还有什么他不忍心做的。"

【解 义】

季氏,即鲁国大夫季孙氏。《为政》篇第二十章中提到的季康子,就是季孙氏家的一代传人。

按照礼制,舞蹈的人数,天子八行,诸侯六行,卿、大夫四行,士两行,每行八人。也有人说,八行每行八人,六行每行六人,依此类推。季氏是大夫,只能用四行的舞蹈,他却用了八行。不仅超越了大夫的规格,而且超越了诸侯的规格,和天子一样了。所以孔子批评他,连这样的事都忍心做得出来,还有什么事不忍心去做呢!

也有的解释说,如果我们对这样的事都能够容忍,还有什么事不能容忍呢!也说得通。

【原文】

3.2 三家者以《雍》彻[1]。子曰："'相[2]维辟公，天子穆穆'，奚取于三家之堂？"

【注释】

[1] 彻，音 chè，祭祀完毕，撤去祭品祭器。
[2] 相，音 xiàng，协助，这里指来助祭。古代祭祀制度规定，地位低、级别低的参加级别高、地位高的祭祀，并奉献祭品，称助祭。

【译文】

三家的人都唱着《雍》这首歌撤除祭品。孔子说："'助祭的都是诸侯公卿啊，天子庄严而肃穆'，哪里会在他们三家的堂上！"

【解义】

《雍》，《诗经·周颂》中的篇名，周天子祭祀祖宗时的颂歌。其中有"助祭的都是诸侯公卿啊，天子庄严而肃穆"（"相维辟公，天子穆穆"）这样的内容。

三家，就是孟孙（原为仲孙）、叔孙、季孙三家。鲁国政权长期被他们三家控制。孔子在这里批评他们不守礼制。自己仅仅是个大夫，却唱着诸侯们用来助祭天子的庄严肃穆的歌。

这不仅违规，而且很无知、无聊。

【原 文】

3.3 子曰："人而不仁，如礼何？人而不仁，如乐何？"

【译 文】

孔子说："人没有仁德，能怎么对待礼呢！人没有仁德，能怎么对待乐呢！"

【解 义】

这是说，没有仁德的人，是不可能正确对待礼乐的。或者说，即使他表面上实行一些仪式、规范，也只是敷衍应付，不会真正实行。

这一章表达了孔子一个很重要的思想。那就是仁德乃是礼乐制度的内在本质，礼乐制度是仁德的外在表现。只有心存仁德的人，才可能正确地对待、真正地实行礼乐制度。

前两章批评了季氏等三家违背礼制的行为，这一章，是总体论述不遵守礼制的人，没有仁德；没有仁德的人，也不会正确地实行礼制。

【原 文】

3.4 林放问礼之本。子曰:"大哉问!礼,与其奢也,宁俭。丧,与其易也,宁戚。"

【译 文】

林放问礼的根本。孔子说:"问得好啊!礼,与其排场豪华,宁可节俭。丧礼,与其程序周到,宁可悲哀过度。"

【解 义】

林放,鲁国人。大约因为他曾经向孔子问礼,曾一度被人看作孔子的学生,从祀孔庙。

礼的表现,是可以看到的仪式。这里的问答表明,在孔子看来,礼仪的本质,乃在于它的内在要求。这就是态度的虔诚,感情的真挚。所以他主张,宁可外在的形式稍微差一些,也要在态度、感情上虔诚而真挚,即使过分一些,也强于形式的铺张。

【原 文】

3.5 子曰:"夷狄之有君,不如诸夏之亡[1]也。"

【注释】

[1] 亡，古无字，与无字通用。

【译文】

孔子说："夷狄还有个君主，不像诸夏的名存实亡啊。"

【解义】

夷，起初是对东方各部族的蔑称，后来泛指中原周边的各个部族。狄，对北方各部族的蔑称。诸夏，指古代中原各部族。

这是孔子慨叹当时中国的政治状况。有君主等于没有，还不如周边部族的君主还有名有实。另一种解释是：周边各部族即使有个君主，也不如中原的没有。据说因为这句话，北宋末年，金兵打到曲阜，曾指着孔子的塑像，斥责孔子。然而孔子即使轻视周边各部族，但不会主张可以没有君主，所以还是前一种理解好一些。

【原文】

3.6 季氏旅于泰山。子谓冉有曰："女[1]弗能救与？"对曰："不能。"子曰："呜呼！曾谓泰山不如林放乎？"

【注释】

[1] 女，音rǔ，你。

【译文】

季氏旅祭泰山。孔子对冉有说："你不能阻止吗？"冉有回答说："不能。"孔子说："唉！难道泰山神还不如林放吗？"

【解义】

旅，非定时的、比较简易的祭祀。

冉有，孔子的学生，姓冉，名求，字有。当时做季氏家的宰臣，略相当于后世的大管家之类。

按照当时礼制的规定，只有诸侯才可以祭祀自己境内的名山大川，所以季氏旅祭泰山，是僭越本分的行为。对于这件事，孔子也只能叹息而已。所谓泰山神不如林放，意思是说，连林放都知道寻求礼的根本。泰山神是神，聪明正直，不会连林放都不如。一定会拒绝接受季氏的献媚，不享用季氏的祭品。

【原文】

3.7 子曰："君子无所争，必也射乎！揖让而升，下而饮，其争也君子。"

【译文】

孔子说:"君子不和人竞争,一定要说有争的话,那就是射击了。互相行礼后一起入场,下场后一起饮酒。这样的争也是君子的竞争。"

【解义】

古代的射击比赛也是一种礼仪:射礼。这是一种军事训练,也是学校的一门必修课。开始之前,射手们要互相行礼,然后入场比赛,和今天的体育竞赛类似。能够参加的,一般都是君子们或即将进入君子行列的人们。普通民众很难参与,所以说是君子之争。

孔子讲这段话,意思是说,竞争都应该遵守一定规则,并且应该礼貌谦让。

【原文】

3.8 子夏问曰:"'巧笑倩兮,美目盼兮,素以为绚兮。'[1]何谓也?"

子曰:"绘事后素。"

曰:"礼后乎?"子曰:"起予者商也!始可与言诗已矣。"

【注释】

[1] 前两句见于《诗经·卫风·硕人》篇,最后一句一般认为是佚失的诗句,也有人认为鲁国的《诗经》传本有这一句。

【译文】

子夏问道:"'甜美的笑容好美丽啊!明亮的眼睛好机灵啊!洁白的底子上五彩缤纷啊!'说的是什么意思?"

孔子回答:"白色打底然后作画。"

(子夏)说:"礼是后起的吗?"孔子说:"启发我的是商啊!这样就可以讨论诗歌了啊。"

【解义】

这一章就是从诗歌中引申出治国道理的典型事例。诗句本来是描述女子的美丽可爱,子夏从中引申出有关礼仪起源的道理。所谓"礼是后起的",也就是说,礼仪制度,是后起的东西。一个国家的存在,就像是作画时的白底。礼仪制度,就是这白底之上五彩缤纷的花纹。

《礼记·孔子闲居》篇说:"礼者,因人之情而为之节文。"这就是说,礼,也包括音乐制度,乃是人情的文饰。本书《子罕》篇第五章,孔子说:"文王既没,文不在兹"的"文",和人情"节文"的"文",是一个意思。这里的文,就是花纹的纹。人类社会，就是这花纹的底色。凡是人类为这个底色所创造的一切，都是这个底色的文饰。

因此，人类社会，也就是人情所在每一个角落，都是这个文的底色。礼乐制度，相对于这个社会和人情的底色，就是后起的东西。这是孔子和他的弟子子夏对于礼制起源的基本观点，也是后来儒家关于礼乐制度起源的基本看法。分歧仅仅在于，从哪里起源？也就是说，底色是什么？

在荀子看来，礼起源于人有欲望。有欲望就争斗，争斗就动乱。为了避免争斗和动乱，先王为社会制定了礼仪制度（参见《荀子·礼论》）。《礼记·礼运》篇则认为礼起源于饮食："夫礼之初，始诸饮食。"（《礼记·礼运》）然而无论起源于何处，礼是人类社会后起的现象，则是从孔子开始的，这也是儒家的基本看法。

【原　文】

3.9　子曰："夏礼，吾能言之，杞不足征也；殷礼，吾能言之，宋不足征也，文献[1]不足故也。足，则吾能征之矣。"

【注　释】

[1] 文，指典籍。献，指贤者。

【译 文】

孔子说:"夏朝的礼仪制度,我能讲得出来,杞国是不足为证的;商朝的礼仪制度,我也能说得出来,宋国是不足为证的,原因是文献不足。文献足,我就能够用作证据了。"

【解 义】

杞国是夏朝的后代,宋国是商朝的后代。中国古代的规矩是,灭了人家的国家,不废人家的祭祀。所以夏、商被灭以后,新的商、周统治者,都给他们的后代一块土地,让他们保持自己对祖先的祭祀,这就是杞国和宋国。大概由于这两个国家是被灭之国的后人,所以常常遭受歧视。在古代的文献中,不少傻乎乎的荒唐事,大多都说是宋国或杞国人。比如拔苗助长、守株待兔之人等是宋国人。"杞国无事忧天倾",是杞国人等。

孔子的话表明,当时的宋国和杞国,都没有很好地保护他们的礼仪制度,所以凭他们的情况,无法作为他们祖宗的礼仪制度的证据。而且文献也不足了,说明他们也没有好好地保护他们的文化遗产。

【原 文】

3.10 子曰:"禘[1],自既灌而往者,吾不欲观之矣。"

【注释】

[1] 禘，音dì。

【译文】

孔子说："禘礼，从灌酒请神以后，我就不想再看下去了。"

【解义】

禘礼，是在始祖庙里祭祀太祖所出自的上天、由始祖陪同享受祭祀的礼仪，是当时国家的最高祭礼。依照礼制，只有天子可以用这样的祭礼。因为周公功劳太大，所以周成王赏赐周公的儿子伯禽这样的礼仪。鲁国的君主继承这样的传统，定期举行禘礼。但在开始灌酒请神之后，就不那么严肃认真了，所以孔子不想再看下去了。一面要提高自己所用礼仪的规格，一面对已有的礼仪又不严肃认真，是当时所谓"礼崩乐坏"的基本表现。

朱熹《论语集注》根据唐朝儒者赵匡的意见，认为鲁国的始祖是周公，周公所出自的上天就是周文王。因此，这在鲁国，是祭祀上天周文王、由鲁国始祖周公旦陪同享受祭祀的礼仪。

灌酒请神，就是在祭祀时，把酒洒在地上，请神降临。

【原 文】

3.11 或问禘之说。子曰："不知也。知其说者之于天下也，其如示诸斯乎！"指其掌。

【译 文】

有人请教禘礼的问题。孔子说："不知道。懂得禘礼的人对于天下的事，就像看这里的东西啊！"指着自己的手掌。

【解 义】

礼是治理天下最重要的手段，禘礼是最重要的礼仪。所以孔子认为，懂得禘礼的人，就会像明白掌中之物一样地明白国家的事。

一般认为，这是因为鲁国违背礼制使用禘礼，孔子不好直接批评自己的祖国，所以这样回答问者。

【原 文】

3.12 祭如在，祭神如神在。
子曰："吾不与祭，如不祭。"

【译 文】

祭祀父祖就像父祖在场，祭祀神祇就像神祇在场。

孔子说:"我没有参与祭祀,就和没有祭祀一样。"

【解义】

这一章,讲孔子对待祭祀的虔诚。

《礼记·祭义》讲:"祭之日入室,僾然必有见乎其位。周还出户,肃然必有闻乎其容声。出户而听,忾然必有闻乎其叹息之声。"意思是说,祭祀的日子,进入庙堂的时候,仿佛看见父母祖先就像在他们的位置上;祭祀过程中有时出外,态度严肃,就一定能够看到父母祖宗的身影,听到父母祖宗的声音;出门去听,一定会听到父母和祖先们的叹息之声。这就是本章说的祭祀父祖好像父祖就在现场,祭祀神祇好像神祇就在现场。

本章说的是两套祭祀系统:一套是祭祀父母祖先的,另一套是祭祀其他神祇的。比如季氏旅祭的泰山神,就是父母祖先之外的神祇。

祭祀父母祖先,当然是自己主持祭祀。但有时自己因为种种原因,无法亲自祭祀,比如病了或者外出,这种时候可以请人代理。孔子说,如果我没有参加祭祀,心里总有缺憾,就和我没有祭祀一样。意思是要尽量亲自参加祭祀,以表示对父母祖先和神祇们的虔诚。

【原 文】

3.13　王孙贾问曰："与其媚于奥，宁媚于灶，何谓也？"

子曰："不然。获罪于天，无所祷也。"

【译 文】

王孙贾问道："与其讨好奥神，不如讨好灶神，是什么意思呀？"

孔子说："不是这样的。得罪了上天，求谁都没用的。"

【解 义】

王孙贾，卫国掌权的大夫。他的问话引用了当时的俗语。意思是说，与其讨好地位高的当权者，不如讨好那些直接管事的人。意思是暗示孔子，讨好卫国君主，还不如去讨好他。孔子当然明白他的意思，所以回答说，得罪了上天，也就是上天，求谁都没用的。

奥神，屋子西南角的神；灶神，管理做饭锅台的神。奥神地位比灶神高，灶神接近民众，比奥神有用。祭祀奥神、灶神，也是古代祭礼的组成部分。后来，灶神成为中国民众家家都可祭祀、也都要祭祀的神。

【原 文】

3.14　子曰:"周监于二代,郁郁乎文[1]哉!吾从周。"

【注 释】

[1] 文,指礼乐制度。

【译 文】

孔子说:"周朝借鉴了夏朝和商朝,多么完备而隆盛的礼乐制度啊!我赞成周朝的。"

【解 义】

礼乐制度,是社会生活的文饰。先秦文献中的文、文章,基本内容就是礼乐制度。在孔子看来,周朝借鉴了夏朝和商朝两个朝代的经验,所以他们的礼乐制度最为完备和隆盛。孔子所坚持的礼,就是周礼。

【原 文】

3.15　子入大[1]庙,每事问。或曰:"孰谓鄹[2]人之子知礼乎?入大庙,每事问。"子闻之,曰:"是礼也。"

【注释】

[1] 大，音 tài，就是太。太庙，太祖的庙。周公是鲁国的太祖，鲁国的太庙就是祭祀周公的庙。
[2] 鄹，音 zōu。鲁国的城镇，孔子的父亲曾做过这里的主官。

【译文】

孔子进入太庙，每件事都要发问。有人说："谁说鄹人的儿子懂得礼仪？到太庙里面，什么事都要发问。"孔子听到了，说："这就是礼啊！"

【解义】

孔子幼年时，就有懂得礼仪的名声。现在到了太庙，却还每事都要发问，所以引起别人议论，认为他未必懂礼。如果懂得，还要发问吗？然而在孔子看来，即使知道了，也要向别人请教。这种虚心好学而又认真的态度，值得我们学习。假如人人都能在自认为知道的地方还能不耻下问，就可以少出差错。特别是在重要场合，更要事事慎重。

【原文】

3.16 子曰："射不主皮，为力不同科，古之道也。"

【译文】

孔子说:"射击不要求穿透靶子,因为力气大小不一样。这是从古以来的规矩。"

【解义】

这里讲的是射礼。

古代男子人人都要接受军事训练,以便战时人人参战。射礼就是在训练基础上的射击比赛。据说周武王推翻商朝以后,认为天下从此太平了,所以在射击比赛的时候,就不要求穿透皮制的靶子,只比赛是否射中。有人认为,当时天下大乱,战争频繁,举行射礼时又要求穿透靶子,不再遵守从古以来的传统,所以孔子为此发了一通议论。

射礼不守传统规矩,也是当时礼崩乐坏的一部分。

【原文】

3.17　子贡欲去告朔之饩羊。

子曰:"赐也,尔爱其羊,我爱其礼。"

【译文】

子贡要撤掉告朔的活羊。

孔子说："赐啊！你可惜那只羊，我可惜那个礼。"

【解 义】

告朔，每月初一日（朔）到祖庙请示实行当月历法的礼仪。古代天子在每年年末颁布次年的历法，诸侯们接受以后放在祖庙。每月初一，用一只活羊到祖庙祭祀，请求实行该月历法。这是一种向祖宗报告的礼仪，所以称为"告朔"。

按照礼制，每月初一，诸侯（在鲁国也就是鲁国国君）要亲自到祖庙里举行祭祀，向祖宗报告，要实行该月历法，是告朔。然后还要听取臣子的汇报，并和臣子们讨论这一月将要举行的政事，称为"听朔"或"视朔"。当时的情况是，鲁国国君只是杀一只活羊献给祖宗，却并不亲自到祖庙祭祀，也不举行例行的政治活动。告朔礼已经名存实亡，所以子贡要撤掉告朔的活羊。

告朔礼的名存实亡，也是当时礼崩乐坏的组成部分。

【原 文】

3.18 子曰："事君尽礼，人以为谄也。"

【译 文】

孔子说："我按照礼制侍奉君主，别人认为我是谄媚。"

【解 义】

当时的臣子很少能遵守君臣礼仪,常常无礼地对待君主,所以孔子遵守礼仪,反而被认为是谄媚。一面说明当时的君臣关系已经非常混乱,也说明孔子坚决维护礼制、忠诚于君主的政治态度。

【原 文】

3.19 定公问:"君使臣,臣事君,如之何?"孔子对曰:"君使臣以礼,臣事君以忠。"

【译 文】

鲁定公问:"君主使用臣子,臣子侍奉君主,应该怎么做?"孔子回答说:"君主使用臣子要遵守礼仪,臣子侍奉君主要竭尽忠诚。"

【解 义】

鲁定公,鲁国国君,姓姬,名宋。

当时不仅臣子对待君主无礼,君主也常常无礼地对待臣子,所以孔子有这样的回答。

【原 文】

3.20 子曰:"《关雎》,乐而不淫,哀而不伤。"

【译 文】

孔子说:"《关雎》这首诗,快乐而不淫荡,悲哀而不心伤。"

【解 义】

《关雎》是《诗经》中的第一首诗,讲述一个男子对一个采荇菜女子的向往和思念之情。古代的解说,一般都认为讲述的是王后、妃子们的德行,说她们适合于作君子的配偶。

孔子认为,这首诗所表现的感情,中正平和。快乐的,不至于淫荡;悲哀的,不至于伤心。孔子的评论后来成为儒家对待感情问题的基本主张。那就是感情应该表达,但不可过分。

一般说来,对感情有所约束,不至于放纵,无论对于个人,还是对于社会,都是有益的。

【原 文】

3.21 哀公问社于宰我。宰我对曰:"夏后氏以松,殷人以柏,周人以栗,曰,使民战栗。"

子闻之,曰:"成事不说,遂事不谏,既往不咎。"

【译 文】

鲁哀公向宰我咨询有关社神的问题。宰我回答说:"夏后氏用松树,商朝人用柏树,周朝用栗树,意思是,让百姓战栗。"

孔子听见了,说:"已经办成的事不再说了,已经开始的事不再阻止了,过去的事不再追究了。"

【解 义】

宰我,孔子的学生,名予,字我。

社神(土神)是中国古代一尊重要的神祇。中央和地方政权都有自己的社神祭坛。甚至每个村镇都有自己的社神祭坛。鲁迅的小说《社戏》,就是20世纪初叶中国南方一个小村镇祭祀社神时的戏剧。

社神祭坛的建筑形式是:中央竖起一根木柱,代表社神。木料一般选用适宜当地生长的树木。夏、商、周三代所用的树木不同,是因为他们建社的地方不同,适宜的树木也不同。宰我不懂装懂,随便解说。但是他已经说了,无法改变,所以孔子说,这事就不再说了。

社神祭坛后来和稷神(谷神)合而为一,称社稷坛。中央所树的不再是木柱,而是石柱。现在北京中山公园内的社稷坛,就是清代皇帝祭祀社稷神的地方。

【原文】

3.22　子曰:"管仲之器小哉!"

或曰:"管仲俭乎?"曰:"管氏有三归,官事不摄,焉得俭?"

"然则管仲知礼乎?"曰:"邦君树塞门,管氏亦树塞门。邦君为两君之好,有反坫[1],管氏亦有反坫。管氏而知礼,孰不知礼?"

【注释】

[1] 坫,音 diàn。

【译文】

孔子说:"管仲的器量小啊!"

有人问:"管仲节俭吗?"孔子回答:"管仲家有三归高台,仆人们都不兼职,怎能算是节俭!"

"那么管仲懂得礼节吗?"回答说:"君主修建塞门,管仲家也修了个塞门。君主为了两个国家的友好,有反坫,管仲家也有反坫。如果说管仲懂得礼节,谁不懂得礼节!"

【解义】

这是孔子对管仲的评论,总体是说他器量小。

三归,《刘向·说苑》:"管仲故筑三归之台以自伤民。"

台，是一种高而平的建筑。先把地面垫高，形成高台，在上面盖房屋。一般用于休息、游玩。也有人说，三归是娶了三家的姑娘做妻妾。

兼职。当时家庭奴隶，也就是仆人，一般是兼职的，即一个人要负责两项甚至更多的事务。管仲家的仆人不兼职，是一种奢侈的表现。

塞门。为防止从门口一下就看到里面而设置的屏障。天子建在门外，诸侯建在门内。和后来一般人家在门内修建的"影壁墙"作用类似。

反坫，设在两个屋柱之间的、喝完酒放置空杯子的小土台，也是诸侯才能有的建筑。

管仲协助齐桓公称霸诸侯，是中国历史上少有的卓越政治家。但在孔子看来，他的器量太小。也就是说，他没有更高的目标。其表现，第一是生活奢侈，第二就是追求高于自己现在地位的高规格待遇。从古到今，这样的人往往会在已有的功业上止步不前，甚至会堕落下去。管仲是善始善终的。但在孔子看来，他应该有更大的建树。

【原文】

3.23 子语鲁大[1]师乐，曰："乐其可知也。始作，翕如也；从之，纯如也，皦如也，绎如也，以成。"

【注释】

[1] 大，就是太。

【译文】

　　孔子给鲁国太师讲解音乐，说："音乐是可以了解的。演奏开始，像万马奔腾；接下去，如五味调和，如山溪汩汩，如丝绪不断，一曲就完成了。"

【解义】

　　这一章开始谈论音乐。孔子用比喻描述一曲音乐的开始到结束。历来的解说都很抽象，译文只能参阅这些解说，尽量用形象的语言译出。

　　太师，当时乐官的名称。

【原文】

　　3.24　仪封人请见。曰："君子之至于斯也，吾未尝不得见也。"从者见之。出，曰："二三子何患于丧乎？天下之无道也久矣，天将以夫子为木铎。"

【译文】

　　守卫边疆仪镇的主官求见。说："君子们到这里来的，没有我不可以拜见的。"随从就引他见了孔子。出来,他说道:"你们这些学生何必忧虑老师丢官呢!天下动乱已经很久了,上天就要让夫子做木铎啦。"

【解义】

　　孔子在鲁国代理宰相期间,把鲁国治理得很好。齐国为了破坏鲁国的良好局面,就给鲁国君主送来了美女和乐队。鲁国君主鲁定公接受了,沉迷于享乐,在重大祭祀时又不按礼制对待臣子。孔子看到政治一步步在败坏而自己又无法挽救,于是就离开了鲁国。

　　孔子先去卫国,仪镇是卫国的边境村镇,这段故事,应当是孔子刚刚离开鲁国时的情形,所以卫国的边疆守官才说,你们这些学生何必忧虑老师丢官呢。

　　上天就要让夫子做木铎,是说上天将要赋予孔子重大使命。历代注释都认为这个边疆守官是个贤者,所以对孔子将要担当的重大使命知道得如此深刻。

　　木铎,宣布政令时摇动的铃铛,铜质木舌。做上天的木铎,就是传达天意的工具和中介。

　　另一说法是:木铎是在路上边走边摇的,说的是上天让夫子失去官位,周游四方推行他的教化,就像木铎在路上边走边摇一样。

【原文】

3.25　子谓《韶》:"尽美矣,又尽善也。"谓《武》:"尽美矣,未尽善也。"

【译文】

孔子评论《韶乐》:"尽善的,又尽美的。"评论《武乐》:"尽美啦,尚未尽善啊!"

【解义】

《韶乐》,舜统治时期的音乐;《武乐》,周武王统治时期的音乐。古代解释者一般认为,周武王的音乐之所以未能尽善,是因为周武王的德行不如虞舜。虞舜是帝尧禅让得到天下,做了天子;周武王是依靠武力推翻商朝,做了天子。也就是说,在孔子看来,以和平的方式取得政权,比用武力的方式要好一些。只是历史表明,尧舜禅让以后,能够取得政权的,几乎都是依靠武力。少数所谓禅让,也是以武力作为后盾,用逼迫促成的。所以,用禅让的方式把全国政权交给贤明的人来统治,仅仅是孔子和儒家的理想而已。

【原文】

3.26　子曰:"居上不宽,为礼不敬,临丧不哀,吾何以观之哉?"

【译 文】

孔子说:"居统治地位却不宽厚,实行礼仪却不恭敬,参加丧礼却不悲哀,我怎么能看得下去呢!"

【解 义】

要求实行礼仪必须有内心的虔诚,参加丧礼就应该神情悲哀,这都是普遍适用的原则。直到现在,一些人参加丧礼,往往当场高谈阔论,甚至眉开眼笑,实在不如不参加为宜。这种现象,孔子看不下去,我们也看不下去。

至于居统治地位应该宽厚,不能说不对,但也要分清情况。宽厚的政治民众自然宽松,但也会滋长坏人作恶。所以历来的政治,都是宽严相济,处乱世甚至应该用重典,也就是严厉的刑罚。至于宽严如何相济,什么时候要用重典,则要具体情况具体分析,不可一概而论。

孔子的话,往往很仁慈,很智慧。但不可作为教条。这是宗教学说和学术的基本区别。我们说的儒教,一个重要原因,就是儒者们把孔子尊为圣人,把孔子的话当成绝对真理。

第四篇　里　仁

【解题】

　　这一篇，较多地讲述了什么是仁人，以及怎样做才是一个仁人。宋代学者认为，把这一篇放在《八佾》之后，是因为仁人是治国的依靠。这个说法，有一定道理。

　　共二十六章。

【原文】

　　4.1　子曰："里[1]仁为美。择不处仁，焉得知[2]！"

【注释】

[1] 里，古代的居民点，相当于后来的村落和现代的社区。

[2]知，音 zhì。

【译文】

孔子说："村落里风俗仁厚才适宜居住。选择住地不选择风俗仁厚的地方，怎能算是智慧！"

【解义】

这话是对的。然而无论古人还是今人，一般人都不易做到。

中国古代有"孟母择邻"的故事，也必须以一定的经济能力作后盾。现在有经济能力的人，选择住地基本上都是以地理条件为标准。

古代可以做到"鸡犬之声相闻，老死不相往来"。现在更是可以做到门窗相接，老死不相往来，因此也互不影响，社区里的风俗情况基本上不必考虑。所以对这一条，也只能说，孔子的主张是对的，用心也是好的，但也不必太当真，特别是现代社会。

此外，孔子还说过："君子居之，何陋之有。"也就是说，君子可以移风易俗。两种主张，应该全面考虑。

本章的"村落"，也可译为现代的"社区"。风俗仁厚的地方，一定会有仁人，所以有人解释为"仁者居住的地方"。

【原文】

4.2 子曰:"不仁者不可以久处约,不可以长处乐。仁者安仁,知[1]者利仁。"

【注释】

[1] 知,音 zhì。

【译文】

孔子说:"不仁的人不能够长期处于贫困状态,也不能够长期处于富裕欢乐状态。仁者安于仁德,智者利用仁德。"

【解义】

意思是说,没有仁德的人,长久穷困必然胡作非为,长久快乐必然淫荡而不知归宿正道。所以后来孟子就赞扬"富贵不能淫,贫贱不能移"。也就是说,一个高尚的人,处于富贵状态不会放纵欲望,处于贫困状态也不会违法乱纪。这是孔子和儒家主张的高尚道德,也是今天应该发扬的高尚道德。

下面的"仁者安于仁德,智者利用仁德",是孔子对社会现象的深刻观察。一种美好的东西,往往被那些智者加以利用,也是古今都有的现象,所以我们要分辨是非。不要以为做善事的一定心地善良,讲自由民主的一定是为人民着想。

【原 文】

4.3 子曰："惟仁者能好人，能恶人。"

【译 文】

孔子说："只有仁者能赞扬人，能厌恶人。"

【解 义】

这里讲的是好坏善恶标准的问题。谁都会说自己喜欢好人，厌恶坏人。然而谁是好人，谁是坏人？标准在哪里？在孔子看来，只有本身是仁德之人，才能正确地喜欢好人，厌恶坏人。自然，好人喜欢的也未必都是好人，坏人喜欢的也未必都是坏人。然而正确地辨别是非，毕竟是好人的见解更可靠一些。

这里提出的是一个善恶标准问题。

《庄子》一书中，讨论过是非的标准。比如二人争论，自然都认为自己是对的。那么，找谁来评判呢？找第三人。第三人如果同意某一方，仍然未能辨出是非。如果他哪一方都不同意，那就是又增加了一个第三方，仍然没有解决问题。那么，再找第四方、第五方来，结果只会更加复杂，而不会解决问题。

当然，现代哲学，提出了实践标准问题。虽然其中还有许多问题要说，但古代提出的问题，总算在更高的层次上获得了解决。

但这是是非标准。至于善恶标准，则只要人类社会还分成不同的利益集团，就不会有统一的善恶标准。所谓普遍价值，不过是提倡者想推行自己的善恶标准罢了。

只有在同一个社会条件下的同一个社会集团中，才会有大体一致的善恶标准。而能够掌握这个标准的，就是这个社会条件下这个社会集团中的被认为是有道德的、高尚的人。就这一点来说，孔子的说法，是有道理的。

【原文】

4.4 子曰："苟志于仁矣，无恶也。"

【译文】

孔子说："假如有志于仁德，就不会有恶行。"

【解义】

一个人，如果立志向善，确实不会去作恶，至少主观上不会故意作恶。这是孔子鼓励人们向善，也是实情。那些口说向善，却有恶行的人，一般说来，至少是立志不纯，甚至不是真心向善。

【原 文】

4.5　子曰："富与贵,是人之所欲也。不以其道得之,不处也。贫与贱,是人之所恶也。不以其道得之,不去也。君子去仁,恶乎成名！君子无终食之间违仁。造次必于是,颠沛必于是。"

【译 文】

孔子说："富裕与尊贵,是人人都希望得到的。不是用正规的渠道得到,就不要。贫穷和低贱,是人人都厌恶的。不是因为正当的理由碰到了,也不设法摆脱。君子离开了仁德,怎么能有好名声！君子没有一顿饭的工夫违背仁德。匆忙仓促时一定要有仁德,漂泊流浪时一定要有仁德。"

【解 义】

说人人都有富裕和尊贵的愿望,是孔子实事求是的表现。比起那些仅仅强调节制欲望的说教,要符合人情,也符合实际。但是一定要从正规的渠道得到。有些人虽然得到了富裕或尊贵,但用的是邪门歪道。这样的人,应该感到羞愧。

贫穷和低贱,是人人都厌恶的。但有时候并不是因为自己道德败坏或者能力低下,而处于贫穷和低贱的地位。那么,既然不是由于自己的原因而碰上了,也就难以通过正规的渠道摆脱。如果想要摆脱,很可能走邪门歪道,所以孔子不主张摆脱。

也就是说，不论是求富还是脱贫，都要用正规的手段。这是孔子一贯的主张。所以他告诫世人，要做一个君子，在任何情况下，都不要忘记仁德。因此，所谓正规的渠道和手段，也就是仁德的渠道和手段。

【原　文】

4.6　子曰："我未见好仁者、恶不仁者。好仁者，无以尚之；恶不仁者，其为仁矣，不使不仁者加乎其身。有能一日用其力于仁矣乎？我未见力不足者。盖有之矣，我未之见也。"

【译　文】

孔子说："我没有见到喜好仁德的、厌恶不仁的。爱好仁德的，再没有比这更高尚的了；厌恶不仁的，他培养仁德，不让不仁的德行放在自己身上。有谁能够哪怕一天致力于仁德呢？我没有见到能力不够的。大概有吧，只是我没有见到啊。"

【解　义】

在这一章里，孔子赞扬仁德是最高尚的品德，批评当时几乎没有致力于仁德的人，哪怕一天从事仁德的人也没有。

孔子认为，仁德是人人都可以致力，并且可以达到的。只要有志于仁德，不会有能力不足的问题。

【原文】

4.7 子曰："人之过也，各于其党[1]。观过，斯知仁矣。"

【注释】

[1] 党，原是古代的户籍单位，五百家一党。后来指政治上的同盟者。这里指同类。

【译文】

孔子说："人们的过错，也各有自己的同类。观察他的过错，也就知道他有没有仁德了。"

【解义】

同类人犯的错误也往往雷同，这是孔子对社会现象的深刻观察。急躁的人莽撞，谨慎的人犹豫，自信的人武断，任性的人不守规矩。善良的人受骗是由于善良，贪财的人上当是因为贪心。虽然未必完全准确，但多数如此。所以孔子认为，看他所犯的错误，就会知道他的德行如何。古代如此，现代仍然如此。孔子的话，可以作为观察人物的参考。

【原 文】

4.8 子曰:"朝闻道,夕死可矣。"

【译 文】

孔子说:"早上明白了正道,傍晚死了也值得。"

【解 义】

这一章表现了孔子求道心情的迫切。

道,指的是一种行为方式。不同的人有不同的行事方式,所以道与道也不相同。君子有君子之道,小人有小人之道。有正道,也有邪门歪道。

孔子追求的,是正道。在孔子看来,这正道是以前的英明帝王传下来的,所以又称"先王之道"。孔子以及后来儒家所追求、所传递的,就是这个先王之道。因为是儒家追求、坚持和传播的,所以这个先王之道又可称之为儒家之道。

当时的诸子百家,都在追求自己认为的正道。所以老子和庄子有他们的正道,墨子、韩非等,也都有他们自己认为的正道。

【原 文】

4.9 子曰:"士志于道,而耻恶衣恶食者,未足与议也。"

【译 文】

孔子说："士人有志于求道，却因穿的破旧、吃的粗糙而羞耻，就不值得和他讨论什么了。"

【解 义】

这一章，表现孔子求道心情的坚定。

从古到今，各家各派，求道的过程都是艰苦的。有志于求道，却不愿过艰苦的生活，是不会坚持下去，也不会达到目的的。从古到今，在求道路上中途掉队，甚至叛变的，许多都是那些不能忍受艰苦生活的人。

今天，社会的物质财富是大大丰富了。然而差别总是存在的，追求正道的路仍然是曲折复杂的，会有各种各样艰苦的情况。有志者，仍然应该有过艰苦生活的思想准备。

【原 文】

4.10 子曰："君子之于天下也，无适也，无莫也，义之与比。"

【译 文】

孔子说："君子处在这个世上，没有什么一定是可以的，什么一定是不可以的,永远和正义在一起。"

【解义】

正义,也是正道的基本内容。归宿于正义,也是归宿于正道。

【原文】

4.11 子曰:"君子怀德,小人怀土。君子怀刑[1],小人怀惠。"

【注释】

[1] 刑,指法令。

【译文】

孔子说:"君子心里装着德行,民众留恋他的乡土;君子心里装着法令,民众只盼望得到恩惠。"

【解义】

这一章,和君子对立的,是留恋乡土的"小人",因此,君子和小人的区别,就不仅是道德水平上的差别,而是社会地位的差别。

民众,也就是小人,留恋乡土,盼望国家或者主人给他们恩惠，是当时社会的实际情况，孔子的观察是正确和深刻的。社会发展到今天，民众们未必留恋乡土了，但盼望国家或者雇主们的恩惠，则仍然如此。孔子没有批评这样不好，因为这是合理的愿望。

但是说君子心里装的是德行和法令，无论当时和以后，至少不会都是这样，否则历史上就不可能有那么多的动乱和罪恶。所以孔子这些话，只能是听听而已。

孔子不是不知道君子的内心和作为，但是他毕竟是君子队伍里的一员。在论及君子、小人差别的时候，也不能不这样说。所以，在价值和善恶的判断问题上，首先应该看主张者的立场，无论古今，都是一样的。

【原　文】

4.12　子曰："放[1]于利而行，多怨。"

【注　释】

[1] 放，音 fǎng，依据。

【译　文】

孔子说："依据求利的原则行事，会招来许多埋怨。"

【解义】

上文说君子"永远和正义在一起",这一章讲依据求利原则行事会招来许多埋怨。两章接在一起,反映了孔子,也是后来儒家崇尚正义,不崇尚求利的道德原则。这也是儒家仁道的基本内容之一。所谓"义利"之辨,也是儒学的重要理论问题。然而什么是正义,什么是求利,儒家并没有从理论上很好地解决。

从本篇第五章的内容看,孔子并不否认人们追求富有和尊贵,也就是说,并不否认人们求利。他反对的只是不以正规的手段获取利益。如此看来,用正规的手段获得利益,也是正义的,而不是"依据求利的原则行事"。

实际上,无论是孔子,还是后来的儒者们,所说的正义,其内容不过是群体的或整个国家的、民族的利益。在国家、民族的利益和地方的或小群体的利益发生冲突时,国家、民族的利益就是正义,地方或小群体的利益就是求利。当个人利益和群体利益发生冲突的时候,群体的利益就是正义,个人的利益就是求利。因此,无论古今中外,所谓正义,都是较大群体的利益的体现。为了较大群体的利益而奋斗献身的,就是为正义献身。

这样,孔子这里说的不要按求利的原则行事,也就是要人们在处理各种问题时,首先要考虑他人的、群体的,特别是国家和民族的利益。如果在一个小团体内只考虑个人利益,在国家、民族以内，只考虑地方的或者小群体的利益，就要损害大多数人的利益，所以会招来许多埋怨。

因此，孔子这句话可以得出两条结论：第一，用正当的方式求得利益，不是求利；第二，把国家、民族、大群体的利益，置于地方和小群体的利益之上，把群体的利益置于个人利益之上，就是正义。

【原　文】

4.13　子曰："能以礼让为国乎？何有！不能以礼让为国，如礼何？"

【译　文】

孔子说："能用礼让的态度治理国家吗？有什么难的！不能以礼让的态度治国，要礼干什么呢！"

【解　义】

上文讲到依据利益的原则行事，一定会招来许多埋怨。更严重的，还会引起很多争斗，使社会不稳定。所以孔子主张要用礼让的态度治理国家，认为这样做并不难。假如不是用礼让的态度治国，要礼干什么呢？

这里也讲出了礼的一个本质特征，那就是谦让。假如心中只存在着个人的利益，想的是如何和别人争斗，也就不可能谦让。内心没有谦让的态度，礼仪就成了徒具形式的文饰。

在中国古代，礼是给君子们，也就是统治阶层规定的行为规范。法令的作用，是事后的惩罚；礼仪的作用，是事先的约束，把自己的欲望约束在礼制所允许的框架之内。所以，自觉地遵守礼仪制度，首先就是约束自己的欲望，这就是谦让。当时所谓的礼崩乐坏，就是人们都不再用谦让的态度对待礼仪制度，而是相互争夺利益。国与国争，家与家争，人与人争。在孔子看来，用礼让的态度治理国家并不难做到，只是无人肯这么做。

【原文】

4.14 子曰："不患无位，患所以立；不患莫己知，求为可知也。"

【译文】

孔子说："不忧虑没有职位，要忧虑自己具备了什么；不忧虑别人不了解自己，只求具备那可以被人了解的。"

【解义】

孔子的学生都是士人，学习的目标就是做官，为国家服务。忧虑没有职位，如同今天的毕业生担忧找不到工作。然而孔子教导他们说，不要忧虑没有职位，而要忧虑自己具备了什么。正常情况下，具备了相应的品德和能力，就会有相应的职位。今天也是一样。具备了相应的品德和能力，也会有相应的工作机会。当然，德才兼备而没有职位、没有工作的情况也是有的，但那是不正常的情况，孔子本人就是一个例子。他本人德高才高，但周游列国而不被任用。不过这都是不正常的情况。即使在不正常的情况下，也只能把提高自己的德行和能力作为值得考虑的事情，因为只是忧虑没有职位是没有用的。

虽然有德有才，但别人不了解，也还是没有职位。即使如此，担忧别人不了解也没用，也只能把别人能够了解的展现出来。

做自己能够做到的，把其他的一切交给社会，这就是孔子的人生态度。这个态度，对现代社会如何做人，仍然具有重要的指导意义。

【原　文】

4.15　子曰："参乎！吾道一以贯之。"曾子曰："唯。"

子出。门人问曰："何谓也？"曾子曰："夫子之道，忠恕而已矣。"

【译　文】

孔子说："曾参啊，我的道是一以贯之的。"曾参回答：

"嗯!"

孔子离开了。有学生问:"什么意思?"曾参回答说:"夫子的道,就是个忠恕啊。"

【解义】

道,孔子的主张、学说。"一以贯之",就是有一个贯穿始终的思想,或者说是学说的核心内容。从《论语》的内容看来,孔子的核心主张,可以概括为"仁德"和"礼制"。这两个方面又是一回事。仁德是礼制的内在要求,没有仁德的礼只是空泛的形式;礼是仁德的外部表现,仁德只有通过礼制才能付诸实践,不通过礼制也无法表现出来。后来又加上孔门弟子及其后学孟子、荀子的发展,孔子及其儒家的主张,一般被概括为"仁义"。儒家最重要的反对者——老子和庄子等人,批判儒家,也主要是批评儒家的仁义主张。儒家认为,仁义是治国的指导思想,是使社会安定、政权稳固的思想保障。在老子、庄子一派看来,仁义是导致争斗和天下大乱的思想根源。

这一章中,曾参把孔子的主张概括为"忠恕",即忠诚和宽恕,应该只是曾参的理解。

【原文】

4.16 子曰:"君子喻于义,小人喻于利。"

【译文】

孔子说:"君子懂得的是道义,小人明白的只是利益。"

【解义】

这里君子和小人的区别,有两重意思。

从社会地位上说,君子们是社会的统治阶级,也是整个国家利益的代表。维护国家的利益,是他们的责任,明白这个责任,也就是明白了道义。小人是被统治阶级,维护整个国家的利益不是他们的职责。直到20世纪初叶,中国社会仍然有"莫谈国事"的禁令,也就是不允许一般民众关心国家大事,在更早的年代,他们更是只能关心自己的利益,最多再加上家族、乡邻们的小群体的利益。

早在明末清初,在民族危机严重的时刻,有人曾经提出了"天下兴亡,匹夫有责"的口号。然而只是到了近代,特别是在中国共产党的领导下,下层的普通民众才被真正动员起来,自觉地为整个民族的利益而奋斗。在这个时代,明白道义的,就不仅是上层社会的君子们。

从道德品质上看,"君子懂得的是道义",它的反命题也是成立的,即"只有懂得道义的人才是君子"。而小人之所以是小人,就是因为他为了个人的私利而不惜牺牲群体的利益,甚至国家和民族的利益。

【原文】

4.17 子曰:"见贤思齐焉。见不贤而内自省也。"

【译文】

孔子说:"见到贤者要想着向他看齐,见到不贤的要反省自己。"

【解义】

中国古代把道德高尚、才能卓越的人分为圣人、贤人。孔子被尊为圣人。孔子以下,有才能并且道德高尚的人,大多都被尊为贤人。

见到贤者要向他看齐,是孔子对学生的教导。这个教导,今天仍然适用。那就是要向道德高尚者、能力卓越者学习,努力成为他们那样的人。

见不贤者要反省自己,就是检讨自己有没有不贤者的缺点和毛病。如果有,就要努力改正。这一条,今天也适用。

如果一个人能够这样做了,一定能提高自己的道德水平和处事能力。

【原文】

4.18 子曰:"事父母几谏。见志不从,又敬不违,劳而不怨。"

【译 文】

孔子说:"对父母可以进行委婉的劝告。看到父母不肯听从,就恢复恭敬而不违背,辛勤做事而不埋怨。"

【解 义】

这样对待父母,是中国古代主张孝顺父母的内容之一。不过也要分什么事。这不过是就一般情况而言。

至于现代,在一般情况下,儿女对待父母,也适用这样的原则。

【原 文】

4.19 子曰:"父母在,不远游。游必有方。"

【译 义】

孔子说:"父母在世,不远行。远行一定要告知所去的地方。"

【解 义】

古人不远行,因为当时交通不便,远行就不方便照顾父母。如果必须远行,也要告诉父母所去的地方,以便有事联系。这是古代孝道的要求。

实际上，孔子当时的人也很难做到这一条。士人们在各国之间往来频繁，孔子也带着他的十来个弟子周游列国。至少当时颜回的父亲是在世的，所以不知孔子为什么这样要求。

至于后世，特别是现代，这一条就不再适用了。远行成了许多人谋生或者行为的必要，交通的发达使这个世界好像缩小了。孔子这些话，也只能使我们借此了解古代社会生活的一个方面，感发思古之幽情。

【原　文】

4.20　子曰："三年无改于父之道，可谓孝矣。"

【译　文】

孔子说："三年之间能不改变父亲行事方式的，可算是孝行了。"

【解　义】

这一章和第　篇《学而》第十一章后半部分重复。

【原　文】

4.21　子曰："父母之年，不可不知也。一则以喜，一则以惧。"

【译 文】

孔子说:"父母的年龄,不可以不知道。一面感到高兴,一面也感到恐惧。"

【解 义】

高兴是因为父母长寿,恐惧是怕父母不久于人世。这是孝顺儿女的心情。古代如此,现在也是如此。

【原 文】

4.22 子曰:"古者言之不出,耻躬之不逮也。"

【译 文】

孔子说:"古代的人话不轻易出口,怕实际上做不到感到羞愧。"

【解 义】

从古到今,托古往往是为了讽今。古代人未必都是如此,但孔子当时一定是有人说得多,做得少,或者说了但做不到,甚至光说不做。现在不少人也有这样的毛病,应该把孔子的话作为一副良药。

【原　文】

4.23　子曰："以约失之者鲜矣。"

【译　文】

孔子说："处事节制、简约的失误就少啊！"

【解　义】

处事节制、简约也会有失误，但比起处事放纵、奢华，会减少失误。古代如此，现在也是如此。这是教人生活要简朴，处事要谨慎。

然而事情都有两个方面。勇于进取又能谨慎从事，比仅仅谨慎处事者成功的机会多。

【原　文】

4.24　子曰："君子欲讷于言而敏于行。"

【译　文】

孔子说："君子想的是说话迟缓而做事勤快。"

【解　义】

宋代儒者胡寅说，本篇从第十五章"我的道是一以贯之的"到这里，共十章，可能都是曾子的弟子们记录的。大多是劝人行事谨慎、少说多做的意思。由此形成了儒家普遍的谨慎保守而少于进取的处事风格。汉代初年，被著名史学家司马迁称为"儒宗"的叔孙通对汉高祖刘邦说："儒者难与进取，可与守成。"说明这种风格当时就已经形成了。到宋代理学，则把这种风格发挥到了极致。这种风格，有利于保持社会的安定和政权的巩固，却不利于和外部敌人做斗争。

【原　文】

4.25　子曰："德不孤，必有邻。"

【译　文】

孔子说："德行是不会孤立的，一定会有它的同道。"

【解　义】

被认为是良好行为的德行，是社会维持秩序的需要，因而是多数人共同的利益所在，所以也是多数人的愿望。有时候，德行未必能被人理解，但迟早会得到多数人的承认，所以一定会有同道。孔子这个话，是对社会现象深刻观察的结果，也是鼓励人们坚守道德规范的良言。

【原 文】

4.26 子游曰:"事君数[1],斯辱矣。朋友数,斯疏矣。"

【注 释】

[1]数,音 shuò,繁多的意思。

【译 文】

子游说:"侍奉君主太频繁,就会招来侮辱;朋友来往太频繁,将会导致疏远。"

【解 义】

古代社会的君臣关系,是一种主仆关系。宋代著名儒者张载就把大臣比作皇帝的"家相",也就是家里的管家、仆人。君主给臣子的任何报酬,都被认为是君主的恩惠。侍奉君主,是臣子的义务。但是侍奉君主不能太频繁,如同仆人侍奉主人不可太频繁一样。太频繁,容易惹主人讨厌、反感,因而招致侮辱。现代社会也是一样。一个人讨好上级,会得上级的欢心。但是太频繁,也会使人反感。这是个心理学问题。子游观察得很正确。

同样,朋友间的来往,也不可太频繁。太频繁,虽然是好心好意,也容易给朋友造成烦扰。

中国古代有所谓"恭敬不如从命";西方社会主张即使对人友好,也要尊重别人的意见。这些都是要求即使友好的言行,也要适度,并以尊重别人为前提。这样就不会有招来侮辱或者反而使朋友疏远的结果。

第五篇　公冶长

【解　题】

公冶长，孔子优秀的弟子之一，也是孔子的女婿。上一章树立了一个做人的标准，那就是最高尚的是仁人。这一章，是评论人物。从公冶长开始，到其他弟子；从弟子开始，到古今的一些重要人物。评论的标准，也是看他们是否符合这一标准，在多大程度上符合这一标准。

治国需要人才。对人物的评论，也是孔子研究治国之道的重要内容。

宋代胡寅认为，这一章，可能大多是子贡的弟子们记录的。

本篇有27，28、29章三种分章方法，内容都一样。本书采用29章分法。

【原 文】

5.1 子谓公冶长:"可妻也。虽在缧绁之中,非其罪也。"以其子妻之。

【译 文】

孔子评公冶长:"可以把女儿嫁给他。虽然他被下狱服刑,但不是他的罪过。"于是就把自己的女儿嫁给他。

【解 义】

公冶长,孔子的学生,姓公冶,名长,字子长。

公冶长为何被下狱,至晚在魏晋时代就传说,是因为他懂得鸟语而被误会。皇侃《论语集解义疏》说,是他听见两只小鸟说要去吃死人肉,又碰到一个老人哭泣说儿子失踪,于是他告诉老人去看,果然是老人之子。官府认为一定是他杀了人,不然如何知道有人死亡?于是他被下狱。服刑时,狱卒发现他果然懂得鸟语,于是被释放。

民间有一版本,说是鸟儿告诉他:"公冶长,公冶长,南山有个虎驮羊。你吃肉,我吃肠。"于是他到南山,果然发现了被老虎咬死的羊。然而他忘了把羊肠留给鸟儿。鸟儿就骗他,说南山又有老虎咬死的羊。他到南山,却发现有人被杀,于是被官府逮捕入狱。

懂鸟语之事未必可信,但被误会杀人可能是实。不过孔子之所以会把女儿嫁给他，当然不仅是由于他无罪被囚，应是早已经决定把女儿嫁他，这件事未使孔子改变初衷。不因外在因素改变对人的看法，也是一种智慧和德行。

【原　文】

5.2　子谓南容："邦有道，不废；邦无道，免于刑戮。"以其兄之子妻之。

【译　文】

孔子说南容："政治清明，他不会不被任用；政治黑暗，他能免于受刑被杀。"把自己哥哥的女儿嫁给了他。

【解　义】

南容，孔子的学生，住南宫这个地方，所以又姓南宫，名绦（tāo），又名适（kuò，括），字子容，谥敬叔，第二篇《为政》中第五章提到的孟懿子，是他的弟弟。

古代的政治，君主常常随意杀害臣子。所以在政治清明的时候能被任用，比较容易；在政治黑暗的时候能够不被投入监狱或者被杀，需要德行，也需要智慧。南容能够做到这一点，非常不易，这是一个贤人的品德，所以孔子把自己哥哥的女儿嫁给了他。

【原 文】

5.3　子谓子贱："君子哉若人！鲁无君子者，斯焉取斯？"

【译 文】

孔子说子贱："君子啊，这个人！如果鲁国没有君子，这人又怎么能够学到这些品德。"

【解 义】

子贱，孔子的学生，姓宓，名不齐，字子贱。

这里不仅称赞宓子贱是个君子，也称赞鲁国是个有君子的国家。

【原 文】

5.4　子贡问曰："赐也何如？"子曰："女，器也。"曰："何器也？"曰："瑚琏也。"

【译 文】

子贡问道："我怎么样？"孔子说："你啊，一件器具。"问："什么器具？"答："瑚琏啊！"

【解义】

瑚琏（hú liǎn），夏代叫瑚，商代叫琏，周代叫簠簋（fǔ guǐ），是宗庙里盛祭粮的器皿，并装饰着玉，是贵重而华美的祭器。子贡见孔子称赞子贱是君子，所以问自己怎么样，而孔子这样告诉他。意思是说，他虽然没有达到"不作器具"的地步，但他在器中却是一件贵重的。

孔子弟子三千，贤人七十。七十贤人之中，又有十来个是最为贤能的。子贡就是这十来个最为贤能的弟子之一。他是一个商业奇才，非常富有。孔子周游列国的经费，基本上都是由他提供的。

子贡又有极好的口才和极高的外交才能。孔子周游列国，在蔡国被包围以致断粮时，子贡说服楚国派兵接应孔子。楚国甚至还要封给孔子一块很大的土地。后来，齐国要进攻鲁国。子贡劝说齐国大夫田常暂时停止进攻，又说服吴王夫差进攻齐国。夫差说要先进攻越国。子贡又到越国，说服越王勾践助吴攻齐。为使鲁国长久安宁，子贡又到晋国，说服晋国准备和吴兵作战。后来，吴国打败了齐国，晋国又打败了吴国，越国趁机强大起来，成了霸主。《史记·孔子弟子列传》说，子贡出使，保存了鲁国，搞乱了齐国，增强了晋国，消灭了吴国，使越国成了霸主。十年之间，使五个国家的形势都发生了重大变化。后来子贡曾经做过鲁国、卫国的宰相。这样的才能，在孔门弟子中，确实是非常卓越的。然而孔子还不满足，他认为子贡只是一个大器,尚未达到他培养的标准。

【原 文】

5.5 或曰:"雍也仁而不佞。"子曰:"焉用佞?御人以口给,屡憎于人。不知其仁,焉用佞!"

【译 文】

有人说:"冉雍仁德但不会巧辩。"

孔子说:"要巧辩干什么!伶牙俐齿把人家怼回去,常常遭人忌恨。不知道他是不是仁德,但要巧辩干什么!"

【解 义】

冉雍,孔子的学生,姓冉,名雍,字仲弓。

冉雍为人,稳重厚道,不多说话。当时诸侯纷争,天下大乱,人们都以口才为可贵,所以赞美他德行好,却可惜他才能差,不会巧辩。孔子并不否认才能,包括语言才能,但是和德行相比,他还是把德行放在第一位,所以他说冉雍不必会巧辩。

【原 文】

5.6 子使漆雕开仕。对曰:"吾斯之未能信。"子说。

【译文】

孔子让漆雕开去做官。漆雕开回答说:"我对这件事还不大自信。"孔子很高兴。

【解义】

漆雕开,孔子的学生,姓漆雕,名开,字子若。

孔子培养学生的目的,就是要让他们去做官,为国家服务。但认为他们必须学业达到一定程度,才能把事情办好。让漆雕开出仕做官,当是认为漆雕开已经学业有成,可以毕业了。但漆雕开却认为自己还不能胜任,所以不自信。孔子喜欢他这种谨慎的态度。这件事说明,孔子喜欢名实一致,不喜欢名不符实的人。

孔子和漆雕开这种求实、务实的态度,是我们所应该效法的。

【原文】

5.7 子曰:"道不行,乘桴浮于海。从我者,其由与!"子路闻之喜。子曰:"由也好勇过我,无所取材。"

【译文】

孔子说:"我的主张得不到实行,就乘木筏出海了。跟着我的,大约是仲由吧!"子路听见了,很高兴。孔子说:"仲由的勇气超过我,只是找不到造筏的木材。"

【解义】

孔子只是慨叹自己的主张得不到实行。所谓出海,不过是愤激之言,子路却信以为真。所以孔子跟他开玩笑说,找不到造筏的木材。

另一种解释说,这是孔子批评子路,只有勇气,其他没什么可取的。这种说法,似乎太贬低子路。

【原文】

5.8 孟武伯问:"子路仁乎?"子曰:"不知也。"

又问。子曰:"由也,千乘之国,可使治其赋[1]也。不知其仁也。"

"求也何如?"子曰:"求也,千室[2]之邑,百乘[3]之家,可使为之宰[4]也。不知其仁也。"

"赤也何如?"子曰:"赤也,束带立于朝,可使与宾客言也。不知其仁也。"

【注释】

[1] 赋，就是兵、军事。古代按田赋出兵，所以把军事问题称为赋。
[2] 千室，大的乡镇。
[3] 百乘，指卿大夫之家。
[4] 宰，乡镇主官和家臣的通称。

【译文】

孟武伯问："子路可称为仁人吗？"孔子回答："不知道。"又问。孔子说："仲由啊，千乘之国，可以做军事统帅。不知道能不能算个仁人。"

"冉求怎么样？"孔子说："冉求啊，上千户的大城镇，百乘的卿大夫家，可让他做长官。不知道能不能算个仁人。"

"公西赤怎么样？"孔子说："公西赤啊，穿上礼服，立于朝廷之上，可以接待宾客。不知道能不能算是仁人。"

【解义】

这几个人，都是具有政治家素质的、孔子的优秀学生。在孔子看来，他们在某一方面都有过人的才能。但还都不能算作仁人。可见孔子对于仁人，有一个很高的要求和标准。

【原　文】

5.9　子谓子贡曰："女与回也孰愈？"

对曰："赐也何敢望回？回也闻一以知十，赐也闻一以知二。"

子曰："弗如也！吾与女弗如也。"

【译　文】

孔子问子贡："你和颜回谁更强一些？"

子贡说："端木赐我怎么敢和颜回相比。颜回听到一个就知道十个，我听到一个只能知道二三个。"

孔子说："不如颜回啊！我和你都不如颜回啊。"

【解　义】

这段话说明，在孔子和子贡看来，颜回是绝顶聪明的人。所谓"听到一个就知道十个"，只是比喻性的说法，是说他勤于思考，善于把学到的知识向更宽广的领域推广。

人们学到的知识总是有限的，而实际生活的领域则是无限广大的。学得的知识，都具有普遍性的意义。要在实践中能够加以联想、推广，去解决实际问题，才是一个善于学习的聪明人。颜回、子贡，都是这样的聪明学生，颜回就更加聪明一些。

【原文】

5.10 宰予昼寝。子曰："朽木不可雕也，粪土之墙不可杇[1]也。于予与何诛！"

【注释】

[1] 杇，音wū，往墙上抹泥。

【译文】

宰予白天睡觉。孔子说："腐朽的木材无法雕刻，粪土一样的墙壁无法粉刷。对于宰予我还责备个什么！"

【解义】

这段话，有人认为是宰予懒惰，孔子对其批评严厉。也有人认为是宰予为了让孔子教导自己，故意睡觉。南朝梁武帝和唐代韩愈则认为，宰予是孔子最优秀的十来个学生之一，不会白天睡觉。所以"昼"字原来应该是"画"字。昼的繁体写作"晝"，画的繁体是"畫"，字形相近，在流传中发生了差错。也就是说，这是宰予在寝室的墙上作画，孔子教导他，墙壁已经旧得像粪土一样，画不上了，就像朽木无法雕刻一样。

笔者认为，即使学生白天睡觉，老师批评也不至于如此严厉。孔子对人，更是从无过分的责备。韩愈的意见，也是一种解释。

【原 文】

5.11　子曰:"始吾于人也,听其言而信其行;今吾于人也,听其言而观其行。于予与改是。"

【译 文】

孔子说:"起初我对于别人,听到他说的就相信他做的;现在我对于别人,听到他说的要看看他是怎么做的。这是因为宰予使我改变了态度。"

【解 义】

孔子主张言行一致。"听到他说的,一定要看看他做的",是正确的。不过这段话和上一章中孔子责备宰予,是不同时间的话。孔子改变自己对人的态度,未必就是因为宰予昼寝这件事。不少版本把这两章放在一起。本书采纳另一种意见,仍分为两章。

【原 文】

5.12　子曰:"吾未见刚者。"或对曰:"申枨。"子曰:"枨也欲,焉得刚!"

【译文】

孔子说:"我没有见到刚强的人。"有学生回答说:"申枨。"孔子说:"申枨欲望太多,怎能刚强!"

【解义】

应当是由此开始,逐渐形成了"无欲则刚"的成语。刚,有刚毅、刚劲、刚健、刚正、刚强不屈、刚直不阿等词,是描述不同场所的不同表现。其共同特点,都是不为私利、不怕牺牲、勇于担当、敢于坚持的意思。要做到这些,不是外表强硬凶狠所能做到的。一定要内心没有私利,才能做到这些。申枨欲望太多,是不可能刚强的。或者说,其刚强仅仅是表面的。在这里,孔子给我们建立了一个识人善恶优劣的标准。

【原 文】

5.13　子贡曰:"我不欲人之加诸我也,吾亦欲无加诸人。"子曰:"赐也,非尔所及也。"

【译文】

子贡说:"我不愿别人强加于我,我也想不强加于别人。"孔子说:"赐啊,这不是你所能办到的啊!"

【解 义】

自己不想强加于人，是可以控制的。要让别人也不强加于自己，是无法办到的。自己所能做到的，就是在别人强加于自己的时候，拒绝接受。所以孔子说，这不是子贡所能办到的。

【原 文】

5.14　子贡曰："夫子之文章[1]，可得而闻也；夫子之言性与天道，不可得而闻也。"

【注 释】

[1] 文章，德行的外在表现，比如风度姿态、文采言辞，都是。

【译 文】

子贡说："夫子讲文献知识和做人的仪表规则，是可以听到的；夫子关于人性和天道的言论，是听不到的。"

【解 义】

孔子教学的内容，"六艺"和"《诗》《书》、礼、乐"，都可归结为两个方面：一方面是以前流传下来的书本知识，就是所谓文献知识，比如《诗经》《尚书》等。《周易》虽然后来被作为儒家的五经之一，但孔子当时并未用来教授学生。另一方面是当时社会所需要的、必须身体力行的知识。比如礼仪、音乐，还有射箭、驾车、书法等。这些是孔子教授的内容，也是学生们可以听得到的内容。但是还有一些知识，是孔子很少谈论或者很少对学生们谈论的，这就是子贡说的人性和天道方面的知识。

关于人性问题，《论语》中也谈到了，但只有一句，就是第十七篇《阳货》的第三章："性相近也，习相远也。"从现存的文献看来，孔子以前，明确讨论人性问题的言论，几乎是没有的。《诗经》《尚书》《易经》，也包括《左传》《国语》中的一些记载，都是如此。人们讨论的，只是治国的各种措施。这些文献中的有些内容，被后来的儒者解读为人性问题，也只是后世的解读而已，未必符合原义。

大量的、关于人性问题的讨论，出现于战国时代，特别是《孟子》和《荀子》等著作中。说明儒者们关于治国问题的讨论，已经深入人的本性问题。因为治理国家，在古人看来，根本就是对人的治理。治国的措施是否管用，根本是这些措施能否把人训练得符合要求。而人能否被训练得符合要求，就看人的本质或本性究竟如何。这就像《庄子》书中讨论的，马是否应该被戴上笼头，牛是否应该被穿上鼻具一样。但在孔子当时，这个问题还没有深入，孔子对人性问题的简单论述，子贡对孔子教学状况的评论，说明他们当时已经意识到这个问题的重要性，但是还未能深入和展开。

人的思想，和历史一样，都是不断发展的。人类无论是对自然界，还是对人类社会的认识，也都是一步步深入和展开的。认为孔子是圣人，因而一切都知道，"生而知之"，甚至是全知全能，是不符合事实的。

至于天道，这是春秋时代广泛讨论的问题。孔子相信天命，基本上不讨论天道。天命和天道，都被认为是上天意志的表现。但天命是比较稳定的，甚至是一成不变的命令。天命是什么？怎么知道？这要自己从理论和实践上去体会，没有一定之规。但是天道，却是上天随时表现出来的意志和指示，或者说，是上天通过自然现象表现出来的意志，和随时发出的、给人的指示。《易传》上说"天垂象，见吉凶"，就是对如何得知天道的理论概括。孔子不谈论这些，说明孔子对这种依靠观测天象所得到的上天随时表现出来的意志、给人的指示，是不大相信的。孔子不谈论，或者说很少谈论，学生们自然听不到。

天，作为古人对头顶上可以看得见的整个自然现象的描述，是存在的。但是作为最高神被崇拜的上天，则是不存在的。在个人或者人类群体之外、之上，存在着一种不可抗拒的，甚至是支配个人和群体命运的力量，是存在的；但这个力量不是什么神的指示和命令，所以天命是不存在的。各种各样的自然现象，特别是视觉中的天穹上的各种自然现象，是存在的；但那些现象不是为人而出现的，不是上天意志的表现和对人的指示。因此，无论是相信天命或者天道，都是迷信。但是天命中毕竟包括着一个确实存在的外部力量，而天道中所说的上天的意志和随时的指示，则根本不存在。两相比较，相信天道，其迷信程度，比相信天命要深刻，因而也更加愚昧。

从战国时代开始，儒家对人性和天道问题的讨论逐步深入和展开。特别是到了宋代，儒者们简直把人性和天道问题作为儒家哲学的两大支柱。以致有人批评说，孔子不讲性与天道，宋代儒者（指理学家）却专门讨论性与天道问题。儒者们对人性问题的讨论，深刻揭示了各种社会现象的内在联系；对天道问题的讨论，也深刻揭示了自然界和人类社会所共同具有的运动规则，已经不再局限于从天象中辨别吉凶祸福。也就是说，孔子以后，儒者们大大发展了对人类社会和自然界的认识。这是一个学派有生命力的表现。

后来的儒者们神化孔子，不敢说孔子对人性和天道问题讨论不多，而是说人性和天道问题过于深奥，不宜讲给学生们听。维护孔子的心情可以理解，但却违背了事实，也违背了孔子所具有的实事求是精神。

发展前人的学说，解决前人想要解决而没有解决的问题，并不是墨守才是真正的继承。

【原　文】

5.15　子路有闻，未之能行，惟恐有闻。

【译 文】

子路听到什么，尚未实行，惟恐再听到什么。

【解 义】

子路是个信守承诺、勇于实行的人。但是也不必如此。事情可以排个次序，也可以分个轻重缓急。暂时未行的，以后再行，也未尝不可。这件事可以看出来，子路有点太"实心眼儿"。儒家提倡的五种德行中间，"信"有余而"智"不足，最后的悲惨结局，也与这样的性格有关。

【原 文】

5.16 子贡问曰："孔文子何以谓之文也?"子曰："敏而好学，不耻下问，是以谓之文也。"

【译 文】

子贡问道："孔文子为什么能称为'文'呢!"孔子说："机敏又喜欢学习，不耻下问，所以称之为'文'。"

【解 义】

孔文子，卫国大夫，名圉（yǔ）。

中国古代君主、大臣死后，后人根据他们一生的所作所为，用一两个字作出评价，叫作谥。后来也扩大到了一般的读书人。谥号一般由官方给出。少数由亲属或学生们给出的，称"私谥"。给谥有一定的原则。比如"文"，就有"敏而好学曰文"。

秦始皇觉得，皇帝死后还要由臣子来议论评价，是对皇帝的不敬。所以他取消了谥号制度，自称"始皇帝"，以后顺序排位，称二世、三世等，直到永远。他没有料到，秦朝实际只存在了二世。

秦始皇死后，汉代又恢复了谥号制度。对于皇帝来说：文、武、景、宣等，都是好的、或较好的谥号；幽、厉、灵等，都是不好的谥号；哀、愍、悼、怀等都是短命、受难的谥号等。

臣子中间，文正是最好的谥号。范仲淹、曾国藩等死后被谥为文正。其他，文忠、文成等，也都是较好的谥号。

子贡之所以对孔文子的谥号有疑问，是因为孔文子有很恶劣的行为。他让太叔疾把妻子赶出家门，而把自己的女儿送与太叔疾为妻。太叔疾又和前妻的妹妹私通。孔文子发怒，要起兵攻打太叔疾，为此孔文子曾请教孔子。孔子不回答，驾上车就走。太叔疾逃到宋国，孔文子又让太叔疾的弟弟遗娶嫂嫂即孔文子的女儿为妻。他的为人如此而被谥为文，所以子贡产生疑问。

孔子的回答，解释了孔文子被谥为文的原因。由此可见，谥号中，往往掩盖着许多不为人知的内容，所以不可因为有个好谥号就一定是个好人。

【原文】

5.17　子谓子产："有君子之道四焉：其行己也恭，其事上也敬，其养民也惠，其使民也义。"

【译文】

孔子说子产："符合君子之道的行为有四项：自己的行为谦虚谨慎，侍奉君主恭敬顺从，抚养民众有恩德实惠，役使民众恰当合理。"

【解义】

子产，郑国大夫，姓公孙，名侨，字子产。他是春秋时代少数最知名的政治家之一，担任郑国的执政大夫二十多年。郑国位于现在河南中部，处于诸侯强国之间。子产以他的德行和智慧，使郑国内政得到很好的治理，有许多惠民的政策和政绩，外交保持了相对的和平和安全。孔子对他评价很高，历史上也有许多关于他优良品质的故事和传说。

【原文】

5.18　子曰："晏平仲善与人交，久而敬之。"

【译文】

孔子说:"晏平仲善于和人交往,久而久之让人尊敬。"

【解义】

晏平仲,齐国大夫,姓晏,名婴,字仲,谥平,常被称为晏平仲。春秋时代著名的政治家。他坚持原则,又足智多谋,在齐国历次的政治危机中都能保全自己。他的许多故事,广为后人传颂。有《晏子春秋》一书,记载他的言论、事迹。孔子到齐国,齐景公曾想任用孔子,但晏婴认为孔子坚持的礼仪制度繁琐无用,反对任用孔子。孔子没有因此而贬低晏婴,表现了一种实事求是的态度和宽博的胸怀。

【原文】

5.19 子曰:"臧文仲居蔡[1],山节藻棁[2],何如其知也?"

【注释】

[1] 蔡,大龟。因为出于蔡国水中,所以叫蔡。
[2] 节,柱头的斗拱。藻,水草名。棁,音 zhuō,梁上的短柱子。在斗拱上刻上山水,在短柱上画上水草,也就是雕梁画栋。

【译 文】

孔子说:"臧文仲造个屋子给乌龟居住,雕梁画栋,哪里是什么智慧!"

【解 义】

臧文仲,鲁国大夫,因为祖父字子臧,故姓臧,也被称为臧孙氏,名辰,谥号文。

臧文仲掌握鲁国政权多年,是鲁国的名臣,对于鲁国政治,颇有建树。有一年大旱,鲁僖公要焚死女巫。臧文仲劝告说,这不是救旱的办法。如果她们是大旱的原因,烧死以后旱灾会更加严重。不如省吃俭用,让大家努力生产进行补救。类似的事不少,所以大家认为臧文仲很智慧。

但是孔子批评臧文仲,认为他有三件不仁的事,三件不智的事。压制比他贤能的柳下惠,关闭六座关口,让家人编席贩卖与民争利,是三不仁。造个无用的屋子藏乌龟,违背礼制提高鲁僖公在祭祀中的地位,祭祀爰居,是三不智。

爰居是一只海鸟,因为海上大风飞到了鲁国。臧文仲认为是神,就让民众祭祀。民众奉献了很多祭品,还敲锣打鼓,弄得鸟儿昏头涨脑,不久就死了。这件事,在《庄子》书中也有绘声绘色的描写。

《论语》把臧文仲放在子产和晏婴之后,因为臧文仲也是春秋时代的名臣。但因为他不仅办了许多聪明智慧的事,也办了一些愚昧的事，所以遭到孔子的批评，也不能像子产、晏婴那样受后人敬仰。

【原 文】

5.20 子张问曰："令尹子文三仕为令尹，无喜色；三已之，无愠色。旧令尹之政，必以告新令尹。何如？"子曰："忠矣。"曰："仁矣乎？"曰："未知。焉得仁！"

"崔子弑[1]齐君。陈文子有马十乘，弃而违之。至于他邦，则曰：'犹吾大夫崔子也。'违之。之一邦，则又曰："犹吾大夫崔子也。'违之。何如？"子曰："清矣。"曰："仁矣乎？"曰："未知。焉得仁！"

【注 释】

[1] 弑，臣子杀害君主、儿子杀害父亲的专用概念。

【译 文】

子张问道："令尹子文三次做令尹，不见他高兴；三次被裳免，也不见他恼怒。他做令尹时的政策，一定会告诉新令尹。这人怎么样？"孔子说："是个忠厚的人啊！"问："仁吗？"回答："不知道。怎么算得仁！"

"崔杼杀了齐国君主，陈文子有四十匹马，抛弃家产逃跑了。到了另一个国家，就说：'和我国的崔杼一个样啊。'又逃跑了。再到一个国家,就又说:'和我们的崔杼一个样啊。'又逃跑了。这人怎么样?"孔子说:"清高啊。"问:"仁吗?"回答:"不知道。怎么算得仁!"

【解　义】

令尹,楚国的官名,相当于宰相。子文,姓斗(dòu),名穀於菟(wū tú)。子文,有人认为是谥号,有人认为是字。父亲斗伯比,楚国名臣,对楚国的振兴有重大贡献。子文是私生子,曾被抛弃。有人说是母亲梦见老虎喂奶,有人说是外祖父打猎时看见老虎在给他喂奶。楚国人称老虎为於菟,喂奶为穀。穀於菟,即老虎喂奶或吃老虎奶的人。

崔杼,齐国大夫,名杼。齐国君主,指庄公,名光。陈文子,亦齐大夫,名须无。

这一章的内容表明,春秋时代,臣子们杀掉他们的君主,是常有的事。所以陈文子每到一个国家,就发现这个国家的臣子们,也都像齐国的崔杼一样,随时准备杀掉他们的君主。

这一章也表明,忠厚和清高虽然都是好品质,但都算不得孔子所说的仁。

【原　文】

5.21　季文子三思而后行。子闻之,曰:"再,斯可矣。"

【译 文】

季文子思考三次以后才行动。孔子听说了,说:"两次就可以了。"

【解 义】

季文子,鲁国大夫季孙氏,名行父,谥号文。该人处事谨慎,少有过错。别人称赞他三思后行。

这里的三,不是确定的数量,当时一般指多次。三思后行,现在成了一个成语,被认为是一种值得赞扬的、处事慎重的表现。然而在孔子看来,两次,也就是说,再想想就可以了。想得太多,也可能犹豫不决,甚至贻误时机。

两种说法各有道理。政治、外交上的重大决策,大的战役计划的制订,大的商业行为的拍板,重要学术观点的发布,往往需要反复思考。究竟应该如何,也只能具体情况具体分析,不可一概而论。

【原 文】

5.22 子曰:"宁武子,邦有道则知,邦无道则愚。其知可及也,其愚不可及也。"

【译文】

孔子说:"宁武子,政治清明时他聪明智慧,政治黑暗时他就愚钝。他的聪明智慧是可以学到的,他的愚钝是学不来的。"

【解义】

宁武子,卫国大夫,名俞。

宁武子在卫国,是卫国政治从清明到混乱的转变时期。卫文公时,"轻赋平罪,身自劳,与百姓同苦"(《史记·卫世家》)。这一时期,宁武子没有大的作为。卫文公死,成公继位,大夫元咺与成公发生矛盾,卫国大乱。卫成公逃到国外,宁武子追随成公。后来借助外部势力,成公回国,宁武子设法调停了成公和元咺的矛盾。成公怨恨元咺,杀了元咺的儿子。霸主晋国要求周天子处死卫成公,没有允许,就让医生下毒。宁武子又买通医生,减少毒品剂量,保全了成公的生命。这一系列的事件,都是乱世危险而又难成的。宁武子不但去做,而且成功了。说他愚,应当指他去做别人唯恐避之不及的事情。

这是一个政治清明时不显山露水,政治黑暗时又勇于担当,能挽救国家命运的卓越政治家。孔子赞扬他,说他的愚钝,是学不来的。

"愚不可及"现在成了一句说人愚蠢到顶点的成语,和原来的意思真是大相径庭。

【原文】

5.23 子在陈,曰:"归与!归与!吾党之小子狂简,斐然成章,不知所以裁之。"[1]

【注释】

[1]《史记》两处引用这句话,其《孔子世家》作:"吾不知所以裁之。"

【译文】

孔子在陈国,说:"回去吧,回去吧。我们那帮年轻人狂傲却不细致,文采焕发,但不知道如何剪裁。"

【解义】

聪明有才的学生,往往意气风发,也往往思路大开。导师的作用,就是指导他们如何整理剪裁,去成就一件作品。

【原文】

5.24 子曰:"伯夷、叔齐不念旧恶,怨是用希。"

【译文】

孔子说:"伯夷、叔齐不记过去的仇恨,所以也少有人仇恨他们。"

【解义】

伯夷、叔齐，是商代孤竹国君的两个儿子。伯夷是长子，叔齐老三。父亲要让老三继位。父亲死后，叔齐让给伯夷。伯夷说，让你继位是父亲的遗愿。于是就逃走了。叔齐见大哥走了，自己也逃走了。最后只好由中子，也就是老二继位。

二人一起逃到了首阳山上。听说周武王要进攻商纣王，就拦住武王马头质问道："父死不葬，是孝吗？以臣弑君，是仁吗？"武王的部下要杀他俩。姜太公说："这是义人。"让部下把他们拉开了。

周朝建立，他们二人在首阳山上，不吃周朝的粮食，靠采野菜充饥，终于饿死。

伯夷、叔齐在中国古代，被认为是最高的道德模范，受到孔子的高度称赞，因而历代也都被称赞。但毛泽东主席认为他们是对国家命运不负责任的人。

与他们的情况类似，是所谓吴太伯让国。吴太伯和二弟仲雍，是周太王的儿子。周太王喜欢老三季历的儿子姬昌，也就是后来的周文王。为了能让姬昌继位，太伯和仲雍都逃走了。后来太王传季历，季历传姬昌，终于使周国壮大，最后夺取了全国政权。

吴太伯和仲雍让位，是为了让父亲喜欢的才能较强的后代继位；伯夷、叔齐让一个既没有长子的号召力，又不讨父亲喜欢的老二继位，说他们对国家不负责任，是有道理的。

周朝建立后，二人不吃周朝的粮食。也有人讽刺说：野菜也是周朝的呀！

说他们不记过去的仇恨，固然是宽宏大量。然而轻易原谅曾经的作恶者，也未必都是善事。如果作恶者并不悔改，更可能酿成新的悲剧。

大概是由于春秋时代人们常常为争一个君主的位置，就轻易杀人，甚至使国家人民遭殃；而且互相之间又仇杀不断，所以孔子才表彰这两个人的让国行为，和他们不记仇恨的心胸。

任何道德，都带着自己特有的时代印记。

【原文】

5.25 子曰："孰谓微生高[1]直！或乞醯[2]焉，乞诸其邻而与之。"

【注释】

[1] 微生是姓，高是名，鲁国人，一向有直爽的名声。
[2] 醯，音 xī，就是醋。

【译文】

孔子说："谁说微生高直爽？有人向他讨点醋，他向自己的邻居讨来给人家。"

【解 义】

别人来讨点醋，家里没有，所以到邻居那里讨了一点给人家。孔子讲这件事，讥讽他变着法地迎合别人，掠来别人的美德为自己买好，不能算直爽。真正的直爽是实事求是。没有就是没有。如果邻居有，可以告知对方，让他向邻居讨要。这才是直爽。

实事求是，是一切美德的基础。孔子的主张，多是实事求是的典范。

【原 文】

5.26　子曰："巧言、令色、足恭，左丘明耻之，丘亦耻之。匿怨而友其人，左丘明耻之，丘亦耻之。"

【译 文】

孔子说："花言巧语，献媚赔笑，奴颜婢膝，左丘明感到可耻，孔丘我也感到可耻；心中藏着怨恨表面去和人亲近，左丘明感到可耻，孔丘我也感到可耻。"

【解 义】

左丘明，《左传》的作者，有人以为是孔子的学生；有人认为是孔子以前的贤者。后者的说法比较可靠。

花言巧语、奴颜婢膝、满脸堆笑，以求献媚于人，首先就失去了做人的尊严。孔子感到可耻，我们也感到可耻。心中藏着怨恨，表面却和人亲近，如果不感到别扭，就一定是别有用心。这里再次表现出孔子的高尚人格和与人交往的实事求是态度。

至于政治上的分合离散，则另当别论，因为那里涉及的，往往是群体的，甚至是整个国家、民族的利益。

【原文】

5.27 颜渊、季路[1]侍。子曰："盍各言尔志?"

子路曰："愿车马、衣轻裘，与朋友共。敝之而无憾。"

颜渊曰："愿无伐[2]善，无施[3]劳。"

子路曰："愿闻子之志。"子曰："老者安之，朋友信之，少者怀之。"

【注释】

[1] 季路，即子路。《孔子家语》卷九："仲由，卞人，字子路，一字季路。"
[2] 伐，夸耀。
[3] 施，夸大。

【译文】

颜渊和子路陪着。孔子说:"是否各自谈谈你们的志向?"

子路说:"我盼望有车有马,穿轻暖的皮袍,和朋友共享。用坏了也不心疼。"

颜渊说:"我愿意不炫耀自己的长处,不夸张自己的劳苦。"

子路说:"想听听先生的志向。"孔子说:"老人安享晚年,朋友互相信任,年轻人怀念着我。"

【解义】

古代师生之间,关系比较亲密。学生为老师做些服务性工作,在老师闲暇休息时学生也常常陪伴着。不像现在,上课时聚在一起,下课后各自回家。这主要是社会制度和教育制度都发生了很大变化。

古代朋友之间,也有所谓"通财"即财产共享的义务。不过能够做到的也不多。子路是个轻财仗义的君子型人物,所以愿意自己有很多财产,并且和朋友共享。社会发展到今天,向朋友借钱都不易开口,不要说共享。也是社会制度发展变化了,以往的美德,有些就无法持续了。

炫耀自己的长处,夸大自己的劳苦,都是不厚道的表现,今天也是如此。那些爱炫耀的人,稍微付出一点劳作就大加夸张的人,十个有九个是不可交往的人。

老年人能安度晚年，社会就大体安定了；朋友间互相信任，社会就减少许多争斗；年轻人怀念你的恩惠，说明政治比较清明。孔子的志向，总是从整个国家、社会着眼，也总是比学生们站得高些，想得远些。这也是学生们总觉得赶不上他的原因。

【原　文】

5.28　子曰："已矣乎！吾未见能见其过而内自讼者也。"

【译　文】

孔子说："算了吧，我没有见过发现错误能够诚心自我反省的人。"

【解　义】

"文过饰非"虽然是个贬义词，却是不少人都有的毛病。好一点的，虽然不掩盖过失，但是能够真诚反省错误的就更少。然而只有能够真诚反省，才能吸取教训。孔子当时处在一个以争夺为目标的时代，自然少有真诚反省自己的人，所以孔子难以见到。孔子的话，是当时现实的反映，也是对当时现实的批评。

【原 文】

5.29　子曰:"十室之邑,必有忠信如丘者焉,不如丘之好学也。"

【译 文】

孔子说:"十户人家的村落,一定有像孔丘我这样忠实诚信的人,但不会像我孔丘这样勤奋好学啊!"

【解 义】

十户人家的村落,是小村落。即使这样小的村落,也一定会有忠实诚信的人。但勤奋学习,说的是学习文化知识,却不仅要有一定的需要,也要有一定的社会条件。即使在今天,一些交通不便、文化落后的地方,也还有不少人不懂得学习文化知识的重要;或者即使懂得,也没有学习的条件,何况古代!

希望那些有条件求学的人,努力学习,不要虚度光阴。

第六篇 雍 也

【解题】

本篇前半篇和上篇一样,从冉雍开始,是孔子对学生们的评价。其中认为颜回是他最好的学生。后半篇谈论做人和德行问题,是评价人物的标准或尺度。

共三十章。

【原文】

6.1 子曰:"雍也可使南面。"

【译文】

孔子说:"冉雍啊,可以做诸侯国的君主。"

【解 义】

古代的建筑，门窗朝南，采暖和采光条件都好。所以王宫、皇宫的正殿和各级官府的正堂，门窗都朝向南方。皇帝、王侯，直到各级地方长官处理政事，也都面向南方。孔子当时，面向南方处理政事的主要是周天子和各级诸侯。说冉雍可以面向南方处理政事，意思就是说他可以做个诸侯国的君主。

冉雍为人稳重，少言寡语，但有政治才能，所以孔子说他可以做诸侯国的君主。

【原 文】

6.2　仲弓问子桑伯子，子曰："可也，简。"

仲弓曰："居敬而行简，以临其民，不亦可乎？居简而行简，无乃大简乎？"

子曰："雍之言然。"

【译 文】

冉雍问子桑伯子怎么样。孔子说："可以的。处事太简单。"

冉雍说："内心严肃认真，处事比较简单，这样来治理自己的民众，不是也可以吗？内心想法简单，处事也比较简单，这不就太简单了吗？"

孔子说："冉雍，你的话是对的。"

【解 义】

子桑伯子，鲁国人。

孔子说冉雍可以做个诸侯国的君主，冉雍就问子桑伯子怎么样。孔子说还可以，就是处事人简单，也是指处理政事。冉雍认为，如果内心严肃认真，对事情深思熟虑，行动起来简单，也是好事，这样地对待百姓，政事就不烦琐，百姓也不受骚扰。如果思想本来就简单，处理起政事来也大而化之，简单对待，就难免疏漏失误，这样就太简单了，是不可以的。孔子认为冉雍的看法很对。

这也是孔子治国思想的组成部分：不要繁琐扰民，但处事要深思熟虑。

《孔子家语》记载，子桑伯子衣冠不整就会见客人，夫子批评他要把做人之道和做个牛马等同起来。子桑伯子大约是个事事都简单对待的人。

宋朝胡寅怀疑，子桑伯子就是《庄子·大宗师》篇的子桑户。篇中记载，子桑户和孟子反、子琴张三人交朋友。子桑户死了，那两人对着尸体唱歌。孔子派子贡去吊唁，子贡批评他俩这样做不合礼仪。他俩反驳说：你知道什么是礼仪！大约这是一些对繁琐礼仪不大认可的人。如果子桑伯子就是子桑户，则孔子说他简单，也应当是指他不大遵守礼仪制度而言。

【原 文】

6.3 哀公问："弟子孰为好学？"孔子对曰："有颜回者好学。不迁怒，不贰过。不幸短命死矣！今也则亡，未闻好学者也。"

【译 文】

鲁哀公问："学生中谁最好学。"孔子回答说："有个叫颜回的好学。不迁怒于别人，不重犯同样的过错。不幸生命短促死去了！现在没有了，再没见到好学的了。"

【解 义】

好，读 hào。好学，意思是热爱学习并且学业很好。

上一篇第九章中，子贡赞扬颜回闻一知十，是说颜回特别聪明。这里说的是颜回的个人修养。不少人在甲处受了气，敢怒不敢言，因而迁怒于乙，是常见的事。或者在外面受了气，回家迁怒于老婆、孩子，也非常多见。这都是没有修养的，甚至是懦弱的表现，但也是很难避免的事情。因为人是有感情的动物，有了气不撒出来，轻则心里难受，重则会酿成疾病。颜回不是这样。这不仅需要很高的修养，更需要对事物深刻的理解，所以孔子赞扬他有这样的优点。

同样的错误不再犯，才能很快进步，这也是很难做到的。所谓"江山易改，秉性难移"，就是说一个人常常会犯同类的错误。但颜回做到了，所以孔子称赞他。

颜回的聪明不是人人可以学到的，因为里面有先天的成分。但是不迁怒于别人，不重犯同样的错误，则是应该学习的优秀品质。

颜回三十二岁去世，所以孔子说他生命短促。古曲中有以《孔子哭颜回》命名的，是后人为这位年轻丧命的优秀学生抛洒的眼泪。

【原　文】

6.4　子华使于齐，冉子为其母请粟。子曰："与之釜。"请益。曰："与之庾。"冉子与之粟五秉。

子曰："赤之适齐也，乘肥马，衣轻裘。吾闻之也，君子周急不继富。"

【译　文】

子华出使齐国，冉求替子华请求给母亲一些粮食。孔子说："给一釜。"冉求请增加一些。说："给一庾。"冉求给了五秉粟。

孔子说："公西赤出使齐国，乘坐的是肥壮的好马，穿的是轻暖的皮袍。我听别人说，君子救济急需，不为富有添加。"

【解 义】

子华,孔子的学生,姓公西,名赤,字子华。

子华出使齐国,是替孔子办事,所以冉求请求给他母亲一些粮食。孔子指示给一釜,合六斗四升。请求增加,孔子说给一庾,是十六斗,有人说一庾是二斗四升。既是要求添加,看来二斗四升比较合理。一共是八斗八升。然而冉求一下给了五秉。古代一秉十六斛,一斛十斗。五秉就是八十斛,八百斗。是孔子指示的九十倍,是太多了。况且公西赤家里并不贫困,所以孔子批评冉求。而所谓"救济急需,不为富有添加",也是今天帮助别人的一条原则。

冉求能一次给子华母亲这么多粮食,也说明孔子家里的生活还是很富有的。

【原 文】

6.5 原思为之宰,与之粟九百[1],辞。

子曰:"毋!以与尔邻里乡党乎!"

【注 释】

[1] 何晏《论语集解》认为九百是九百斗。

【译文】

原思做孔子的家臣。孔子给他粟米九百斗,原思推辞。

孔子说:"不要推辞,可以分给你的邻里乡亲。"

【解义】

原思,孔子的学生,姓原,名宪。孔子为鲁国司寇时,以原思做家臣。

一般认为,这是孔子做鲁国司寇时期,让学生原思做自己的家臣。九百斗,是给原思的报酬。原思家境贫困,但简朴清廉。他认为九百斗太多,所以推辞。但这是当时普遍的标准,所以孔子说,假如他用不完,可以分给邻里乡亲。

【原文】

6.6 子谓仲弓曰:"犁牛之子骍且角,虽欲勿用,山川其舍诸?"

【译文】

孔子说冉雍:"耕牛的儿子毛色纯红,牛角周正,即使不想用它做牺牲,山川之神能够舍得吗!"

【解 义】

冉雍的父亲地位卑贱，德行也不好。然而冉雍却是可做诸侯的人才。这就像耕牛有了好的牛犊。耕牛的牛犊一般是不可以用来祭神的。但是这牛犊不仅毛色纯红，而且牛角端正，山川之神是舍不得不用它的。

周代祭神，所用牲畜的种类、毛色等都有相应的规定。这也是礼制的重要内容。

孔子在《八佾》篇中批评季氏，赞扬林放，说明他不仅相信泰山神存在，而且相信泰山神公平正直，懂得礼仪。这段话里，孔子不仅相信山川之神的存在，而且相信山川之神有人情，还能分清善恶是非。

【原 文】

6.7 子曰："回也，其心三月不违仁。其余则日月至焉而已矣。"

【译 文】

孔子说："颜回啊，他的心可以几个月内达到仁德。其他人，能够坚持一天或一个月也就罢了。"

【解 义】

一种高尚的品德,偶尔实践一下,是许多人都能够做到的;但长期坚持,就只有少数人能够做到了。坚持一辈子,能够做到的人就更少了。这就是所谓"一个人做点好事并不难,难的是一辈子做好事,不做坏事"。

【原 文】

6.8 季康子问:"仲由可使从政也与?"子曰:"由也果,于从政乎何有!"

曰:"赐也可使从政也与?"曰:"赐也达,于从政乎何有!"

曰:"求也可使从政也与?"曰:"求也艺,于从政乎何有!"

【译 文】

季康子问:"仲由可以让他从政吗?"孔子说:"仲由处事果断,从政有什么不可以的!"

问:"端木赐可以让他从政吗?"孔子说:"端木赐知识渊博,从政有什么不可以的!"

问:"冉求可以让他从政吗?"孔子说:"冉求多才多艺,从政有什么不可以的!"

【解 义】

季康子当时掌握着鲁国的政权,他想从孔子的学生中挑选人才。子路、冉求,都曾经做过季氏的家臣。

【原 文】

6.9 季氏使闵子骞为费宰。闵子骞曰:"善为我辞焉。如有复我者,则吾必在汶上矣。"

【译 文】

季氏让闵子骞做费地的主官,闵子骞说:"请一定替我辞了吧。如果还要来找我,那我就一定会在汶水上了。"

【解 义】

闵子骞,孔子的学生,姓闵,名损,字子骞。

闵子骞是孔子最优秀的学生之一,以德行良好著称。费地是季氏的领地,汶水,是鲁国和齐国的边界河。闵子骞不愿意为季氏服务,说如果再来找我,我就逃到季氏管不着的地方去了。

这段话说明,当时的诸侯在自己的国土内是不受周天子管辖的。大夫在自己的"家",也就是自己的领地内,也是可以不受君主管辖的。他们可以自己设置官吏,建立军队。如果壮大起来，就可以推翻君主。战国时代的韩国、赵国和魏国，起初就是晋国的三个大夫。他们三家壮大以后，就一起推翻了晋国的君主，瓜分了晋国。

【原文】

6.10　伯牛有疾，子问之，自牖执其手，曰："亡之，命矣夫！斯人也而有斯疾也！斯人也而有斯疾也！"

【译文】

伯牛病了，孔子去看望，从窗户里握着他的手，说："活不成了！这是命该如此吧。这样的人却患了这样的病啊！这样的人却患了这样的病啊！"

【解义】

伯牛，孔子的学生，姓冉，名耕，字伯牛。

伯牛患的是麻风病。按照礼制，君主探望，病人要被转移到南面的窗下，好让君主面向南方看望。伯牛家也用这样的礼节尊崇孔子，孔子不敢当，所以只能站在窗外拉着病人的手。也有人认为，伯牛这样的病，不愿见人，所以孔子只能在窗外探望。很可能，当时已经有了麻风病能够传染的知识，所以孔子没有入室探望。

伯牛是孔子最好的学生之一，特别以德行著称。所以孔感叹：这样的人却患了这样的病，这样的人却患了这样的病！为什么如此？孔子只能归结为天命。

孔子第一句就是"活不成了"。如果不是孔子不愿说些虚情的安慰话，就是伯牛也不喜欢虚情的安慰。对于德行高尚又明白事理的哲人，实事求是的话，可能是更好的安慰。

【原　文】

6.11　子曰："贤哉！回也。一箪食，一瓢饮，在陋巷。人不堪其忧，回也不改其乐。贤哉！回也。"

【译　文】

孔子说："贤德啊！颜回呀。一碗饭，一瓢水。别人受不了那个苦，颜回却总是很快乐。贤德啊！颜回呀。"

【解　义】

一碗饭，一瓢水，就像今天的只靠简单的盒饭和方便面度日。因为颜回的志向在于学问，所以总是很快乐。孔子表扬颜回，是表扬他的高尚志向，不是主张大家都过艰苦生活。

"贤"的意思有两个方面。一是指德行好，二是指才能高，或者兼而有之。这里主要指德行好。

【原 文】

6.12 冉求曰："非不说子之道，力不足也。"子曰："力不足者，中道而废。今女画。"

【译 文】

冉求说："不是不喜欢先生的道，只是能力不够。"孔子说："能力不够的，半途而废。现在你给自己画了条线。"

【解 义】

冉求常常违背孔子的教导，所以用能力不够来辩解。孔子说，能力不够的人，学到中间学不下去，这是能力不够。冉求是先就给自己画了一条线，也就是设置了界限，根本就不愿意学。

像孔子这种私人办学，教的都是自己的主张，也就是自己的道。古代这样的老师很多。像冉求这样，和老师的主张有分歧的学生，古代也很多。不像现代的从小学到大学，都是制式教学。只有到了研究生阶段，才有和导师意见是否相合的问题。如果不合，不如各走各路。

不过冉求一直也没有离开孔子，孔子也没有完全抛弃冉求。看来师生的分歧还不是根本分歧。

【原 文】

6.13　子谓子夏曰:"女为君子儒,无为小人儒。"

【译 文】

孔子对子夏说:"你要做君子儒,不要做小人儒。"

【解 义】

从孔子的话看来,儒者也有两种。只是什么是君子儒,什么是小人儒?说法不同。一种说法认为,君子儒的目的,是学习儒家之道;小人儒的目的,是借学道来求名。另一种意见认为,君子儒的学习是为了修养自己,小人儒的目的是为了给别人看。也有人认为,君子儒的目的是为了公义;小人儒的目的是为了私利。

不仅儒家内部,从古到今,任何一个学派内部,都有两种人。一种人为着坚持和发扬本学派的主张,也就是为着本学派的道;另一种人是要借着本学派的名声或途径去谋自己的私利。所谓求名、给别人看,不过是私利的不同表现形式而已。

儒者们后来的事业,也分成了不同的种类。一些儒者出将入相,为国家、为民族建立了卓越的功勋;另一些儒者皓首穷经,传承和发展了中国的文化。这两种人,无所谓君子、小人之分,只是儒者的不同道路。宋代诗人辛弃疾的《水龙吟》中唱道:"功名本是真儒事。"也是在告诉人们,不仅是传承文化，而且为国家建立功勋，也是儒者的事业。

【原文】

6.14 子游为武城宰。子曰："女得人焉尔乎？"曰："有澹台灭明者，行不由径。非公事，未尝至于偃之室也。"

【译文】

子游做武城的主官。孔子问他："他发现人才了吗？"回答说："有个叫澹台灭明的，出行不走捷径。不是因为公事，从不到我这里来。"

【解义】

武城，鲁国的一个小城镇。澹台灭明这个人，出行不走捷径，办事也只是公事公办。应该是一个正直的、奉公守法的人。

走捷径，不走正道，也就是不从正常渠道设法获取个人利益的事，任何社会都有。在任何社会，也都是一种危害公共利益的自私行为。这种人如果和官吏勾结，其危害就更大。子游认为不走捷径的澹台灭明是人才，说明子游也是一个正直的官吏，是孔子的好学生。

澹台灭明，澹读 tán。澹台是姓，灭明是名，字子羽。

【原 文】

6.15 子曰:"孟之反不伐。奔而殿。将入门,策其马,曰:'非敢后也,马不进也。'"

【译 文】

孔子说:"孟之反不自夸。逃跑时他殿后。快进城门时,打他的马,说:'不是我要殿后,是马不往前走'。"

【解 义】

孟之反,姓孟,名之侧,字之反。

鲁哀公十一年(前484年),齐国和鲁国发生战争,鲁国大败。逃跑时,孟之反自觉断后。但在即将进入城门的时候,却故意鞭打马匹,说是马不往前走。这是一个不居功的厚道人,所以得到孔子的赞扬。

【原 文】

6.16 子曰:"不有祝鲍之佞,而有宋朝之美,难乎免于今之世矣!"

【译 文】

孔子说:"没有祝鲍的口才,却有宋朝的美貌,难免在当今的世界上遭难啊！"

【解义】

祝鮀（tuó），祝是管理宗庙的官职，名鮀，字子鱼。卫国大夫，卫灵公的宠臣。口才好，善于言辞。

宋朝，宋国的公子，美男，是卫灵公夫人南子的男宠。

这段话的意思是说，当时的社会，是一个正邪不分、善恶颠倒的社会。所以要能在社会上立足而不遭受灾难，或者应有善于谄媚的口才，或者要有讨好女人的美貌。

这应该是一句牢骚话。因为孔子评论的人物中，就有不少是正直、口讷而且并不美貌的人，他们并没有都遭受大难。

一般说来，正直的人因为正直，所以在人生的道路上往往会遭遇较多的挫折，即使在政治清明、社会秩序良好的时代，也常常如此。要求正直的人不要自恃正直就赤膊上阵，而要像鲁迅先生所说，穿上盔甲；也不要看到墙壁仍然直行硬撞。该拐弯时要拐个弯，否则就是莽撞。

【原文】

6.17 子曰："谁能出不由户？何莫由斯道也？"

【译文】

孔子说："谁从家里出去能不经过屋门、院门呢？为什么不走我说的这个道呢！"

【解 义】

在孔子看来，他主张的道，是治国的必由之路，就像人们从家里外出必须经过屋门院门一样。其实孔子也知道，别人也有别人的道，所以他也有"道不同不相为谋"的话。这么说，不过只是感慨而已。

【原 文】

6.18　子曰："质胜文则野，文胜质则史。文质彬彬，然后君子。"

【译 文】

孔子说："实质超过文雅就会粗野，文雅超越实质就会虚伪。文雅和实质配合恰当，才是一个君子。"

【解 义】

这里讲的是孔子做人的主张，但具有普遍的意义。任何事情都有实质和形式两个方面。强化任何一个方面，都有缺憾。只有实质内容和外在形式配合得当，才是事物的最好状态。

【原 文】

6.19 子曰:"人之生也直,罔之生也幸而免。"

【译 文】

孔子说:"人的生存是由了正直,奸邪人能够生存是侥幸免于处罚。"

【解 义】

这一章和第十六章的意思就不一样。认为只有正直的人,才能够生存。搞歪门邪道的人能够生存,不过是侥幸避免了处罚。

韩愈《论语笔解》认为,直,应是惪,古德字。字形相近,发生错误。意思是人的生存依赖有德行。那些没有德行的人,能够生存是侥幸避免。可备一说。

【原 文】

6.20 子曰:"知之者不如好之者,好之者不如乐之者。"

【译 文】

孔子说:"懂得的不如爱好的,爱好的不如以此为乐的。"

【解 义】

面对一件事物，爱好的比仅仅懂得的，一定有更深入的理解；以此为乐的比仅仅爱好的，又会有更深入的理解。这不仅是对一件事物认识的深入程度，也是和该事物的亲密程度。这是一种普遍的现象，孔子对此进行了概括和总结。要能做到以此为乐，非一朝一夕之功，但它是爱好者的努力目标。只有到了以此为乐的程度，才能苦而不觉得苦，才能在该事业中做出重要的成绩。自己获得了快乐，对社会也做出了贡献。

【原 文】

6.21 子曰："中人以上，可以语上也；中人以下，不可以语上也。"

【译 文】

孔子说："中等以上的人，可以和他谈论高级的问题；中等以下的人，不可以谈论高级的问题。"

【解 义】

中等人，可以是就社会地位而言的，也可以是就智力水平而言的。地位中等，智力未必中等。然而中等以上的人才可以和他讨论更高一级的问题，则是一样的。所谓更高一级的问题，可以是有关学问和智慧方面的，也可能仅仅是具体的事务。比如事关国家全局的事务，就必须和地位中等以上的人讨论，尽管其中有些人在智慧方面是庸才。

汉代人评论人物，把人分为九等：上上（圣人）、上中（仁人）、上下（智人）；中上、中中、中下；下上、下中、下下（愚人）。伏羲、炎帝（神农氏）、黄帝（轩辕氏）、尧、舜、禹、汤、周文王、周武王、孔子等，都是第一等（上上）的圣人。前章提到的伯夷、叔齐、管仲、宁武子、子产、晏婴、颜回、闵损、冉伯牛、冉雍等，是第二等（上中）的仁人，令尹子文、子路、子贡、宰我、冉求、子夏、曾参、公冶长等孔子的优秀学生，是第三等（上下）的智人。卫灵公和他的夫人南人，还有宋朝等，是第九等（下下）的愚人。（见《汉书·古今人表》）

从此以后，人分三流九等，成为古代的一种传统。

【原文】

6.22 樊迟问知。子曰："务民之义，敬鬼神而远之，可谓知矣。"问仁。曰："仁者先难而后获，可谓仁矣。"

【译文】

樊迟问什么是智慧。孔子说："专注民众的事务，敬畏鬼神但要疏远，可以算作智慧。"问什么是仁。回答说："仁者先致力于克服困难然后收获，可算是仁德。"

【解义】

古人相信鬼神。特别是动乱的时代，遇到不易解决的难题，人们第一项想到的，往往是求鬼神降福、保佑。孔子把关注民事放在第一位，在当时，是十分明智的做法。在孔子看来，这也是智慧的第一项表现。其当时的事例，就是鲁国大旱时，鲁国君主首先想到的是焚烧巫者，这也是讨好鬼神的一种方式。但是臧文仲劝鲁君致力生产，加强防备等，这就是务民之义。

那么，是不是可以不理睬鬼神呢？不是的。现在可以不理睬鬼神，因为一般的国家政权已经不相信鬼神的存在，鬼神问题已经不得再干预国家政治。但在古代，这是不可以的，也是不可能的。所以第二项智慧的表现，就是"敬畏鬼神但要疏远"。首先是敬畏。因为当时的社会，鬼神被认为是世界的最高统治者，并且具有比人类大得多的能力。人类的吉凶祸福，都要决定于鬼神的意志，所以首先是要敬畏。一般人敬畏鬼神，孔子也敬畏鬼神。这是第二项。

对于鬼神，敬畏仅仅是思想上的。这是第一项，也是最重要的一项，但不是唯一的事项。就像人们生活于社会中，敬畏官长，是思想上的，但不能仅到敬畏为止。敬畏之下、之后，还有侍奉的问题。侍奉官长，需要交纳赋税、服劳役等；敬畏鬼神，其基本方式就是奉献祭品、祭祀鬼神。

有人为了讨好鬼神，就多奉献祭品，非常频繁的祭祀，就像有些人为了讨好君主和官长，就频繁地去巴结逢迎、送礼探望一样。然而第四篇《里仁》第二十六章说了，侍奉君主太频繁，是会遭受侮辱的，所以要适度。侍奉鬼神也一样。侍奉鬼神太频繁不行，鬼神也会厌烦。此外还有一条，就是不该自己祭祀的鬼神，也不要为了讨好而去祭祀。这样的祭祀，鬼神也是不接受的。就像人间正直的官吏不会接受陌生人的礼物一样。像第三篇《八佾》第六章中季氏旅祭泰山，孔子就认为，泰山神不会接受他的祭祀。这也是不会疏远鬼神的一个例子。

那么，亲近也好，疏远也好，多远多近才算适当呢？这就是礼仪制度。按照礼仪制度去对待官长，官长就不会厌烦；按照礼仪制度侍奉鬼神，才是适当的距离。这就是疏远。在孔子看来，这样对待鬼神，也是智慧的表现。而那些过于频繁地去讨好鬼神，或者祭祀不该自己祭祀的鬼神的行为，都是愚蠢的。因为鬼神不接受这样的祭祀，甚至会感到厌烦，祭祀者也不会得到好处。

仁者先致力于克服困难然后收获，那就不是投机取巧。这确实是高尚品德的表现。孔子把这样的品德看作仁德，或者说，是仁德的表现之一。

【原文】

6.23　子曰:"知者乐水,仁者乐山。知者动,仁者静。知者乐,仁者寿。"

【译文】

孔子说:"智慧的人欣赏流水,仁德的人欣赏山岳。智慧的人爱动,仁德的人爱静;智慧的人快乐,仁德的人长寿。"

【解义】

这讲的是智慧的人和仁德的人各自的特点。智慧的人要勤奋地思考各种各样的问题,所以欣赏不断流动的水,也喜欢多种运动现象,并且总是感到快乐。仁德的人坚守道德的原则,因为道德的原则需要稳定,所以欣赏山岳的安静,也喜欢安静的现象,这样的人能够长寿。一方爱动,一方爱静,可能有它的道理。然而仁德的人是否长寿?就未必了。孔子享年七十多岁,古代算是长寿的了。然而伯夷、叔齐是著名的仁者,还有颜渊,能在很长一段时间内不违背仁德,同时他们也是短寿的典型。最后这句话,只当是给仁者的祝福吧:愿仁德者长寿!

【原文】

6.24　子曰:"齐一变,至于鲁;鲁一变,至于道。"

【译文】

孔子说:"齐国改变一下,会达到鲁国的水平;鲁国改变一下,会达到先王之道。"

【解义】

齐国是姜太公即姜尚的封地,鲁国是周公姬旦的封地。姜太公和姬旦都是辅佐周武王推翻商朝政权、建立周王朝的最重要的功臣,贡献几乎相当,智慧和德行也都几乎相等。但姜太公的贡献主要是在军事方面。所以从唐朝开始,到宋代为止,姜太公被当时的国家作为最高的武神祭祀。周公的贡献,除军事以外,主要是为周朝建立了一套礼仪制度。在孔子看来,由周公制定的礼仪制度,继承了夏、商两代的礼仪制度,并且又加以改进和完善,所以最为合理,也最为完备。这套礼仪制度体现了黄帝、尧、舜、大禹、商汤以来,这些英明帝王治国思想的精华,即所谓"先王之道"。鲁国是周公的封地,其政治设施体现着周公的思想。所以齐国的政治如果再加以改进,就可以赶上鲁国。鲁国的政治加以改进,就可以达到先王之道的水平。

不过孔子这里讲的,可能是两个国家建国初期的情况。至于当时的情况,也都混乱不堪,可以说是一团糟了。就在本书第十三篇《子路》第七章,孔子也说过:"鲁卫之政,兄弟也。"也就是说，鲁国和卫国的政治，像兄弟一样，差不了多少。卫国在当时，是一个几乎乱透了的国家，鲁国和卫国差不多。要想达到先王之道的水平，那就不是改变一下可以成功的了。

【原 文】

6.25 子曰："觚[1]不觚，觚哉！觚哉！"

【注 释】

[1] 觚，音 gū。

【译 文】

孔子说："觚不像觚啦。觚啊！觚啊！"

【解 义】

唐代以前对这一章的理解，有人认为是孔子感叹当时使用觚的方法不正确。韩愈《论语笔解》认为是说觚已经不是过去的觚。宋代朱熹《论语集注》说，觚是有棱的，孔子当时看到的觚是无棱的，所以说觚不像觚啦。

觚是一种高脚、喇叭口的酒器，形状类似不久前流行的喇叭口形温酒瓶，只是体积要大得多。

汉代以前，盛酒的大罐子叫尊。喝酒时，要用勺子把酒从尊里盛出来，倒进觚里。为了防止酒洒出，觚的口做得较大，且呈喇叭型，然后再倒进爵里饮用。爵的口之所以做成长条形，因为从喇叭型的觚口里倒出的酒呈条形分布，爵的口只有做成条形，才能防止酒洒出。

20世纪80年代，笔者有幸到过中国社会科学院设于河南安阳的考古队，见到了许多觚。商代的觚也有无棱的，周代的觚也有有棱的。所以朱熹的意见，很可能不是正确的。

笔者在写作《中国儒教史》的过程中，翻阅了宋朝初年聂崇义的《三礼图集注》。据《四库全书提要》考证，该书所载之图，远自东汉。然而其中把"牺尊"画作大圆杯上画了一条牛，"象尊"画作大圆杯上画了一头象，爵，画作一只小圆杯上画了一只雀。北宋中期，欧阳修、赵明诚等人开始注意考古，发现古代的牺尊就是做成牛的形状，象尊就是做成象的形状，爵，就像我们今天所看到的形状。

很可能，经过战国时代的历史演变，秦朝大规模焚书，秦汉之际的农民战争，不仅让古代的书籍遭受了灭顶之灾，而且使类似尊、觚、爵之类也用作礼器的酒具的模样，也失传了。以致从汉到唐的出土文物中，几乎没有这些器物的踪迹。也就是说，从汉经唐到宋初的儒者，几乎无人知道这些礼器的形状了。所以有关的注释，也就难以准确。到了南宋，虽然觚、尊一类的文物已经有所出土，然而数量应当不会很多，不像今天，所以朱熹的注释也未必准确。

从汉代开始，儒者对这一章的注释，都认为孔子是通过对觚这种酒器发出的感叹，叹息当时的政治黑暗，不如以前，这一点比较一致，也当是孔子感叹觚器的用意。

【原　文】

6.26　宰我问曰："仁者，虽告之曰'井有仁焉'，其从之也？"

子曰："何为其然也？君子可逝也，不可陷也；可欺也，不可罔也。"

【译　文】

宰我问道："仁德的人，假若有人告诉他'一个仁德的人掉井里了'，他跳下去救吗？"孔子说："怎么能这样呢？君子可以去救人，但不会被陷害跳下井；可以被欺骗，但不可被愚弄。"

【解　义】

宰我怕仁人会被人陷害，所以设想了这样的问题。别人说，有个仁德的人掉井里了。或者说，有人掉井里了。井上这个仁德的人会不会跳下去施救。

孔子说，君子，也是一种好人吧，可以去看看，设法施救，但不会没弄清情况就跳下井去。即使真的有人掉进去了，这样也是救不了人的，反而把自己搭进去了。君子心肠好不假，但不会愚蠢。好心肠的人也可能被符合道理的谎话欺骗，但不会被没有道理的谎话愚弄。

宰我说的这种情况现实生活中其实是存在的。这也提醒我们：应该见义勇为，但是不要犯傻。至于因为贪心被骗，而不是因为善良被骗，则另当别论。

【原 文】

6.27 子曰："君子博学于文，约之以礼，亦可以弗畔[1]矣夫！"

【注 释】

[1] 畔，违背儒家的道。

【译 文】

孔子说："君子广博地学习，用礼来约束自己，就可以不违背儒家之道。"

【解 义】

儒家之道，也就是儒家的主张，或者说儒家的主义，是一整套思想构成的庞大体系。不仅儒家如此，凡是在历史上能够独立久传的思想体系，都是如此。要能正确实行该思想体系，必须了解它，这就需要广博地学习。学习只是懂得，如要付诸实行，需要有一套规则加以约束。传统的礼仪制度，就是儒家之道的规则。这些可以付诸行动的礼仪，是道的体现。所以既通过学习了解了儒家之道的思想体系，又用体现这个道的礼仪制度约束自己的行为，就不会违背儒家之道。

孔子这里的话，具有普遍的意义。坚持儒家之道是如此，坚持别的思想体系也是如此。

【原 文】

6.28 子见南子，子路不说。夫子矢之曰："予所否者，天厌之！天厌之！"

【译 文】

孔子会见南子，子路不高兴。孔子发誓说："我若是做了不该做的，上天会厌弃我！上天会厌弃我！"

【解 义】

《史记·孔子世家》记载了孔子见南子的过程：

孔子在匡地遭难以后，又返回卫国，住在蘧伯玉家。卫灵公的夫人南子派人对孔子说，各个国家的人物想和她家君主交好的，一定要先和她会见，所以她希望见到孔子。孔子推辞不掉，只好去会见南子。南子坐在轻纱帐中。孔子进门，面向北行礼。南子夫人在帷帐中回礼，金玉首饰叮当作响。

孔子说，他是不愿见她的。见她，也只是礼貌行事而已。

子路不高兴。孔子发誓说："我若是做了不该做的，上天会厌弃我！上天会厌弃我！"

在卫国住了一个多月。卫灵公和夫人南子同坐一辆车，宦者雍渠陪车。让孔子坐第二辆车，招摇过市。孔子说："我没有见到爱好德行像爱好美色一样的人啊！"于是感到羞耻，就离开了卫国。

历代注释都说孔子见南子是不得已，并且只是礼节性拜访，应当是合理的解释。

【原　文】

6.29　子曰："中庸之为德也，其至矣乎！民鲜久矣。"

【译　文】

孔子说："中庸这种德行，是最好的德行了！民众们缺少它已经很久了。"

【解　义】

中的意思，就是中间，不偏。庸的意思，是永恒，不变。汉代编成的《礼记》中，有一篇《中庸》，是关于中庸问题的专论。宋代儒者程颐、朱熹觉得这一篇特别重要，就把它单独提出来，和《大学》《论语》《孟子》一起，称为"四书"，即四本特别重要的书。

《中庸》被编入《礼记》，其意思是说，行礼，即实践礼制，要做到不偏，即恰到好处。就是今天所说的"到位"。不到位不行，过分了也不行。只有恰到好处，完全合乎要求才行，才是中。比如军队里走正步，腿抬得不够高不行，抬得太高也不行。又比如古代祭神，礼仪制度有规定。长时间不祭，不行；天天祭祀，也不行。只有按制度行事，才是中。庸，被解释为"常"，永恒。也就是说，要坚持正确的原则，长久不变。对于孔子来说，就是希望人们能够坚守先王留下来的礼仪制度，要恰到好处地遵守，并且永远坚持不变。但是这样的人，当时太少了，所以孔子发出慨叹。

中庸由于要求"不偏"，在后来流传的过程中，出现了"折中"这个词。折中的本义是把不合要求的回归于要求，如同行车偏离轨道让它回归轨道；而不是在两种不同的意见中，两边各取一半。然而在实际生活中，几乎是难以避免地逐渐形成了这样一种态度，即在分歧的两种状态中，模棱两可、左右逢源、两边讨好。这不是中庸的本义。清代初年，著名思想家王夫之曾经讨论了对中庸的不同理解。他认为，人该悲痛的时候就要悲痛，该欢乐的时候就该欢乐。如果在父母丧礼上不哭不笑，或者半哭半笑，那不是中庸，是对中庸的错误理解。

【原文】

6.30 子贡曰:"如有博施于民而能济众,何如?可谓仁乎?"子曰:"何事于仁,必也圣乎!尧、舜其犹病诸!夫仁者,己欲立而立人,己欲达而达人。能近取譬,可谓仁之方也已。"

【译文】

子贡说:"如果有能够广泛地给予民众恩惠使大家都得到帮助,怎么样,可算是仁德吗?"孔子说:"哪里仅仅是仁德,一定是圣德啊!尧、舜都觉得难以做到。那些仁德的人,自己想有所成就也让别人有所成就,自己想达到目标就让别人也达到目标。能从目前的事件中找到榜样,可以算是求仁的方法了。"

【解义】

在孔子的概念中,仁,已经是最高的道德。这里又提出了比仁更高的德行:圣德。后来人们把人分为九等,第一等是圣人,第二等是仁人,根据就在孔子这里。

仁人可以德行很高,但这种德行可以仅限于个人。比如伯夷、叔齐等就被孔子认为是仁人。此外被孔子承认为仁人的,还有商朝的比干等人。这些人都是个人品德很好,但都未能广泛地给予民众恩惠。要能做到广泛地给予民众恩惠使大家都得到帮助，只有一个办法，就是掌握全国政权，那时候说是做天子，成为普天下的领袖，才有可能。所以孔子说，即使尧、舜对这一点也感到难以办到。

那么，仁德的人如何帮助别人？孔子提出的原则是，自己有所成就就使别人也有成就，自己想达到某种目标也帮助别人达到自己的目标。当然，这样的"别人"不会是敌人。仁人能够给人的恩惠，比起圣人，当然是要小得多了，也少得多了。这就是仁与圣的区别。

至于如何做，孔子提出从眼前的事做起。这也应是一切想提高道德修养的共同办法。

第七篇　述　而

【解　题】

第五、六两篇，主要是孔子对自己的学生们以及过去和当时一些被认为道德高尚人们的评论。这一篇，前半篇主要讲述孔子的一些做法以及孔子对自己的评述。孔子做人的方式自然是学生们也是其他人效法的榜样。后半篇讨论了有关仁德的种种问题，那是给学生们也是给一般人树立的标准。

共三十八章。

【原　文】

7.1　子曰："述而不作，信而好古。窃比于我老彭。"

【译文】

孔子说:"传述而不创作,信仰和爱好古代文化,我把自己比作老彭。"

【解义】

孔子确实是当时传承古代文化最重要的人物。他传承的也是古代文化中最为重要的内容,也就是所谓的"先王之道",即以前的英明帝王治理国家的经验和教训。被现代人认为仅仅是文学作品的《诗经》,在当时也具有重要的政治意义和宗教意义。《诗经》中的"颂歌",就是祭祀时献给鬼神的诗歌。而祭祀活动,在古代不仅仅是宗教活动,同时也是政治活动。宗教和军事,也是当时国家活动最重要的两个方面。

孔子信仰和爱好古代文化,他整理了这些典籍,并且用来教授学生。以后的人们要想了解古代文化,特别是了解古代帝王的政治状况和治国经验,也都必须从孔子传承的典籍和孔子的解释中寻找答案。这也是孔子创立的儒家学派成为中国古代最重要学术派别、孔子成为中国古代文化的代表人物和文化符号的基本原因。

不过就孔子的感觉来说,他仅仅是传述。而实际上,任何传述,都不可能完全不动原样,都会夹带着自己的选择和理解。这些选择和理解,都无可避免地带着时代的烙印。也就是说,虽然孔子自我感觉他仅仅是传述,但实际上,他在传述中进行着自己的创作。

老彭，有人说就是彭祖，叫彭铿，商朝负责管理国家图书档案的小官吏，传说他活了八百岁。也有人认为，这里说的老彭，应当也是一位像孔子一样爱好古代文化的人。

【原文】

7.2 子曰："默而识[1]之，学而不厌，诲人不倦，何有于我哉？"

【注释】

[1] 识，音 zhì，又音 shí，记下。

【译文】

孔子说："默默地记住所见所闻，努力学习从不厌烦，教导学生从不厌倦，哪一项是我所有的呢？"

【解义】

这三项是做一个学者和导师应有的良好素质，也是孔子自己具备的素质。但孔子不认为自己已经具备了，表现了他的谦逊和朴实。

【原 文】

7.3 子曰:"德之不修,学之不讲,闻义不能徙,不善不能改,是吾忧也。"

【译 文】

孔子说:"道德不去培养,学问不去钻研,知道正义不去看齐,不良行为不能改变,是我所忧虑的啊!"

【解 义】

这是孔子对自己的忧虑,也是对学生的教导和希望。希望学生们能像自己一样:道德要去培养,学问要去钻研,知道正义就去看齐,不良行为要去改正。即使在今天的社会,我们也应该这样。

【原 文】

7.4 子之燕居,申申[1]如也,夭夭[2]如也。

【注 释】

[1] 申申,姿态舒展。也有人认为是内心平和。
[2] 夭夭,脸色愉快。

【译文】

孔子闲暇的时候,姿态舒展放松,脸色平和愉快。

【解义】

这是说,孔子闲暇时,风度优雅,不颓唐懈怠,也不张扬放纵。

【原文】

7.5 子曰:"甚矣吾衰也!久矣吾不复梦见周公。"

【译文】

孔子说:"严重啊,我的衰老!好长时间不再梦见周公了。"

【解义】

日有所思,夜有所梦,是中国人对梦境形成的基本解释,也是许多人都能经验到的事实。孔子以复兴周公的事业为己任,常常梦见周公,是必然的。至于他梦到的是不是真的周公,则没有必要置疑。至于他很长时间没有这样的梦是否表示他已经衰老,也不必追问。他只是自我感到衰老了,我们感到的,是一位智慧老人的悲哀。

【原 文】

7.6　子曰："志于道，据于德，依于仁，游于艺[1]。"

【注 释】

[1] 艺，即六艺：礼仪、音乐、射击、驾车、书法、数学。

【译 文】

孔子说："志向在于道，基础是德行，根据是仁爱，本领是六艺。"

【解 义】

孔子这里讲的，是他的志向和目标，以及实现目标的手段和方法。

道，就是儒家的先王之道。孔子认为，要能够实现先王之道，基础是德行。没有德行，是不可能实现先王之道的。德行中，最重要的，是仁德，所以仁爱是德行的根据。培养了仁德，又加上其他德行，实现先王之道的基础就具备了。然而没有相应的本领也不行。所以需要掌握一定的本领。当时认为，一个治国的人才，需要的本领，有六大方面，也就是六艺：礼仪、音乐、射击技术、驾车技术、书法、数学。

这里没有谈到《诗经》。实际上，音乐项目中，就包含着

《诗经》。因为《诗经》中的诗歌，就是音乐歌唱部分的歌词。

【原　文】

7.7　子曰："自行束脩[1]以上，吾未尝无诲焉。"

【注　释】

[1] 脩，干肉。十根一束。

【译　文】

孔子说："自带十条干肉以上礼物的，我没有不教诲的。"

【解　义】

古代人们相见，定要带礼物。十条干肉，是礼物中最薄的。孔子这样说，是说自己收费很低，只要稍微带点礼物，就会进行教诲。

一般认为，这十条干肉就是学费。就本章语气看来，也不一定。也可能仅仅是慕名拜访，孔子也进行教诲，说明孔子的平易和仁慈。

不过从这一章的内容看来，能够受到孔子教诲的，应该是社会地位较高、生活都比较富裕的人家。因为十条干肉，即使在20世纪前半期的中国，也不是普通农家孩子可以置办得起的。追随孔子的学生，或者拜访孔子接受教诲的人，应该至低都出身于"士"阶层,还不是一般的"庶人"。这在当时,也已经是难能可贵的了。

【原文】

7.8 子曰:"不愤[1]不启[2],不悱[3]不发[4]。举一隅[5]不以三隅反,则不复[6]也。"

【注释】

[1] 愤,音 fèn,心里想弄明白还没有能够。
[2] 启,打开他的思路。
[3] 悱,音 fěi,口中想说出来还没有能够。
[4] 发,找到恰当的词汇表达。
[5] 隅,角。物体一般有四个角,举出一个就可以知道那三个。
[6] 复,再次告诉。

【译文】

孔子说:"不是苦苦思考却想不明白,就不去开导他;不是口中想说却表达不出,也不去帮助他。举出一例却不能推想到更多的事例,就不再说了。"

【解义】

这一段孔子阐述的,是著名的所谓"启发式教学"方法。

这个方法自然是好的。不过应该是建立在所谓"灌输式教学"和死记硬背的学习方法基础上的。没有灌输和硬记的基础，也不可能使学生举一反三。不同的教学方法有不同的对象，也有不同的作用，不可一概而论。

【原　文】

7.9　子食于有丧者之侧，未尝饱也。

【译　文】

孔子在有亲属死亡的人们旁边吃饭，不曾吃饱过。

【解　义】

这是对别人的同情和尊重，也是所谓仁德的表现。

【原　文】

7.10　子于是日哭，则不歌。

【译　文】

孔子在当天哀悼过死者，就不再唱歌。

【解 义】

这一章说明,孔子几乎是天天唱歌的,至少是经常唱歌的。哀悼过死者以后,就不再唱歌,也是与人同情和仁德的表现。

【原 文】

7.11 子谓颜渊曰:"用之则行,舍之则藏,惟我与尔有是夫!"

子路曰:"子行三军[1],则谁与?"

子曰:"暴虎[2]冯[3]河,死而无悔者,吾不与也。必也临事而惧,好[4]谋而成者也。"

【注 释】

[1] 三军,一万二千五百人为军,大国有三个军。
[2] 暴虎,空手和老虎搏斗。
[3] 冯,音 píng,冯河,徒步过河。
[4] 好,音 hào。

【译 文】

孔子对颜回说:"任用呢就去赴任,不用呢就隐居起来,只有我与你能这样吧!"

子路说:"先生统帅三军,要谁陪同?"

孔子说:"空手打虎,徒步渡河,死了也不后悔的,我不要他陪着。一定要是那遇事小心,多谋善断取得成功的。"

【解义】

古代士人的职业,就是出仕做官。但这需要君主的聘任。君主聘任,就愉快赴任,不故作清高;不聘任,就安心隐居,不投机钻营。都是高尚的表现。孔子说只有他和颜回能够做到,说明当时很多人难以有这样从容的态度。

子路作战勇猛,是很好的将军,孔子说他可以做一国的统帅,但是反对他鲁莽行事,教育他遇事要小心谨慎,多谋善断。这是针对子路的缺点。孔子因材施教,大多如此。

【原文】

7.12 子曰:"富而可求也,虽执鞭之士,吾亦为之。如不可求,从吾所好。"

【译文】

孔子说:"财富如果可以追求,即使做个执鞭之士,我也去做。如果不可以追求,那就顺从自己的心愿。"

【解义】

可以还是不可以,区别在于是否用正当手段。用正当手段去追求，即使做个执鞭之士，也不嫌官职卑微；如果认为不可以，即使高官厚禄，也不去赴任。这是孔子对待财富的态度，也是对上一章"君主聘任，就愉快赴任"的注解。

历史上，许多人变节降敌，大多都是被高官厚禄所引诱。无论在任何情况下，都坚持用正当的手段去取得利益，是一个人应有的基本品质。

执鞭之士，就是司法官员中的"条狼氏"。《周礼·秋官司寇》："条狼氏掌执鞭以趋辟。王出入则八人夹道，公则六人，侯伯则四人，子男则二人。"意思是说，条狼氏的职责，是周王或诸侯出入时，夹道鸣鞭，让民众回避。依照地位高低，执鞭人数也不同。周王八人，公爵六人，侯爵和伯爵四人，子爵和男爵二人。地位卑微的小官吏，不会是为君主驾车的人。因为驾车的人往往是坐车人的副手，地位往往很高。

【原 文】

7.13 子之所慎：齐[1]，战，疾。

【注 释】

[1] 齐，音 zhāi（斋）。

【译 文】

孔子所慎重的：斋戒，作战，疾病。

【解 义】

作战和疾病，无论过去还是今天，一个正常的成年人都会慎重对待。只有斋戒，是当时应该认真对待，而今天对于不信仰鬼神的人来说，斋戒已经是不存在的行为了，更谈不上慎重与否。

斋戒，是古代祭祀鬼神之前的准备活动。斋的意思，就是齐。临祭之前，使不整齐的心思整齐，以便和鬼神交通，所以古代斋也常写作"齐"，读斋。而且在古人看来，鬼神是否来享受祭祀，决定于人是否诚心诚意。人是否诚心诚意，决定于他如何斋戒。所以这是交通鬼神的重要步骤。孔子对待斋戒，和对待战争与疾病一样地慎重，因为祭祀鬼神和战争，是古代国家两件最重要的事情。战争，决定着一个国家的盛衰荣辱；鬼神是否保佑，在古人看来甚至决定着战争的成败。孔子慎重的三件事中，他把斋戒放在第一位，也就充分说明孔子对待鬼神态度的虔诚。

在古代普遍相信鬼神的社会条件之下，对鬼神虔诚，也是重要的美德。

【原 文】

7.14 子在齐闻《韶》，三月不知肉味。曰："不图为乐之至于斯也！"

【译文】

孔子在齐国听到《韶》乐,三个月都不知道肉的滋味。他说:"没想到音乐能够美到这样的地步啊!"

【解义】

《韶》,是舜做天子的时代创作的音乐。孔子认为,那是最好的音乐。虽然如此,宋代程颐、朱熹都认为,孔子也不可能听到这样的音乐,就三个月都不知道肉的滋味。程颐认为,"三月"二字原是一个"音"字,因为竖写,被后人误认成"三月"两个字。因此,原文的意思是,孔子听《韶》乐的时候,不知道肉的滋味。这是可能的。说三个月都不知道,是不可能的。朱熹根据《史记》的引文,"三月"之上还有"音,学之"三字。因此,原文的本义应当是:孔子听到了《韶》乐,并且学了三个月,这三个月内不知肉味。

这一章,说明孔子对《韶》乐喜爱程度之深。程颐、朱熹的意见,说明他们认真求学、实事求是的态度。

【原文】

7.15 冉有曰:"夫子为卫君乎?"子贡曰:"诺。吾将问之。"

入,曰:"伯夷、叔齐何人也?"曰:"古之贤人也。"曰："怨[1]乎?"曰："求仁而得仁，又何怨!"出，曰："夫子不为也。"

【注释】

[1]怨，怨恨，遗憾。

【译文】

冉有问："夫子支持卫国的君主吗?"子贡说："好，我去问问。"

子贡进去，问道："伯夷、叔齐是怎样的人?"孔子说："古代的贤人。"问："他们后悔吗?"答："追求仁德就得到了仁德，有什么后悔的。"子贡出来，说："夫子不会支持的。"

【解义】

卫君，卫出公辄。卫灵公太子蒯聩反对母亲南子，得罪了父亲，被驱逐出国。卫灵公死，卫国人拥护蒯聩的儿子辄做了君主。蒯聩则在外国势力的帮助下要求回国。这样，就形成了父子两个争做君主的局面，所以学生们才有这样的疑问。子贡从孔子对伯夷、叔齐的赞扬中，知道孔子赞成谦让，而不赞成争夺，所以断定孔子不会支持卫辄。

当时孔子和学生们住在卫国。当时的规矩是，仕在人家的国家，不诽谤人家的大夫，更不能说人家君主的坏话，所以子贡不好直接提问，才用这种委婉的方式。

【原 文】

7.16 子曰:"饭疏食,饮水,曲肱而枕之,乐亦在其中矣。不义而富且贵,于我如浮云。"

【译 文】

孔子说:"吃简单的饭食,喝清水,弯起胳膊当枕头,快乐也就在其中了。用不正当的方法得到富有和尊贵,对我不过像飘浮的云彩。"

【解 义】

飘浮的云彩。与人不相干,人也不关注。而且聚散无常,时有时无。

用正当手段求取富有,即使执鞭之士,孔子也愿意去做;用不正当手段求取富贵,对他就像飘浮的云彩,不去追求。两方面合在一起,就是孔子对待财富和权势的态度。这样的态度,无论在古代还是现代,都是一种清廉的、正确的态度。

【原 文】

7.17 子曰:"加我数年,五十以学《易》,可以无大过矣。"[1]

【注释】

[1]《史记》引用这段话,作"假我数年,若是,我于《易》则彬彬矣"。所以有人认为,"加我数年",应是"假我数年"。五十,也有人认为是"卒"字被后人当成了"五十"二字,就像"音"字被后人当成"三月"一样。因为根据《史记》,孔子这时已经快七十岁了。

【译文】

孔子说:"再给我几年寿命,让我学习《易经》,就可以不犯大错误了。"

【解义】

《史记·孔子世家》记载:"孔子晚而喜《易》,《序》《彖》《系》《象》《说卦》《文言》。读《易》,韦编三绝。曰:假我数年,若是,我于《易》则彬彬矣。"一般认为,这段话大体准确地记载了孔子和《周易》的关系。那就是,孔子到了晚年,喜欢《易经》,并且作了《序卦传》《彖传》(上下篇)、《系辞传》(上下篇)、《象传》(上下篇)、《说卦传》《文言传》(上下篇),共十篇,统称为《易传》,也称十翼,即《易经》的十个翅膀。由于经常阅读,穿书的皮绳都断了三次。他还说:"再让我活几年,我就把《易经》弄得好好的了。"

现代学者一般认为,《易传》不是孔子所作,但其中一定有孔子的许多思想。孔子晚年喜欢《易经》,并且有深入钻研,则应是事实。

【原　文】

7.18　子所雅言:《诗》《书》。执礼,皆雅言也。

【译　文】

孔子使用雅言的,有《诗经》《尚书》。执掌礼仪时,也都是雅言。

【解　义】

雅言,高雅的语言。相对于俗语而言,应是当时各诸侯国通行的、正规的语言。诵读古代的典籍,执掌作为国家大事的礼仪,必须使用通行的正规语言,才能互相交流,所以孔子在这些场所用的都是这样的语言。

这一章的记载说明,我们国家在很早的时代就有了统一的语言,这是国家统一、民族团结的重要纽带。

这一章和上一章讲的都是孔子如何对待古代典籍的事。

【原文】

7.19　叶[1]公问孔子于子路，子路不对。

子曰："女奚不曰：其为人也，发愤忘食，乐以忘忧，不知老之将至云尔。"

【注释】

[1] 叶，音 shè。

【译文】

叶公向子路打听孔子，子路不回答。

孔子说："你怎么不说，他那个人啊，努力起来就顾不上吃饭，快乐起来就忘记了忧愁，不知道衰老快要到了。"

【解义】

叶公，名沈诸梁，字子高，楚国大夫，叶是他的领地。楚国君主自称楚王，他就自称叶公。他向子路打听孔子，可能有什么地方惹得子路不高兴了，所以子路不回答他。孔子的话也是搪塞。可以看出，他们师生二人都不大瞧得起这个人。著名的"叶公好龙"的故事，说的就是这个人。

【原 文】

7.20　子曰:"我非生而知之者。好古,敏以求之者也。"

【译 文】

孔子说:"我不是一生下来就什么都知道的人。(只是一个)喜欢古代文化,勤恳地去学习研究的人。"

【解 义】

孔子博学多才,别人认为他是天生的。孔子说,我不是的,只是喜欢古代文化,努力去学习研究得到的。

古人相信鬼神,认为一些人就是天生的圣人,什么都知道,不用学习。孔子这样回答,说明孔子实事求是的态度。虽然如此,后来还是有不少人神化孔子,认为孔子的博学就是天生的。比如《中庸》,就把有知识的人分为三类:第一类是"生而知之"者,如孔子等人;第二类是"学而知之"者,即通过学习然后懂得,如颜回、子贡等人;第三类是"困而知之"者,即不是自觉地学习,而是碰到困难了才来学习,因而有了知识。由于《中庸》重要且影响深远和广泛,再加上孔子是生而知之的圣人,就成为中国古代的基本信仰之一。

当社会需要神化某个人的时候,即使该人自己反对,也不起作用。

【原 文】

7.21 子不语怪力、乱神。[1]

【注 释】

[1] 另一种标点为:"子不语怪、力、乱、神。"

【译 文】

孔子不主动谈论怪异的力量,作乱的神祇。

【解 义】

另一种标点,应译为:"孔子不主动谈论怪异、勇力、叛乱和神祇。"

说孔子不谈论怪异、叛乱之类的事,大约是真的。至少《论语》一书,见不到这类内容。但说孔子不谈论勇力、神祇,则不合事实。比如本篇第十一章讲"空手打虎",第五篇第八章赞扬子路可以做千乘之国的统帅,也是因为子路的勇力过人。至于神祇,孔子谈论的就更多。他认为泰山神不会接受季氏的祭品,说山川之神不会舍弃冉耕,说人应该敬畏鬼神等,都是谈论神祇。所以,第二种标点不如第一种标点优。

依第一种标点,则孔子不谈论的,是怪异的力量。比如说有人能举起"千钧",即三万斤的东西;或者说有人能在陆地上划船,等等,就都是怪力。在现代社会,说人能够用耳朵认字,徒手发出气功可以击落飞机、导弹等,也都是怪异的力量。乱神,就是那些叛变作乱的神祇。古代社会,神祇是世界的统治者,神祇的行为自然也是人类的榜样。作乱的神祇,比如古代的共工怒撞不周山以致天塌地陷,后世则如孙悟空大闹天宫,就属于作乱的神祇。谈论这一类神祇,容易激发人世间的叛乱行为,所以孔子是不谈论的。

两种标点的共同点是,孔子只是不主动谈论这些事件,但不是不信,至少不是全都不信。他可能不相信人力能够举起千钧,但不是不相信鬼神的存在,甚至也不是不相信乱神的存在,只是不去主动谈论而已。

【原文】

7.22 子曰:"三人[1]行,必有我师焉。择其善者而从之,其不善者而改之。"

【注释】

[1] 三人,未必就一定是三个。三,当时一般是泛指:好几个的意思。

【译文】

孔子说:"几个人在一起,一定有我可以学习的人。选择他们的长处作为榜样,对他们的缺点要加以改正。"

【解义】

几个人能够聚在一起，一定是有某种长处的人吸引着别人，也可能是都有长处互相吸引，那么可以作师的人就更多了。把别人的长处作榜样，向别人学习，就能不断提高自己。看到别人的缺点就加以改正，就能不断完善自己。这句话一向被认为是孔子虚心学习的典型事例，也是激励后人虚心向别人学习的格言。

【原文】

7.23　子曰："天生德[1]于予，桓魋[2]其如予何？"

【注释】

[1] 德，品质。这里指优秀的品质。
[2] 魋，音 tuí。

【译文】

孔子说："上天赋予我优秀的品质，桓魋能把我怎么样？"

【解义】

桓魋，宋国司马向魋，出自宋桓公一系，所以又称桓魋。因为卫灵公让孔子随从他和夫人南子在卫国招摇过市，孔子感到受了侮辱，就离开了卫国。经过曹国到了宋国，和弟子们在大树底下演习礼仪。宋国军事长官向魋要加害孔子，孔子说了这样的话。这话表明，孔子虔诚地相信天命，相信是上天赋予了自己优良的品质，让他来完成上天的使命。在《论语》中，孔子不止一次表示，自己是肩负着上天重要使命的人。这不仅是孔子的自我意识，也是他的学生和某些有见识的人们的共同意识。

在一个普遍相信鬼神的社会，又是社会生活混乱的年代，假如有一个德行和才能都特别突出的人，人们不把这个人认作负有神祇赋予的神圣使命的人，才是不可思议的。所以像孔子这样的人，当时被神化，以后又被一步步地提高神化的程度，是必然的。当代的注释者极力避免这一点，总想把孔子塑造为一个不信神的人，甚至塑造为一个无神论者，是不符合历史事实的。

后面几篇，我们还会不断看到类似的文字。

【原文】

7.24 子曰："二三子以我为隐乎？吾无隐乎尔。吾无行而不与二三子者，是丘也。"

【译文】

孔子说："你们大家认为我对你们有所隐瞒吗？我没有对

你们隐瞒的。我没有什么行为不是和你们大家在一起的，这就是我孔丘啊！"

【解义】

孔子的学问博大精深，学生们往往只能学到一个部分，可能有的学生觉得孔子故意隐瞒着什么，所以孔子说了这样的话。

有些单纯的技术，会有自己特殊的窍门，如同今天专利的核心机密。这个核心技术，历来都是保密的，师傅也很难把它传给徒弟。所谓"教会徒弟，饿死师傅"，指的都是这一种情况。至于孔子教授的，是具有普遍意义的治国做人的基本道理。这些道理即使老师想要保密，也是不可能的。直到现代社会，在技术问题上有专利，实行保密制度；至于基础科学，则没有保密的问题。所以，孔子的话，是实话。一些学生的疑问，是年少无知的表现。

一般说来，在世界上各种人际关系中，利益最为一致而少有欺诈的，就是父母和子女、老师和学生。虽然也有不良的老师和不称职甚至恶劣的父母，但总体来说，老师都盼着学生进步，父母都希望儿女成长。因为学生的成就、儿女的光荣，也是老师和父母的光荣。孔子，就是这样的好老师。《论语》中的每一项记载，都反映着孔子对学生的谆谆教导和殷切期望。孔子，是天下老师的好榜样。

【原 文】

7.25 子以四教：文，行，忠，信。

【译 文】

孔子教人有四项内容：书本知识、德行修养、忠诚、信用。

【解 义】

四项内容其实就是两项，即知识和德行。这大约仅是某个学生的个人感受，把忠诚和信用单独提出，作为特殊重要的德行。

【原 文】

7.26 子曰："圣人，吾不得而见之矣。得见君子者，斯可矣。"

子曰："善人，吾不得而见之矣。得见有恒者，斯可矣。亡而为有，虚而为盈，约而为泰，难乎有恒矣。"

【译 文】

孔子说："圣人，我没有可能见到了，能够见到君子，也就可以了。"

又说:"善人,我没有可能见到了,能够见到有一定操守的,也就可以了。把空无当作实有,虚亏当作满盈,贫穷当作富足,(这样的人)难以有什么操守的。"

【解义】

这一章,实际上是把人的道德状况分成了五等:圣人、君子、善人、有一定操守的、没有一定操守的。

没有一定操守,也就是今天说的没有底线,是道德最差的人。有了一定操守,也就是有个底线,在某一方面,就会做个有道德的人。善人,是多方面要求向善的人,道德水平就更高一些。君子,则是许多方面都已经很高尚的人。圣人,是所有方面都是道德模范。

这是孔子对当时社会道德状况的观察,这个观察未必完全准确,但无疑是深刻的,可以作为观察社会的参考。

【原文】

7.27 子钓而不纲,弋不射宿。

【译文】

孔子钓鱼而不设纲捕捞,用弋但不射晚上休息的鸟儿。

【解义】

纲，可以横断河水下面挂网的大绳。弋，用丝绳系在箭上射鸟。

用设纲的方法捕捞，可以获得更多的鱼，但也会网住许多小鱼。用带有丝绳的箭射晚上休息的鸟儿，容易射到所以收获也多，但有乘危获利之感。这两件事，说明孔子不贪心，比较仁慈。

古代人少鸟多，野生的鸟儿也是人类肉食的重要来源之一，特别是献给鬼神的重要祭品。按照礼制规定，从君主开始，每年秋季，一定要举行狩猎活动，为祭神准备祭品，同时也是军事演习、士兵的操练方式。士人们相见，基本的礼物就是一只大雁。所以射猎活动，是古人一项生产兼军事的必要活动。

【原文】

7.28 子曰："盖有不知而作之者，我无是也。多闻，择其善者而从之。多见而识[1]之。知之次也。"

【注释】

[1] 识，音 zhì，记住。

【译文】

孔子说:"确实有一些自己不懂就著书立说的,我是不这样做的。多听,选择可靠的加以接受;多看,记在心里,这是次一等的懂得。"

【解义】

第一等的懂得,是自己认真研究之后的结果。第二等的懂得,是多听、多看,从中选择那些自己认为可靠的、正确的,加以接受,记在心里。由于多听多看的对象,都是人家的成果,所以这样的懂得,当然只能是第二等的懂得。孔子说自己只是传述而不创作,所以说自己只是第二等的懂得。第一等懂得的,在孔子看来,应当就是古代的圣人。他所传述的,就是这些圣人们的创作。

从这一章看来,当时是有人在发表和孔子传述内容不同的言论,也就是自己创作的东西,孔子对这种现象是不满意的,认为这些人是在讲一些自己不懂的东西。

然而什么是懂,什么是不懂?历史上,往往是不同观点、不同主张的争论。孔子所说的自己不懂就著书立说的,很可能就是和孔子观点、主张不同的言论。因为在治国做人的问题上,往往只是主张不同而已。

但是在科学问题上,不懂得就著书立说,可就害人至深。那些喜欢在自己专业以外发表言论的人,应当谨慎才是。

【原 文】

7.29 互乡难与言。童子见,门人惑。

子曰:"与其进也,不与其退也。惟何甚!人洁己以进。与其洁也,不保其往也。"

【译 文】

互乡地方的人难以和他们对话。有个年轻人拜见了孔子。学生们很疑惑。

孔子说:"支持他们进步,不支持他们退步。哼那么大声干什么!人家穿戴整齐来虚心求教。支持他虚心求教,不能保证他以后怎样。"

【解 义】

互乡地方的人难以沟通,学生们不愿意理睬那里的人。忽然有个当地的年轻人,穿戴得整整齐齐来拜见,孔子竟然接待了,所以学生们感到疑惑和不屑。孔子批评他们说,你们哼那么大声干什么。应该支持他们追求进步,不论他以后能否真的进步。这也是孔子重要的教育思想。那就是,不论什么人,只要他肯追求进步,就要支持。哪怕他以后并不能真的进步。这暂时的求进步,也是好的,也是应该支持的。

孔子这个态度,是善良的,也是正确的。

【原　文】

7.30　子曰:"仁远乎哉? 我欲仁,斯仁至矣。"

【译　文】

孔子说:"仁德很远吗? 我追求仁德,这个仁德就会到来。"

【解　义】

在道德问题上,永远都是这样。每一种道德原则,都距离我们很近。只要追求,就会到来。问题仅仅在于是否真的追求。

【原　文】

7.31　陈司败问:"昭公知礼乎?"孔子曰:"知礼。"

孔子退。揖巫马期而进之,曰:"吾闻君子不党,君子亦党乎? 君取于吴,为同姓,谓之吴孟子。君而知礼,孰不知礼?"

巫马期以告。子曰:"丘也幸,苟有过,人必知之。"

【译文】

陈国的司败问孔子:"昭公懂得礼吗?"孔子回答说:"懂得。"

孔子走后,陈司败恭敬地请巫马期进来,说:"我听说君子是不偏袒的,难道君子也偏袒吗?君主娶了吴国的姑娘,是同姓,叫作吴孟子。君主如果是懂得礼的,还有谁不懂得礼!"

巫马期告诉孔子。孔子说:"孔丘我真是幸运啊,只要有了过错,别人就一定知道。"

【解义】

司败,就是司寇,当时管理司法的主官。昭公,鲁昭公,名稠。巫马期,孔子的学生,姓巫马,名施,字期。

当时的礼制,不可娶同姓的女子。鲁国和吴国都是姬姓,鲁昭公娶吴国女子是违礼的。当时女子的称呼,一般都称呼国名加上国姓,如齐姜、秦嬴,都是国名(齐、秦)加上自己的姓(姜、嬴)。吴国是姬姓,应称为吴姬。昭公为了掩饰丑事,称为"吴孟子"。陈司败向孔子提这样的问题,本来就是让孔子难堪的问题。因为当时的礼制,臣子应该替君主隐讳错误,所以孔子不能讲实话,才有这样一番对话。

维护自己国家的声誉,也是维护自己的声誉,从古到今都是这个道理。不对着外人,特别是不在敌人面前,说自己国家的坏话，是古代士人做人的基本底线，也是今天一个公民做人的底线。

【原文】

7.32 子与人歌而善，必使反之，而后和之。

【译文】

孔子和人一起唱歌，人家唱得好，一定要让人家再唱一遍，自己跟着唱。

【解义】

这也是孔子虚心向人学习的一个例子。孔子之所以博学，与他的谦虚好学有重大关系。那些有了一点小成就就沾沾自喜、到处吹嘘的人，就是自己给自己画了一条线，把自己圈在那点小成就里面，要想再有进步，是非常困难的。

【原文】

7.33 子曰："文，莫吾犹人也。躬行君子，则吾未之有得。"

【译 文】

孔子说:"文的方面,我莫不是和别人相近?亲身实行做个君子,我还有些不足。"

【解 义】

文的方面,包括文献知识、言论的文采、个人的外表修饰、对礼乐制度的掌握等,孔子认为,他这一方面,自己能够和别人差不多。但亲身实行做个君子,他还有些不足。这显然是孔子的自谦之词。

【原 文】

7.34 子曰:"若圣与仁,则吾岂敢?抑为之不厌,诲人不倦,则可谓云尔已矣。"公西华曰:"正惟弟子不能学也。"

【译 文】

孔子说:"说到圣人与仁德,那我怎么敢当!若是行动从不厌烦,教人从不厌倦,倒是可以这么说的。"公西华说:"这正是学生们所学不到的啊!"

【解 义】

一定是许多人都说孔子是圣人,有仁德,孔子才这么说。这也是孔子的自谦之词。

即或如此,一个人的一生,能为一个事业,终生实行起来而不厌烦;做个老师,教育学生从不厌倦,也确是难能可贵的。

【原 文】

7.35 子疾病[1],子路请祷。子曰:"有诸?"子路对曰:"有之。《诔[2]》曰:'祷尔于上下神祇。'"子曰:"丘之祷久矣。"

【注 释】

[1] 病,病重、病危。
[2] 诔,祈祷文的篇名。

【译 文】

孔子病重了,子路请求祈祷。孔子说:"有这么做的吗?"子路回答:"有的。《诔词》说:'为您向天地神祇祈祷。'"孔子说:"我很久以前就祈祷过了。"

【解义】

中国古代天神叫神，地神叫祇。当时的人们认为，人生病是由于得罪了神祇。向神祇祈祷，为的是请求神祇饶恕。孔子认为，自己的言行没有违背神祇意志的地方，疾病也不是由于神祇的惩罚，所以不必祈祷。如有过错，祈祷也没用。他对子路说"我很久以前就祈祷过了"，就是不必祈祷的意思。

不少人在遇到灾难的时候，还是往往会向鬼神祈祷。如果鬼神聪明正直，甚至全知全能，那就用不着祈祷，或者祈祷也没有用。不过总有一些人希望通过祈祷，让鬼神解除自己的苦难，就像期望人间的法官法外开恩。假如鬼神真的满足了这些人的要求，也会像人间贪赃的法官一样，不会长久。然而直到今天，许多人仍然想不明白这个道理。所以孔子的鬼神观念，至今还是比那些遇事求神的人先进。

【原文】

7.36 子曰："奢则不孙，俭则固。与其不孙也，宁固。"

【译文】

孔子说："铺张可能不谦让，节俭可能很固执。与其不谦让，宁可固执。"

【解 义】

不谦让可能违犯礼制。孔子始终偏向于遵守规矩。

【原 文】

7.37 子曰:"君子坦荡荡,小人长[1]戚戚。"

【注 释】

[1] 长,又作常。

【译 文】

孔子说:"君子总是坦坦荡荡,小人总是愁眉苦脸。"

【解 义】

君子,从社会地位说,是生活富裕的人,不必为个人生计发愁,心宽体胖,总是坦坦荡荡。小人,从社会地位上说,是生活贫困的人,常为生计发愁,如鲁迅《故乡》中的老年闰土,总是愁眉苦脸,满怀悲戚。

从道德水平上说,君子所思所想,是公共利益,理直气壮,心胸宽广,所以坦坦荡荡;小人所思所想,是个人私利,着意培植个人私利,难免伤害他人利益。伤害他人利益难免遭受反击,甚至遭受社会惩罚,个人私利就难以实现。既要实现个人私利，又想不遭反击，不受惩罚，就必须精心算计。精心算计又不能公开，只好窝在心里，所以整天愁眉苦脸，悲悲戚戚。

孔子对社会、对人物的观察和研究，是细致的、深刻的，但不是绝对的。所谓"大智若愚""大奸似忠"，不仅是哲学格言，也是古人在长期的社会生活中总结出来的结论。识人之难，是古今中外几乎所有的圣贤英哲都未能解决的问题。孔子的话，做个日常生活的参考吧。

【原文】

7.38 子温而厉，威而不猛，恭而安。

【译文】

孔子温和而严厉，威严但不凶狠，恭敬而安详。

【解义】

这是讲孔子的外在表现，也就是今天所说的"风度"。

风度是人的内在品质的外在表现，是很难伪装出来的。如果想有一个良好的外在风度，只有长期进行内在品质的培养。

第八篇　泰　伯

【解题】

　　上一篇讲述孔子的做人、处事，这一篇从赞扬泰伯开始，讲述了许多做人处事的道理。后半篇讲述了尧、舜、大禹，直到周文王、周武王如何做人，如何处理国家大事的言行事迹。他们是孔子为那些治国理政的人们树立的榜样。

　　这一篇还记述了许多曾参的言行事迹。把曾参的事迹和古代最为孔子所赞扬的圣贤事迹放在一篇，很可能是曾参学生们的编排。

　　共二十一章。

【原 文】

8.1 子曰:"泰伯,其可谓至德也已矣!三以天下让[1],民无得而称焉。"

【注 释】

[1] 三让,多次、坚决辞让的意思。

【译 文】

孔子说:"泰伯,他可算是德行最高的人了。坚决把天下让给弟弟,民众找不到恰当的语言称赞他。"

【解 义】

泰伯,周太王的长子。泰,也写作太,就是大;伯,也是老大。他坚决把政权让给三弟季历,为的是让季历的儿子昌,也就是后来的周文王做继承人。他逃到了今天的江苏一带,当时是个尚未开发的"蛮夷之邦"。他在那里建立了吴国,所以又称吴太伯。他和伯夷、叔齐一样,都是自愿让出继承人的位置。后来他的侄孙们取得了全国政权,在孔子看来,这就是把整个天下让给了弟弟。

在当时诸侯们为君主的位置争斗、厮杀,甚至臣子杀君主、儿子杀父亲频频发生的年代,孔子大力表彰泰伯和伯夷,当是当时现实的反映。

【原 文】

8.2 子曰:"恭而无礼则劳,慎而无礼则葸[1],勇而无礼则乱,直而无礼则绞[2]。君子笃于亲,则民兴于仁;故旧不遗,则民不偷。"

【注 释】

[1] 葸,音 xǐ,畏缩。
[2] 绞,音 jiǎo,刺激人。

【译 文】

孔子说:"恭敬而没有礼节就会劳累,谨慎而没有礼节就会畏缩,勇敢而没有礼节就会作乱,直爽而没有礼节就会伤人。君子们切实地孝顺父母,民众就会流行仁德;君子们不抛弃过去的朋友,民众就不会薄情寡义。"

【解 义】

这一章讲述了两个不同的内容,有人认为应该分为两章。

第一个内容,讲的是任何一种优秀品质,如果不用礼加以节制,就会出现偏差。这也是孔子对社会生活长期认真观察研究的结果。所以他反复强调,任何言行,都必须以礼为标准。礼,才是使社会保持良好秩序,使国家长治久安的最重要手段。

当时的社会面临的主要问题是秩序的混乱、礼制的败坏。孔子虽然看到了一些徒具形式的礼仪，但和混乱败坏的现实相比，还不是主要问题。孔子不知道，后来当儒术获得独尊地位以后，礼制得到了有效的贯彻，则出现了许多表面守礼、实际营私的虚伪现象。

一种理论、一种主张，特别是关乎全局的理论和主张，需要长期的实践才能判定优劣是非，采取补救的措施。

第二个内容，讲述君子们的行为是民众的榜样和导向。过去如此，现在也是如此。

【原　文】

8.3　曾子有疾，召门弟子曰："启予足！启予手！《诗》云：'战战兢兢，如临深渊，如履薄冰。'而今而后，吾知免夫！小子！"

【译　文】

曾子病了，把学生们召到跟前说道："掀开被子看看我的手，掀开被子看看我的脚。《诗经》上说：'战战兢兢，好像面临深渊，好像踩着薄冰。'从现在开始，我知道自己避开一切灾难了，孩子们！"

【解 义】

据说是曾参传述的《孝经》上说:"身体发肤,受之父母,不敢毁伤。"也就是说,假如一生之中能够保全父母给自己的身体,是孝道的重要表现。所以有病躺在床上不能自理的时候,看到自己完整的身体,想到自己今后已不能再下床活动,因而也不会使身体受伤,觉得自己是完成了人生的一大使命。援引《诗经》,是说一生的艰难,特别是在一个乱世,更是像面临深渊,像脚踩薄冰,能够保全,真是不易!

曾参在孔子的学生中间,以孝道著名,《论语》就记载了许多曾参行孝的事迹。这里的记载是其中之一。

这里没有讲到的是:假如民族、国家处于危难之中,需要有人奋不顾身的时候,应当如何处理和保全身体的矛盾。所以这里说的孝道,也就只能让我们了解一点古代的情况罢了。

【原 文】

8.4 曾子有疾,孟敬子问之。

曾子言曰:"鸟之将死,其鸣也哀;人之将死,其言也善。君子所贵乎道者三:动容貌,斯远暴[1]慢[2]矣;正颜色,斯近信[3]矣;出辞[4]气[5],斯远鄙[6]倍[7]矣。笾豆之事[8],则有司存。"

【注释】

[1] 暴，粗暴。
[2] 慢，放肆。
[3] 信，诚实。
[4] 辞，言语。
[5] 气，声气。
[6] 鄙，粗俗狭隘。
[7] 倍，同背，违背常理。
[8] 笾豆之事，泛指具体的礼仪细节。笾，是竹制的豆。豆，古代祭器，形似高脚杯。

【译文】

曾子病了，孟敬子来慰问。

曾子说道："鸟儿将要死亡，叫声是悲哀的；人将要死亡，说的话是善意的。君子们认为可贵的做法有三种：举止庄重，就能远离粗暴放肆；面色庄严，也就接近诚实守信；说话诚恳和气，也就远离粗俗荒诞。至于具体的礼仪制度，那是有关部门的事。"

【解义】

这是曾参临死前教导孟敬子如何处理政事。可以看出，孟敬子处理的是国家的大事，不是某种具体工作。有人认为，曾参之所以要说这些,是因为孟敬子喜欢摆弄礼器这些具体的小事,所以曾参要这样告诫他。

孟敬子,鲁大夫仲孙氏,名捷。

【原　文】

8.5　曾子曰:"以能问于不能,以多问于寡,有若无,实若虚,犯而不校。昔者吾友尝从事于斯矣。"

【译　文】

曾子说:"以自己的才能向无才能者请教,以自己的博学向学问少的请教,丰富却好像没有,充实却好像空虚,受了侵犯也不计较。过去我的一位朋友就是这么做的。"

【解　义】

古代的注释者认为,曾参这里说的朋友,就是颜回。曾参比颜回年轻十六岁,做孔子学生也较晚。颜回是曾参的师兄。

【原　文】

8.6　曾子曰:"可以托六尺之孤,可以寄百里之命,临大节而不可夺也。君子人与?君子人也。"

【译文】

曾子说:"可以托付六尺高的孤儿,可以寄托百里土地的使命,面临重大变故也不能动摇他的志向。这人是君子吗?是君子啊!"

【解义】

古代的尺度比今天短一些。六尺高,一般指十五岁左右的男子,二十岁成人是七尺。"托付六尺高的孤儿",指托付年少的君主。比如周武王把年幼的周成王托付给弟弟周公姬旦,汉武帝把年幼的昭帝托付给大臣霍光,还有刘备把年少的刘禅托付给诸葛亮,都是中国历史上著名的托孤故事。

汉代以前,能够掌握全国性政权的人物,都要有一块百里大小的根据地。传说商汤是七十里,周文王一百里。秦朝统一天下以前,也有一块土地。"寄托百里土地的使命",就是把整个国家的命运交给他。汉代以后,国家的土地虽然大大超出百里,但寄百里土地的使命,仍然是指整个国家的命运。

担负这种使命的人,不仅具有很高的威望,而且有很强的能力,却并不从幼年君主手里夺取政权。所以曾参说,这样的人是君子吗?是君子啊!

历史上像这样的情况是不多的。但是亲友去世,有未成年的子女,或者有需要继承的遗产,甚至自己死了无人安葬,在法律制度尚不健全的时代,可信赖的朋友往往担负起安葬死者、抚养幼小、承接遗产的使命。这样的人，也是可以托付六尺高的孤儿、寄托百里之地使命的君子。

【原文】

8.7 曾子曰："士不可以不弘毅[1]，任重而道远。仁以为己任，不亦重乎？死而后已，不亦远乎？"

【注释】

[1] 弘，宽广。毅，坚强。不宽广不能担负重大使命，不坚强不能胜任遥远的路程。

【译文】

曾子说："士人不可以不心胸宽大、意志坚强，（因为）任务重大，道路遥远。把仁德作为自己的责任，岂不是很重大吗？只有死亡才可以停止，岂不是很遥远吗？"

【解义】

这是曾子对士人社会角色的认识，也是给自己规定的使命。正确认识自己的社会角色，自觉担负起社会赋予的使命，是高度觉悟的表现，也是德行高尚的表现。

【原文】

8.8 子曰:"兴于诗,立于礼,成于乐。"

【译文】

孔子说:"起步于学习诗歌,确立于学习礼仪,成熟于学习音乐。"

【解义】

这是一个士人从幼年到成人学习内容的顺序,也当是孔子教学内容的顺序。刚起步时学习唱歌,这是幼小的年龄就可以学习的。然后学习礼仪。礼仪及其内含,年龄稍大一点才能掌握。学习了礼仪,在社会上就有了独立谋生的本领,所以说是"确立",即确立自己谋生的基础,也是确立自己为社会服务的本领。然而这样还不够,还需要学习音乐。这里的音乐应当是演奏乐器。这是比较难的,所以放在最后。

这应当是当时士人最基本的谋生本领,也是六艺中排序最靠前的两种。如果还要更进一步,有从事军事工作的本领,就还要学习射击和驾车。如还想掌握更多的技能,就还有书法和数学。不过最基本的,应当就是礼仪和音乐。

古代的礼仪,是和音乐相伴随的。或者说,音乐就是礼仪的有机组成部分。礼仪是治国的手段,其中就包含着音乐。现在的礼仪制度,也往往伴随着音乐。只是现在的礼仪制度,在国家的政治生活中没有古代那么重要罢了。

【原 文】

8.9 子曰:"民可使由之,不可使知之。"

【译 文】

孔子说:"民众,可让他们知道怎么做,不可以让他们知道为什么这么做。"

【解 义】

古今中外,国家的重大决策,一般都有两种:一种是机密,另一种是非机密;一种是民众可以理解的,另一种是民众难以理解的;一种是符合民众利益的,另一种是不符合民众利益而仅为少数人的利益服务的。在仅为少数人的利益服务的国家政权之内,不是机密的决策,而是群众可以理解的决策,当权者也往往故意隐瞒。这就是常说的古代政治的愚民政策。只有在一个为绝大多数人的利益服务的国家政权中,才能扩大决策的透明度。那些为了广大人民群众利益的决策,也只有告诉群众是为什么,才能动员广大群众奋发起来,为自己的利益而奋斗。

【原 文】

8.10 子曰:"好勇疾贫,乱也。人而不仁,疾之已甚,乱也。"

【译 文】

孔子说:"喜好勇敢而讨厌贫困,就会作乱。人没有仁爱之心,过分痛恨他们,也会造成动乱。"

【解 义】

"过分痛恨他们",就是过分痛恨那些没有仁爱之心的人。

从这一章的内容可以看出,孔子时时处处维护社会的安定,预防社会的动乱。孔子对动乱根源的分析是深刻的。问题是,只要这种原因存在,动乱就难以避免。这是孔子所无能为力的。

【原 文】

8.11 子曰:"如有周公之才之美,使骄且吝,其余不足观也已。"

【译 文】

孔子说:"即使有周公的才能和美好的品质,却骄横跋扈,粗俗吝啬,其他的也就不值得看了。"

【解义】

多少有一点长处,就骄横吝啬,无非是心底自私,又好外在显摆。这种人往往是成事不足,败事有余。

【原文】

8.12 子曰:"三年学,不至于谷[1],不易得也。"

【注释】

[1] 谷,做官的俸禄。

【译文】

孔子说:"学了三年,还没有想到去求官,不容易做到啊!"

【解义】

孔子的学生们将来的职业就是做官。学了三年,还没有想到去求官,那就是要继续学习,打好基础,以便将来做事更有把握。就像《公冶长》篇第六章,孔子让漆雕开去做官,漆雕开说自己还没有准备好。孔子赞赏这样的学习态度。

求官是这样,做其他事情也是这样。努力打好基础,做好准备,然后才开始行动。既是对事情负责,也是对自己负责。

【原 文】

8.13 子曰："笃信好学，守死善道。危邦不入，乱邦不居。天下有道则见[1]，无道则隐。邦有道，贫且贱焉，耻也；邦无道，富且贵焉，耻也。"

【注 释】

[1] 见，音xiàn，现身。

【译 文】

孔子说："切实相信，勤奋学习，终生坚持，维护正道。危险的地方不去，动乱的地方不住。政治清明就现身，政治黑暗就隐居。政治清明，却贫困而卑贱，是耻辱；政治黑暗，却富有而尊贵，是耻辱。"

【解 义】

这一段有三层意思。

第一层，孔子鼓励学生们要切实相信他们的道，并且努力学习，终生坚持。这是上一章学习态度的延续和发展。

第二层，孔子教给学生在乱世保全自己的方法。学到了一定程度，可以去求官，但是不要到危险的国家去求官，也不到动乱的国家去求官。政治清明时要积极从政，积极应聘；政治黑暗时，就隐居起来。

第三层又进一步。假如政治清明时,你不出来应聘求官,或者你没有能够找到官做,不是因为你德行差,就是因为你才能低,以致贫困和卑贱,这是耻辱的。假如政治黑暗,你却高官厚禄,那一定是和黑恶势力同流合污,甚至为虎作伥,所以是可耻的。

【原 文】

8.14 子曰:"不在其位,不谋其政。"

【译 文】

孔子说:"不在那个位置,就不参与那项事务。"

【解 义】

这也是一条做官的原则。做好本职工作,不要越职越权,干扰别人。当然,紧急情况,或者被人邀请,另当别论。

【原 文】

8.15 子曰:"师挚[1]之始[2],《关雎》[3]之乱[4],洋洋乎盈耳哉!"

【注释】

[1] 挚,音 zhì,鲁国乐师名,故称师挚。
[2] 始,师挚任职之初。
[3] 雎,音 jū。
[4] 乱,乐曲的最后一章。

【译文】

孔子说:"师挚任乐官之初,《关雎》一曲的末章,优美盛大,真是动听啊!"

【解义】

传统注释认为,孔子从卫国返回鲁国,整顿音乐使归于端正,正好是师挚作乐官之初,所以音乐优美而盛大,非常动听。

【原文】

8.16 子曰:"狂而不直,侗[1]而不愿[2],悾[3]悾而不信,吾不知之矣。"

【注释】

[1] 侗,音 tóng,无知的样子。

[2] 愿，谨慎淳厚。

[3] 悾，音 kōng，无能的样子。

【译 文】

孔子说："狂妄而不勇往直前，傻乎乎的却不谨慎忠厚，老实巴交的却不讲信誉，我弄不懂这些人。"

【解 义】

实际和表象不符，一定是虚伪做作。对这样的人，只能多加提防。孔子说他"弄不懂这些人"，朱熹认为，是极端鄙视、不屑于教诲的意思。也就是说，这些人即使束脩来见，孔子当也不会理睬。

苏轼认为，世界万物，有某种德行就有某种毛病，有某种毛病也必有某种德行。能踢能咬的马一定跑得快，跑不快的一定很驯服。有某种毛病却没有某种德行，那就是个废物。

【原 文】

8.17 子曰："学如不及，犹恐失之。"

【译 文】

孔子说："求学就像追求什么总追不上，还怕不小心又丢掉了什么。"

【解 义】

这是孔子对那些学而不厌的求学的人（也包括那些以追求真理为目标的做科学研究的人）的心理状态的体会和描写。他们要追求的，都是未知的东西，所以总像追赶什么却总追不上。学到了一点，弄清了一个问题，好像是追上了，但还有未知的在前面。那学到了的，弄清了的，又怕忘记和丢失。兢兢业业，不敢松懈。所谓"生也有涯，学无止境"①，鞠躬尽瘁，死而后已。赖有这种精神，才有人类不断的进步。

【原 文】

8.18 子曰："巍巍[1]乎！舜、禹之有天下也而不与[2]焉。"

【注 释】

[1] 巍巍，高大的样子。
[2] 不与，意思是不相关，指他们不以得到君位为快乐。

【译 文】

孔子说："多么崇高啊！舜和禹拥有整个天下，却好像这

---

① 任继愈先生语。

与他们无关。"

【解义】

当时大夫的领地就是自己的私有财产；诸侯的国就是诸侯的私有财产；做了天子，也就是所有诸侯们的共同领袖，整个天下就都是他的私有财产。舜、禹做了天子，拥有整个天下，应是特别高兴的事。但他们看待整个天下，好像和他们不相关，没有高兴的样子。因为他们的目的不是把整个天下用于个人的享乐，而是想着如何把整个天下治理好。所以孔子赞扬他们，认为他们德行崇高。这是孔子心中神圣英明帝王的形象。

不少学者也都指出，在很古的时候，做个英明的帝王，没有多少物质享受，却要比别人更加辛苦。传说把帝位让给舜的尧，用于盖房顶的茅草都没有能够修剪整齐。所以那时候，帝王的位置也可以让给别人。后来就不同了。即使一个小小县令，所得的利益也比古代的帝王要大得多，所以争夺非常厉害。孔子的时代，就是一个争夺的时代，所以孔子向往远古的帝王。

说远古的帝王，当然，是其中比较英明、德行又好的，物质享受不比别人多多少，却要比别人辛苦，大体符合历史事实。某些存在到近代的部落领袖的生存状态，和远古帝王们的生存状态相差不会太远。

【原文】

8.19 子曰:"大哉!尧之为君也。巍巍乎!惟天为大,惟尧则之。荡荡乎!民无能名焉。巍巍乎!其有成功也。焕乎其有文章。"

【译文】

孔子说:"伟大啊!尧做君主啊!崇高啊!惟有上天是最伟大的,惟有尧是效法上天的。宽广像海洋一样啊,民众都无法形容了。崇高啊,他的成功!光辉灿烂啊,他的制度法令!"

【解义】

在孔子看来,尧的伟大,最重要的,就是效法了上天。上天就是中国古代崇拜的最高神。上天的行事方式就是天道。天道就是上天的处事之道。只有遵循天道才能成功,只有效法天道才能成功,这是孔子,也是当时人们的共同认识。至于尧是如何效法了上天的行事之道,孔子没有说。这大约是子贡他们未能听到老师谈论天道的原因。

从历史文献看来,当时所说的天道,有两方面的内容。一种是即时显现的天象所预示的吉凶祸福;第二种是今天认为的自然法则的那些自然过程。比如冬去春来、昼夜交替之类。根据自然过程的法则,到一定季节要进行耕种,国家兴办工程不要耽误农民种地等。尧的效法上天行事之道，应当是这样的天道。

《尚书·尧典》首先讲述尧帝把民众治理得很好，接着就讲他任命天文官员，制定历法，按照一定季节让民众耕作，让鸟兽繁殖等，应当是尧帝效法上天的注解。

【原 文】

8.20 舜有臣五人，而天下治。

武王曰："予有乱臣[1]十人。"

孔子曰："才难。不其然乎？唐、虞之际，于斯为盛。有妇人焉，九人而已。三分天下有其二，以服事殷。周之德，其可谓至德也已矣。"

【注 释】

[1] 乱臣，可以制止或者治理动乱的臣。乱的意思，是把乱的弄得不乱，也就是治理。

【译 文】

舜有五位大臣，把天下治理得很好。

周武王说："我的治国贤臣有十个人。"

孔子说："人才难得，不是这样吗？唐尧、虞舜交替的时期，比武王时期人才更多。武王的十人之中有一位是妇人，实际上只有九人罢了。当时天下三分周人已经有了二分，仍然侍奉商朝。周人的德行，可算是最高的德行了。"

【解义】

舜的五位大臣是：禹、稷、契、皋陶、伯益。禹负责治理水土，稷教民众种田，契负责教育民众，皋陶负责司法，伯益负责山川管理。此外还有伯夷负责祭祀，夔负责音乐等，贤臣不只这五人。

武王说的十人，指周公旦、召公奭、太公望、毕公、荣公、太颠、闳夭、散宜生、南宫适，还有一个是文王的妻子、武王的母亲。也有人说是武王的妻子邑姜。

《左传·襄公四年》说："周文王率领背叛了商朝的诸侯国侍奉纣王。"当时天下归服了周国的有六州：荆州、梁州、雍州、豫州、徐州、扬州。只有青州、兖州、冀州还属于纣王。也就是说，文王的德行足以代替商朝。上天已经把天下给文王了，人民已经归服了，他还是不去夺取商朝的天下而仍然侍奉商王，所以是最高的德行。

也有记载说，这三分之二的天下都是周文王逐渐从商朝统治之下夺取过来的。之所以还没有夺取商的中央政权，不过是时机尚不成熟而已。孔子之所以如此推崇周文王、周武王，不仅因为他是周朝的臣民，还因为他希望当时的诸侯们不要去推翻周天子，保持传统秩序的稳定。

以保守现存秩序为己任是孔子的一贯立场。

【原 文】

8.21 子曰:"禹,吾无间然矣。菲[1]饮食,而致孝乎鬼神;恶衣服,而致美乎黻[2]冕[3];卑宫室,而尽力乎沟洫[4]。禹,吾无间然矣!"

【注 释】

[1] 菲,音 fěi,菲薄。
[2] 黻,音 fǔ,皮做的护膝。
[3] 冕,就是冠。
[4] 洫,音 xù。沟洫,田间的水道,用来确定地界、防备旱涝。

【译 文】

孔子说:"禹,我没有什么挑剔的了。饮食简单,却致力于孝敬鬼神;衣服粗糙,祭祀的礼服却非常华丽;住的宫室低矮,却尽力去整治沟渠。禹,我没什么可挑剔的了!"

【解 义】

孔子对大禹的赞扬,首先是大禹饮食简单,对鬼神的祭品却非常丰盛;自己的衣服粗糙,祭祀鬼神的礼服却非常华丽。也就是说,除了赞扬大禹治水的功劳之外,三项赞扬,两项都与孝敬鬼神相关。这说明在孔子看来,虔诚地相信并努力地侍奉鬼神，也就是《雍也》篇第二十二章所说的"敬畏鬼神"，是头等重要的美德，这也是那个时代的普遍认识。在那个时代，祭祀鬼神和从事战争，被认为是国家两项最重要的工作。

本章赞扬大禹孝敬鬼神，和本篇第十九章赞扬尧效法上天、《述而》篇第二十三章自信是上天赋予自己重要使命、《八佾》篇第二十四章封地边疆守将说上天将让孔子做木铎，他们对鬼神、特别是对上天的虔诚信仰，是一致的。

第九篇　子　罕

【解　题】

　　这一篇的主要内容是孔子和学生们的互相评论，以及孔子自述自己的志愿和处事原则。

　　共三十一章。

【原　文】

9.1　子罕言利与命与仁。

【译　文】

　　孔子很少主动谈论利益、天命和仁德。

【解 义】

古代注者对这一章大体有两种意见。一种认为，孔子很少谈论利益问题，是因为追逐利益会伤害道义；很少谈论命运和仁德，是因为二者道理深刻，不易弄懂。另一种意见认为，孔子很少谈论，是说他不轻易赞许某人接受天命或具有仁德。

然而从《论语》的内容看来，孔子回答了许多关于某人是否可以算作仁人，或者什么样的行为接近仁德的问题。而对于什么是仁德，仅有《颜渊》篇中一处提到"克己复礼为仁"。从这个意义上说，孔子很少谈论仁德，也说得通。命，就是天命。和仁德一样，孔子也很少谈论什么是天命，特别是上天为何是这样的命令而不是那样的命令。说他很少谈论，也符合事实。

【原 文】

9.2 达巷党人曰："大哉孔子！博学而无所成名。"

子闻之，谓门弟子曰："吾何执？执御乎？执射乎？吾执御矣。"

【译 文】

达巷党有个人说："伟大啊孔子，学问渊博，却没有一项知名。"

孔子听到了，对学生们说："我掌握哪一种？驾车吗？射箭吗？我掌握驾车吧。"

【解义】

达巷，党名。古代五百家为一党。

古代战争频繁，战争的形式主要是车战，即站在车子上作战。所以驾车和射箭就是当时两种重要的军事技能。古代有非常著名的驭手，如秦国的祖先造父；当时的优秀射手是楚国将领养由基。这些都是由于一项专长知名的。

达巷党人称赞孔子博学多才，但可惜没有一个知名的专项。其实孔子很早就以懂得礼仪知名，达巷党人不了解罢了。孔子说"我驾车吧"，不过是自谦之词。因为在当时，懂得礼仪比起射箭、驾车，是更加重要的事业。孔子并不是真的要专练驾车。

【原　文】

9.3　子曰："麻冕，礼也；今也纯，俭。吾从众。拜下，礼也；今拜乎上，泰也。虽违众，吾从下。"

【译　文】

孔子说："用麻布做冕，合乎礼制；现在都用丝布，简便。我随顺大流。在堂下礼拜，合乎礼制。现在堂上礼拜，不太恭敬。虽然和大家不同,我还是在堂下礼拜。"

【解 义】

冕,礼帽。孔子以前,冕都用麻布制作,费工较多。孔子当时冕都改用丝,制作比较简单。

由此可以看出孔子坚持礼制的两条原则。第一是在不违反恭敬原则的情况下,可以随顺大流。如果违反了恭敬原则,就不能随顺大流。

儒家经典《礼记》,第一篇《曲礼》开头第一句话就是:"《曲礼》曰:毋不敬。"就是说,坚持礼制最重要的精神或者原则,就是恭敬。

【原 文】

9.4 子绝四:毋[1]意,毋必,毋固,毋我。

【注 释】

[1] 毋,就是"无",没有。

【译 文】

孔子杜绝这四项:臆测、武断、固执、自以为是。

【解 义】

　　臆测、武断、固执、自以为是,都是判断是非时最容易出现的错误。孔子没有这四项缺点,是高度智慧、实事求是的表现。

【原 文】

　　9.5　子畏[1]于匡。

　　曰:"文王既没,文不在兹乎?天之将丧斯文也,后死者[2]不得与于斯文也;天之未丧斯文也,匡人其如予何!"

【注 释】

[1] 畏,畏惧。畏惧是因为遭受危险,不是一般的困难。
[2] 孔子生在文王之后,所以自称"后死者"。

【译 文】

　　孔子在匡地遭受危险。他说:"文王已经不在了,文化不都在我这里吗?上天若是要灭绝这个文化,后来的我就不可能掌握这些文化。上天若是不灭绝这个文化,匡人他们能把我怎么样呢?"

【解义】

孔子离开卫国要去陈国,路过宋国匡地。鲁国季氏的家臣阳虎,曾经残害匡地民众,孔子长相和阳虎相像,匡人误认为他是阳虎,就拿起武器把孔子包围了起来,于是孔子说了这一番话。

这一番话除了安定人心之外,也和《述而》篇第二十三章说"上天赋予我优秀的品质"一样,表明孔子对于自己所担负的上天使命的虔诚信仰。

朱熹援引汉儒马融的解释是:"周文王已死,所以孔子自称后死者。孔子说,天若是要让这个文化丧灭,就必定不会让我有机会得知这个文化。现在我既然有机会得知这个文化,那就是上天没有想丧灭这个文化。天既然没有想丧灭这个文化,那么匡人又能把我怎么样?意思是匡人必定不能违背天命加害于自己。"

【原 文】

9.6 大[1]宰问于子贡曰:"夫子圣者与?何其多能也?"

子贡曰:"固天纵之将圣,又多能也。"

子闻之,曰:"大宰知我乎!吾少也贱,故多能鄙事。君子多乎哉?不多也。"

【注释】

[1] 大，音 tài，也写作太。

【译文】

太宰问子贡说:"孔夫子是圣人吗？怎么会那么多才多艺？"

子贡说:"本是上天促使他成为圣人的吧，又多才多艺。"

孔子听到了，说:"太宰是了解我的人吧！我年少时出身贫贱，所以会许多卑贱的技艺。君子们会这么多吗？不会这么多的。"

【解义】

太宰，当时吴国和宋国的官名，相当于宰相。

上一章，孔子说是上天让他掌握了这个文化。这一章，子贡又认为是上天促使孔子成为圣人，并且又多才多艺。这就是说，孔子的才能体现着上天的意志。不过孔子这次没有这么说。应当是因为这是平素谈话，没有危险，没有必要时时处处表明自己和上天的关系。

郑玄认为，太宰就是吴国的太宰嚭。子贡曾两次见到这个人。

【原 文】

9.7 牢曰:"子云:'吾不试,故艺。'"

【译 文】

牢说:"孔子说过:'我不被任用,所以多才多艺。'"

【解 义】

牢,孔子的学生,姓琴,名牢,字子开,一字子张。

这是对孔子多才多艺原因的另一个答案。

不被任用,不做官,大概的确是孔子多才多艺的原因。现代的艺术家、技术专家们,也是如此。如果从政不免会影响他们在艺术或技术问题上投入的精力。

【原 文】

9.8 子曰:"吾有知乎哉?无知也。有鄙夫问于我,空空如也,我叩[1]其两端而竭焉。"

【注 释】

[1] 叩,音 kòu,敲打。

【译文】

孔子说:"我有所了解吗?没有的。有个普通人问我问题,我心中空空的。弄清了事情的来龙去脉,然后尽其所知告诉他。"

【解义】

这也是回答问题的一般方法。

假如有人心有疑问,向您请教。您对他提的问题,并不了解,心中空空。这时候,您应该首先弄清他提的是什么问题,为什么会有这样的问题。弄清所提问题的来龙去脉,这样,就会对所提问题有一个大体的了解。如果可能,就尽自己所知,解答该人的疑问。

【原文】

9.9 子曰:"凤鸟不至,河不出图,吾已矣夫!"

【译文】

孔子说:"凤凰不来了,黄河里也不再出现河图了,我没有希望了啊!"

【解 义】

凤凰在古代被认为是一种神鸟，河图被认为是黄河里出来的神物。凤凰和河图，都是圣人将要出现，天下将要太平的先兆。凤凰、河图不再出现，所以孔子觉得自己没有希望了。

凤凰，有人认为可能就是孔雀之类加上一些误传和夸张而成的形象。河图最早记载于《尚书·顾命》篇。说是周成王死，在周康王的继位大典上，摆放着国家的一些宝物，其中一件就是河图。但河图是什么样子的？则没有说明。后来《周易·系辞传》又说"河出图，洛出书，圣人则之"，就是说，黄河里出现了图，洛河里出现了书，圣人效法它们。但河图、洛书是什么样子的？《系辞传》没有说明。圣人怎么效法它们，效法它们干什么，也没有说明。

到了汉代，一部分儒者认为，河图、洛书就是书，上面记载的都是谁该做皇帝的预言。《河图》有九篇，《洛书》有六篇："龟龙衔负，出于河洛，以纪易代之征。"（《隋书·经籍志》）意思是说，河图是龙口衔着出于黄河，洛书是龟驮着出于洛河，上面记载的都是改朝换代的前兆，那是上天给人的预言。另一种意见认为，河图、洛书是伏羲和大禹治水时代出于黄河和洛河的图案，是伏羲创作八卦的根据。

三国曹魏末年，北朝魏代，唐朝武则天执政时代，黄河或洛河中都曾经出现过类似的东西，有图画，有文字，被认为是真正的河图、洛书，内容就是改朝换代或者指示谁该做皇帝的预言。

到了宋代，儒者们认为这样的东西太荒诞。他们援引《论语》上的"天何言哉"，说上天是不说话的，哪有什么记载上天预言的书。于是他们重新制做了由黑白两种点阵组成的图案，说这就是河图和洛书。并且说明，这些黑白点阵，就是伏羲创作八卦的根据。朱熹把这些黑白点阵放在自己的《周易本义》卷首，作为八卦的源泉，得到儒者们几乎一致的公认。

朱熹以后，认为河图不是那些黑白点阵的意见也不断出现。一种意见认为，孔子当时所说的河图，应当是关于黄河流域的地图，有一定道理。因为上天要让谁统治全中国，给他一幅地图，应当是最有用的宝物。

关于河图、洛书的详细考证，可参考拙著《易图考》。

【原文】

9.10　子见齐衰[1]者、冕[2]衣裳[3]者与瞽者，见之，虽少，必作；过之，必趋。

【注释】

[1] 齐衰，丧服。齐，音 zī。衰，音 cuī
[2] 冕，冠。
[3] 衣，上衣。裳，下衣。

【译 文】

孔子遇见穿齐衰的、穿衣裳戴冕的和盲人,遇见了,即使对方年少,也一定起身;从他们身旁经过,一定会快步走。

【解 义】

衣裳戴冕,是尊贵者的隆重装束。孔子对他们,和对盲人比较尊重。由此可见,孔子尊重的人,一种是尊贵的,一种是有暂时苦难的,一种是天生不幸的。

【原 文】

9.11 颜渊喟然叹曰:"仰之弥高,钻之弥坚。瞻之在前,忽焉在后。夫子循循然善诱人,博我以文,约我以礼。欲罢不能。既竭吾才,如有所立卓尔。虽欲从之,末由也已。"

【译 文】

颜渊感慨地叹息说:"仰望就觉得更加崇高,钻研就觉得更加坚硬。看着是在前面,忽然又到了后边。夫子对人循循善诱。让我广博地学习文献,用礼仪对我进行约束。我想放弃却放弃不了。已经竭尽了我的才能,好像已有超群独立的成就。虽然想追随夫子,不知道该从哪里做起。"

【解义】

颜回对孔子学问的感觉，再次说明孔子学问的渊博和精深，有常人所难以企及的地方，也说明颜回的好学上进。

颜回勤奋努力，生活条件又差，不知是不是他早逝的原因。然而无论如何，一方面应勤奋努力，一方面也应量力而行，并且注意保护健康。健康是每一个求学者和所有从事学术研究的人们，都不可忽视的。

【原文】

9.12 子疾病，子路使门人为臣。

病间，曰："久矣哉！由之行诈也。无臣而为有臣。吾谁欺？欺天乎！且予与其死于臣之手也，无宁死于二三子之手乎！且予纵不得大葬，予死于道路乎！"

【译文】

孔子病危，子路让学生们按君臣的礼仪行事。

病情好转，孔子说："很长时间了，仲由弄虚作假啊。没有臣子却装作有臣。我欺骗谁呢？欺骗上天吗！况且我与其死在臣子手里，还不如死在你们这些学生们的手里啊！即使不能给我隆重的葬礼，我还能被抛弃在路旁吗？"

【解义】

本章说明孔子终生,直到临死,也坚持实事求是的人生态度。

古代礼制规定:"丧从死者,祭从生者。"(《礼记·王制》)也就是说,丧礼的规格,要根据死者的身份。祭祀的规格,要根据祭者的身份。比如说一个平民的儿子,做了大官。他的丧礼,只能按平民的规格进行。但死后每年的祭祀,则要根据儿子官位的高低,确定祭祀的规格。孔子和学生们的关系,不是君臣关系,子路却要学生们扮作臣子,把孔子当作君主,以提高丧礼规格。这样借丧礼来张扬的行为,不仅在当时,也是后世,直到今天,都是屡见不鲜的行为,然而也是很无聊的行为。

有些人不仅在死后,甚至在世时,就喜欢搞一些虚假铺张,以提高自己规格的行为。花样也是不断翻新。其效果,除了留给别人一些无聊的谈资,很少有什么实际效果。

孔子对待自己丧礼的态度,是送给爱慕虚荣的人们的一剂良药。

【原 文】

9.13　子贡曰:"有美玉于斯,韫[1]椟[2]而藏诸?求善贾[3]而沽诸?"子曰:"沽之哉!沽之哉!我待贾者也。"

【注释】

[1] 韫,音 yùn。
[2] 椟,音 dú。
[3] 贾,音 jiǎ,又音 gǔ,商人。

【译文】

子贡说:"这里有块美玉,是放在匣子里藏起来呢,还是找一个好商家卖了它?"孔子说:"卖了它,卖了它!我等待着有人来买呢。"

【解义】

大约孔子有一段时间不积极去求职,所以子贡有这样的问题。孔子连声说卖了它,说明自己还是要积极求职的。

孔子的求职,当然只能是做官,只是不可与后世那些投机钻营、只是想追求富贵,而不是想做事服务于社会的人相提并论。孔子周游列国,都没有被人任用,就说明孔子求职的态度,那就是不违背自己的主张和原则。

【原文】

9.14 子欲居九夷。

或曰:"陋[1],如之何?"子曰:"君子居之,何陋之有!"

【注释】

[1]陋,没有礼仪。

【译文】

孔子有意迁往九夷居住。

有人说:"那里粗野,怎么行?"孔子说:"君子去了,还会有什么粗野!"

【解义】

夷,是当时居住于中原一带的华夏族对周边民族的蔑称之一。北部的被称为"狄",南边的被称为"蛮",西边的被称为"戎",东边的被称为"夷"。据说夷有九种,所以称为九夷。也有人认为九夷就是淮夷,即当时淮河流域的民族。

这段话说明孔子当时对华夏族统治地区的政治状况非常不满意,所以有迁住九夷的意思。他认为自己可以用所掌握的文化知识、礼仪制度影响当地民众。

用自己的文化知识影响被称为蛮夷的历史故事,就是泰伯逃走,开发吴国。所以孔子说这样的话,也不全是牢骚气话。

【原 文】

9.15　子曰:"吾自卫反鲁,然后乐正。《雅》《颂》各得其所。"

【译 文】

孔子说:"我从卫国返回鲁国,然后使音乐归于正道。《雅》歌、《颂》歌都回归本来面目。"

【解 义】

鲁哀公十一年冬(前484年末至前483年初),孔子从卫国回到鲁国。这时鲁国还保持了较多周代的礼仪制度,但是诗歌、乐曲大多残缺,演奏时的次序也比较混乱。孔子回国以后,订正了音乐,使诗歌中的《雅》歌、《颂》歌都回归它们的本来面目。

当时在国家层面上演奏的正规音乐,歌词应当都是出于《诗经》。《诗经》中的诗,就是当时的歌词,大体分三个部分:《风》类歌,是各地的民歌。《雅》歌,主要是贵族文人创作的正规诗歌,或为周王朝的创始人歌功颂德,或批评某些王者政治腐败。《颂》歌是祭祀时献给祖宗神的颂歌。《雅》歌一部分也可以献给祖宗。

这三类歌曲,作用不同,音乐风格也有所区别。一般说来,献给祖宗的颂歌,都庄严肃穆、中正平和。由于种种原因，当时的音乐偏离了它们应有的风格，甚至歌词、曲谱都有混乱。经过孔子整顿，都归于正规。一般认为，现存的《诗经》，就是经过孔子整理流传下来的。根据《史记·孔子世家》的记载，孔子把《诗经》删改成今天我们看见的样子，就在这个时候。这时候孔子大约七十岁，距离他逝世也就三四年。

【原文】

9.16 子曰："出则事公卿，入则事父兄，丧事不敢不勉，不为酒困，何有于我哉！"

【译文】

孔子说："在外侍奉公卿权贵，在家侍奉父母兄长，办理丧事不敢不认真努力，饮酒从不喝醉误事，对我没什么难的。"

【解义】

公卿，是除周王之外的最高官阶。诸侯官阶最高的是公。比如周公、召公等。卿仅次于公。后来有所谓"三公九卿"之说。孔子最高职位是大夫，没有机会直接为周王服务，但曾为鲁公服务。侍奉公卿，是他曾经做过的工作，也是他可能做的工作。

孔子以通晓礼仪制度闻名。礼仪之中，最重要的，一是祭礼，二是丧礼。祭礼的主祭者，是王和公卿本人，司仪的角色仅起辅助作用。丧礼，丧主处于悲痛之中，司仪在丧礼中的作用也就相应提高。孔子创立的儒家学派，其社会角色主要就是给人经办丧礼。

孔子说这些话，是说自己对待工作从来就是严肃认真的。

至于在家侍奉父母兄长，是每一个人的道德起点；提到喝酒，是因为无论是侍奉公卿，还是经办丧礼，都可能遇到饮酒的事。如果贪杯喝多了，就可能误事。孔子从来没有喝多误事，这也是他工作认真的表现。

【原　文】

9.17　子在川上曰："逝者如斯夫！不舍昼夜。"

【译　文】

孔子在河边感叹："过去的就像是流水这个样子啊，昼夜不停。"

【解　义】

过去的，不仅是时间，还有时间之内的种种事件。孔子这话所包含的深刻感情和丰富内容，每个人都可以凭自己的以往去体会和感受。至于感叹之下，是仅仅止于感伤，还是促进奋发，那就要看各人自己了。

【原　文】

9.18　子曰："吾未见好德如好色者也。"

【译　文】

孔子说："我没有见过爱好美德像爱好美色一样的人啊！"

【解　义】

根据《史记·孔子世家》，这是孔子在卫国时，卫灵公和夫人同车，让孔子作陪，招摇过市。孔子感到厌恶，所以有这句话。

孔子受了羞辱，批评的话仅仅如此。可见孔子虽然批评别人，但语言从不刻薄尖锐。虽不刻薄尖锐，但并不影响批评的实质。一般情况下，这应当是批评别人的基本方式。

【原　文】

9.19　子曰："譬如为山，未成一篑，止，吾止也。譬如平地，虽覆一篑，进，吾往也。"

【译文】

孔子说:"就像垒土成山,还差一筐土,停止了,是我自己停止的。就像平地上堆山,虽然才倾倒了一筐土,前进了,是我自己前进的。"

【解义】

《尚书·旅獒》篇:"为山九仞,功亏一篑。"孔子的话,出处在这里。说的是山堆成了,却只少一筐土。停止了,是我自己停止的。平地上刚倒下一筐土,前进了,是我自己前进的。这是教育求学的人只要自强不息,就会积少成多;半路停止,就前功尽弃。停止,还是继续前进?都在自己而不在别人。

"功亏一篑"现在已经成为成语。然而若是堆山,不会只差一筐土就不是山,不过是稍微低点而已。求学也是一样,即使结业前就停止学习,也已经学了不少。而许多半路改行的人,也有卓越成就的。这里不过是勉励人们要自强不息,不断前进而已。

仞,当时计量长度的单位。一仞相当于七八尺,一尺约相当于23厘米。九仞,相当于十四五米高。篑,音kuì,竹筐,可盛土。

【原 文】

9.20 子曰:"语之而不惰者,其回也与!"

【译 文】

孔子说:"和他谈话不觉疲倦的,就是颜回吧!"

【解 义】

别的学生和老师谈话时间长了,就显得疲倦,而颜回却不然,所以孔子表扬颜回。不疲倦的原因,一般情况下,应当是对老师讲的听懂了,听进去了,自己也感兴趣。疲倦的原因,大多是没有听懂老师讲的,或者自己对老师讲的没有兴趣,听不进去。看来颜回确实是能够深刻理解孔子、又和老师志向密切契合的好学生。

【原 文】

9.21 子谓颜渊,曰:"惜乎!吾见其进也,未见其止也。"

【译 文】

孔子谈到颜回,说:"可惜啊!我只见他进步,没有见过他中止啊。"

【解 义】

第十九章孔子希望学生们不要功亏一篑,看来是和感叹颜回的不断进步相关。

从第十九章到这一章,应当都是颜回死后,孔子追思和哀悼颜回时的话。

【原 文】

9.22 子曰:"苗而不秀者有矣夫!秀而不实者有矣夫!"

【译 文】

孔子说:"禾苗不秀穗是有的啊!秀穗不结实是有的啊!"

【解 义】

禾苗,包括粟米、稻谷、高粱等,也包括小麦、大麦等。出穗叫秀,秀出的禾穗,是禾苗开的花,下一步才是结实。由于自然灾害或者管理不善,禾苗有不秀穗疯长的,或死亡的;也有的秀穗之后不结实就夭亡的。孔子是借此感叹不少人无法上学,或者上了学的半途而废,甚至英年早逝,如颜回、冉伯牛等。

笔者于20世纪50年代初入小学。那时候,中华人民共和国刚刚建立不久。所在农村不能入小学的孩子不少。入了小学，能够完成学业的，也只有一半左右。小学毕业的，只有一小部分能升初中，初中毕业的也只有一小部分可升高中。初中、高中起初每班都四十五人左右，坚持到毕业的，也只有一半左右。流失的学生，大半是因为生活困难。高中毕业能升大学的，更是寥寥无几。所以苗而不秀、秀而不实，在近代的中国，尚且是多数。至于两千多年前孔子的时代，可以想象。

不过孔子所感慨的，大约不会是那些最下层的平民，因为在古代，他们根本不是孔子所说的"苗"。也就是说，孔子所属的士阶层，以及更高的贵族阶层中，也有许多青年或者没有学习的机会，或者因为种种原因中途中止学业的。

教育的普及程度是社会进步程度的重要标志。寄语今天那些有机会也有可能受到教育并且也有条件坚持到底的青少年，珍惜年少的时光和学习的机会吧！

【原 文】

9.23 子曰："后生可畏，焉知来者之不如今也？四十、五十而无闻焉，斯亦不足畏也已。"

【译 文】

孔子说："后生可畏啊，怎能知道将来的这些人不如现在呢？不过到了四五十岁还没有什么成就，也就没什么可怕的了。"

【解义】

"后生可畏"现在已经是成语,后生,后来出生的,指年轻人。

许多成年人往往爱用自己的长处和年轻人的短处比较,且对于年轻一代常常有一些不必要的担心。孔子不一样,他对于年轻人和他们的未来,持乐观态度。从历史的发展看来,一代有一代的事情,历史总体是在进步,所以孔子的乐观态度,是正确的。

不过年轻人到了四五十岁如果没有什么成就,是否就不会再有成绩了呢?也不一定。四五十岁,甚至更老一些,有新成就甚至大成就的,也不乏其人。特别是现代,人类寿命普遍延长,孔子这一句话,可以不必相信,更不必放弃努力。

【原 文】

9.24 子曰:"法语之言,能无从乎?改之为贵。巽与之言,能无说乎?绎之为贵。说而不绎,从而不改,吾末如之何也已矣。"

【译 文】

孔子说:"严肃认真的谈话,能不听从吗?改了才可贵。

恭顺婉转的谈话,能不喜欢吗?深思才可贵。喜欢却不深思,听从却不悔改,我不知道该怎么办才好了。"

【解义】

规劝的话,有严肃认真的,也有恭顺婉转的。严肃认真的话,根据是大原则、正道理,所以几乎无人说自己不听从。恭顺婉转的话,听着顺耳,很少有人不喜欢。光听从不行,改正了才好。光顺耳不行,要深入想一想人家讲的是什么意思。嘴上说听从,实际上却不改正,那就是两面人。只想听顺耳的话,却不去深思话里包含着什么意思,那就是听不懂别人话的笨人。这种人,自然也不可能改正自己的错误。这两种人,都是无法接受规劝的人,所以孔子说他不知道该怎么办才好了。孔子拿这两种人都没有办法,我们就更没有办法。如果一定要想出办法,那就只能是规劝以外的办法。

【原 文】

9.25 子曰:"主忠信,毋友不如己者,过则勿惮改。"

【译 文】

孔子说:"要以忠诚和信誉为核心,不和不如自己的人交朋友。有了过错,不要害怕改正。"

【解 义】

这一章和《学而》篇第八章后半段重复。因为上一章感叹有些人无法接受规劝,所以本章就接着讲人有了过错不要怕改正。

【原 文】

9.26 子曰:"三军可夺帅也,匹夫不可夺志也。"

【译 文】

孔子说:"可以杀死整个军队的主帅,却无法剥夺普通人的志向。"

【解 义】

统帅可被消灭的军队,不会是强大的军队;不可剥夺志向的,也只是志向坚定的人。从古以来,一支强大的军队,主帅是很难被杀死的。改变志向的人,也不是少数。这只能看作是孔子鼓励自己的学生,要做一个志向坚定的人而已。

志向坚定,是成功的前提,也是优秀人物的基本标志。

【原文】

9.27 子曰:"衣敝缊[1]袍,与衣狐貉[2]者立,而不耻者,其由也与!'不忮不求,何用不臧。'[3]"

子路终身诵之。子曰:"是道也,何足以臧!"

【注释】

[1] 缊,音 yùn,乱麻絮。
[2] 貉,音 hé,狐狸一类。
[3] 这两句诗,出于《诗经·邶风·雄雉》,孔子引用它,以赞美子路。忮,音 zhì,嫉妒。求,贪心。臧,好。

【译文】

孔子说:"穿破絮袍,和穿狐皮大衣的站在一起,能不感到羞耻的,就是仲由了吧?'不嫉妒也不贪求,做什么能不顺溜。'"

子路终身都念叨着这两句诗。孔子说:"这种做法,怎能保证顺溜!"

【解义】

子路心眼太实。孔子赞扬他"不嫉妒也不贪求,做什么能不顺溜"。他以为这就是最高境界,因此不能全面发展自己。孔子批评他,说仅仅这样还是不够的。用今天的话来说,就是思维太死板，有点片面性。有这缺点的人还不少。把一点长处当作全部美德，因而妨碍自己进步。

【原　文】

9.28　子曰："岁寒，然后知松柏之后凋也。"

【译　文】

孔子说："天气冷了，才知道松柏是最后凋零的。"

【解　义】

这一章继续论述志向，孔子认为志向坚定的人，就像松树和柏树一样。在严寒的天气里才能知道松柏是最后凋谢的，就像在政治黑暗的岁月里才能看出谁的志向坚定一样。

孔子这里只说松柏是最后凋零的，没说松柏是长青不凋零的。很可能，孔子非常清楚，松柏只是凋零在一般树木之后，而不是从不凋零。连作比喻也不说违背实际的话，可见孔子的博学和严谨。

【原　文】

9.29　子曰："知者不惑，仁者不忧，勇者不惧。"

【译 文】

孔子说:"智者不受迷惑,仁者没有忧愁,勇者无所畏惧。"

【解 义】

智者不受迷惑,勇者无所畏惧,都好理解。至于仁者没有忧虑,有人理解认为,仁者总是帮助别人,所以不忧虑别人会侵害自己。也有人认为,仁者考虑的都是公事,不为自己个人的命运忧虑。也有人认为,仁者懂得天命,所以没有忧虑。然而《周易·系辞传》说:"易之兴也,其于中古乎。作易者,其有忧患乎?"显然认为,《易经》的创作,是圣人忧患的结果。而《周易·系辞传》古代一直认为是孔子的作品,但注释《论语》的儒者,似乎都不把二者联系起来考察。

孔子在这里为什么要这么说?实在不好理解。

【原 文】

9.30 子曰:"可与共学,未可与适道;可与适道,未可与立;可与立,未可与权[1]。"

【注 释】

[1] 权,秤锤,用来称量物品以知轻重的。用秤称量物体,

需要随时调整秤锤的位置。比喻运用原则时，要根据具体情况随时调整，灵活运用。

【译文】

孔子说："可以一起学习，未必可以一起趋向正道；可以一起趋向正道，未必可以一起确立处事原则；可以一起确立处事原则，未必可以一起灵活变通。"

【解义】

同学未必是同志，古今中外，都是如此。原则和灵活的关系如何处理，也是古今中外的难题。只知道坚持原则，就是所谓教条主义；只讲灵活变通而不讲原则，也会偏离正道。

古代经常谈论原则和灵活的事例，就是嫂嫂掉在水里，你是否伸手去救。不伸手，嫂嫂就可能被淹死。伸手，就违犯男女之间不直接给予或接受物品的原则。直接给予或接受物品都不可以，更不可以接触身体。所以，不伸手去救，是坚持原则；伸手去救，是灵活权变。

实际上，所谓原则和灵活性的关系，是两种原则的关系，也是两种利益之间的关系。不伸手救嫂，坚持的是男女交往的原则；伸手救嫂，坚持的是生命高于其他的原则。为了更高的原则、更多人的利益，放弃较低的原则和较少人的利益，就是正确的权变，也就是平常所说的大道理管着小道理。

现实中，情况要复杂得多。要处理好二者的关系，需要高度的智慧。孔子也只是讲了原则性还要有灵活性,也讲不出该怎样处理。因此,如何处理二者的关系,需要具体情况具体对待,没有一定之规。这是智慧展现的平台,也是智力较量的战场。

【原 文】

9.31 "唐棣之华,偏其反而。岂不尔思?室是远而。"

子曰:"未之思也,夫何远之有!"

【译 文】

"唐棣树的花儿,翩翩地来回舞动啊!怎么能不想念你啊,实在是离得太远了。"

孔子说:"没有想念罢了,哪里是因为离得太远!"

【解 义】

这是一首《诗经》未收的诗。前两句是作诗的方法之一:兴。即先讲一件别的事,以引起所要讲的事。先讲的事和所要讲的事,未必有什么关系。

孔子借这首诗批评那些喜欢找借口的做法。在孔子看来,这些借口都是站不住脚的,不可靠的。

第十篇　乡　党

【解　题】

本篇记述孔子的饮食起居和在不同场合待人接物的各种表现。孔子的这些言行都是儒者们的榜样。

只有一章，依朱熹《论语集注》，分为十七节。

【原　文】

10.1　孔子于乡党，恂恂如也，似不能言者。其在宗庙朝廷，便便言，惟谨尔。

【译　文】

孔子在家乡，一副诚实恭顺的样子，好像不会讲话似的。

但在宗庙和朝廷之上，就口才雄辩，不过非常谨慎。

【解 义】

家乡，是父老乡亲所在的地方。所以孔子回到家乡，谦让温顺，不以自己的贤能智慧抢别人的风头。宗庙，祭祀祖宗，是礼仪制度的所在地；朝廷，要讨论国家大事，决策发令，说话不能不明确、雄辩。所以必须详细询问并且尽量说明。不过要谨慎而不放肆。

【原 文】

10.2 朝，与下大夫言，侃侃如也；与上大夫言，訚訚如也。

君在，踧踖如也，与与如也。

【译 文】

上朝的时候，和下大夫说话，温和而从容；和上大夫说话，恭敬而严肃。

君主来了，像惶恐不安，又从容不迫。

【解 义】

和地位低的人讲话，比较放松；和地位高的人讲话，比较恭敬，人之常情。君主地位更高，好像有些不安，姿态端正，但又从容不迫。

【原 文】

10.3 君召使摈[1]，色勃如也，足躩[2]如也。

揖所与立，左右手[3]。衣前后，襜[4]如也。

趋进，翼如也。

宾退，必复命曰："宾不顾矣。"

【注 释】

[1] 摈，音 bìn，接待外宾的官员。
[2] 躩，音 jué，脚步迟疑的样子①。
[3] 左右手：向左边的人作揖，左手在前；向右边的人作揖，右手在前。
[4] 襜，音 chān，整齐的样子。

【译 文】

君主让接待外国来宾，脸色立刻严肃起来，脚步稍加迟疑。

向同事打拱行礼，一会儿左手，一会儿右手。衣服前俯后仰，整整齐齐。

---

① 参见刘宝楠《论语正义》。

快速行进,好像鸟儿展翅。

来宾告退,一定向君主汇报:"来宾已经走了。"

【解 义】

这一节记载孔子在外交场合的行事姿态。

【原 文】

10.4 入公门,鞠躬[1]如也,如不容。

立不中门,行不履阈[2]。

过位,色勃如也,足躩如也,其言似不足者。

摄[3]齐[4]升堂,鞠躬如也,屏气似不息者。

出,降一等,逞颜色,怡怡如也。没阶,趋进[5],翼如也。复其位,踧踖如也。

【注 释】

[1] 鞠躬,即弯腰。鲁君的门高大,却像难以容身,这是极端的恭敬。
[2] 阈,门槛。
[3] 摄,提起。
[4] 齐,音 zī,下面衣服的缝。
[5] 趋进,唐陆德明认为,"趋"字下面本来没有"进"字。

【译文】

进入朝廷的门，低头弯腰，好像门不够高。

站立，不站门中间；行走，脚不踩门槛。

经过君主的位置，脸色立刻严肃起来，脚步也加快了，说话也好像底气不足。

提起衣服下摆上堂，低头弯腰，屏住气息好像没有呼吸。

出来，下一个台阶，脸色就放松了，怡然自得的样子。下完台阶，快步向前，好像鸟儿飞翔。回到原位，又像惶恐不安。

【解义】

这一节记载孔子在朝堂上的容貌姿态。

【原文】

10.5 执圭，鞠躬如也，如不胜。上如揖，下如授。勃如战色，足蹜蹜，如有循。

享礼，有容色。

私觌，愉愉如也。

【译文】

手持玉圭，低头弯腰，好像拿不动。举高如作揖，举低如给人物品。脸色严肃如同恐惧颤抖，举步谨慎，好像沿着直线。

献上礼物，脸色和悦。私下会见，脸色愉快。

【解 义】

这是代表君主访问别国的外交礼仪。玉圭，是使臣的凭证。

有人认为，这可能是孔子给学生们讲述的礼仪规范。孔子于鲁定公九年（前501年）在鲁国做官，鲁定公十三年（前497年）到齐国，这期间绝对没有出使的事，孔子也没有代表鲁国出使的经历。

礼仪的细节，历来注释不尽相同。这里的翻译也仅能择善而从。

【原 文】

10.6　君子不以绀[1]緅[2]饰。

红紫不以为亵服[3]。

当暑，袗絺绤，必表而出之。[4]

缁衣，羔裘；素衣，麑裘；黄衣，狐裘。[5]

亵裘长。短右袂。[6]

必有寝衣，长一身有半。[7]

狐貉[8]之厚以居。

去丧，无所不佩。[9]

非帷裳，必杀之。[10]

羔裘玄冠不以吊。[11]

吉月，必朝服而朝。[12]

【注释】

[1] 绀，音gàn，带紫的深蓝色。

[2] 緅，音zōu，黑红色。

[3] 亵服，便服。

[4] 袗，单衣。葛布，精的叫绨，粗的叫绤。表而出之，指先穿内衣，外面套上绨绤，为了不露出身体。

[5] 缁，黑色。羔裘，用黑羊皮做。麑，音ní，幼鹿，白色。狐，黄色。外衣是用来罩裘的，要让它们颜色相称。

[6] 长，为了保暖。短右袂，便于做事。

[7] 斋戒时应态度虔敬，不可脱衣睡觉，又不能穿外衣睡觉，所以另外有寝衣。多出的一半足以盖住脚。

[8] 狐貉，毛长厚保暖，平素在家穿着舒服。

[9] 上层男子如果没有特别原因，玉不离开身体。锥子、磨石之类，也是要佩戴的。

[10] 上朝和祭祀的衣服，下裳用正幅，好像帷帐。必须有折叠，旁边没有裁去的杀缝。其余像深衣之类，腰部裁去三分之一，下部是腰部的一倍，就没有折叠而有杀缝了。

[11] 古代丧服以素色为主，吉服以玄色（黑色）为主。吊丧

不能穿黑色。这一点，和欧洲多数国家正好相反。

[12] 吉月，指月的朔日。孔子在鲁国辞官以后这样做。

【译 文】

君子不用深蓝和黑红装饰丧服。

紫红色不用于便装。

夏天，单衣用细葛布或粗葛布，一定是套在外面。

黑罩衣，配黑羔皮；白罩衣，配白鹿皮；黄罩衣，配狐皮。

便装皮衣较长，但右边袖子要短。

必有睡衣，长有身高的一点五倍。

狐皮貉皮毛厚，所以平素在家穿。

服丧期满，一切都可以佩带。

不是上朝和祭祀的下裳，一定要有剪裁的杀缝。

黑羔皮衣和黑色帽子都不用于吊丧。

每月朔日，一定要穿上朝服上朝。

【解 义】

这一节，记孔子穿衣服的规矩。苏轼认为，这是孔家的遗书，杂记一般的礼仪，不单是孔子的事。

【原文】

10.7 齐，必有明衣，布。[1]

齐必变食，居必迁坐。[2]

【注释】

[1] 齐，音 zhāi，就是斋，必须沐浴。明衣，浴衣，用布做。

[2] 变食，改变饮食。指不饮酒，不吃荤。迁坐，从日常的住处迁出。

【译文】

斋，一定要有浴衣，用布做。

斋期必须改变饮食，迁出平素住处。

【解义】

这一节讲述祭祀前的守斋礼仪。

古代祭神之前要沐浴斋戒。斋的意思，就是齐，把日常杂乱的思想，统一整齐到虔诚敬神上来。重大祭祀，斋期一般为十天。其中散斋七日，致斋三日。唐代开始，改为散斋四日，致斋三日，共七日。守斋的日期，随着神祇级别的降低而减少。散斋期内，还可以处理政事，但不能有娱乐活动，也不能睡在家里、夫妻同居。致斋期间，必须停止祭祀以外的一切活动，往往还要统一居住。饮食也要变动，不能吃鱼肉等所谓荤腥。

祭神和战争,是古代国家的两件大事。所以中国古代,皇帝以下到各级主官,每年专门用于祭祀的斋期,总计往往在一两个月。一般民众也要分出相当一部分时间,用来祭祀祖宗和规定可以由他们祭祀的低级神祇。

孔子虔诚地相信鬼神,所以斋期也非常认真地遵守礼仪。

【原文】

10.8　食不厌精,脍不厌细。

食饐[1]而餲[2],鱼馁而肉败,不食。色恶,不食。臭恶,不食。失饪,不食。不时,不食。

割不正,不食。不得其酱,不食。

肉虽多,不使胜食气。惟酒无量,不及乱。

沽酒市脯,不食。

不撤姜食。

不多食。

祭于公,不宿肉。祭肉不出三日。出三日,不食之矣。

食不语,寝不言。

虽疏食菜羹,瓜[3]祭,必齐如也。

【注释】

［1］馇，音 yì，天气湿热使饭变坏。

［2］餲，音 ài，变味。

［3］唐陆德明说，"瓜"，《鲁论》作"必"。

【译文】

　　食品要求新鲜，鱼肉要求细切。

　　食品变质发臭，鱼肉腐烂，不吃。变色，不吃。变味，不吃。烹饪不当，不吃。不是时令，不吃。

　　切割不端正，不吃。酱不合适，不吃。

　　肉虽然多，食用不超过主食。只有酒不限量，但不喝醉。

　　买来的酒和干肉，不吃。

　　不去掉食品中调味的姜。

　　不吃多了。

　　参加君主的祭祀，不让分得的祭肉隔夜。祭肉不超过三天。超过三天，就不吃了。

　　吃饭时不交谈，睡觉时不说话。

　　即使粗饭淡菜，也一定要祭祀，一定要像致斋。

【解义】

　　这一节，记载孔子的饮食习惯。

　　"不是时令，不吃。"在古人眼里，时令，就是天道，是上天意志的基本表现。人只有按天道安排活动，才是正确的，才能达到目的，其中也包括吃饭。古人认为，如果吃了不合时令的食品，现在称为"反季节"蔬菜，就可能危害健康。汉代，曾有人用温室培养韭菜，因为不合时令，不仅皇帝不吃，这项技术也被禁止。

古人认真坚持的原则，今天看来就是犯傻。那是因为人类对世界的认识进步了。

孔子不吃买来的食品，不仅因为自家可以自给自足，也是因为古代的食品市场不发达，监管不可能到位。

古代礼仪，臣子要参加君主的祭祀活动。祭祀以后，用作祭品的肉，会分给参加者。

古人吃饭之前，一定要先祭祀祖宗。仪式十分简单，但也严肃认真。现在有些宗教信仰者也保持着饭前祈祷、感恩神祇的做法。说明中国古人的宗教虔诚和其他民族是一样的。

吃饭时不交谈，睡觉时不说话，今天仍然是良好的习惯。

【原文】

10.9　席不正，不坐。

乡人饮酒，杖者出，斯出矣。

乡人傩[1]，朝服而立于阼阶。

【注释】

[1]傩，音nuó。

【译文】

坐席摆放不端正，不坐。

乡亲们一起饮酒，拄拐杖的离开了，自己才离开。

乡亲们举行傩礼，自己穿朝服站在东西台阶上。

【解义】

这一节记载孔子和乡亲们交往时的几件事。

古代人们相见、聚会，就在地上铺条席子，坐在席上。今天还使用的"座席"这个词，根源就在这里。"主席"，就是聚会时坐在主位席子上的人。孔子和乡亲们聚会时，要求席子一定要摆放端正，如同今天的坐椅也必须摆放端正一样。这是孔子处处遵守礼仪的事例。

傩礼，中国古代一种驱除疫鬼的礼仪。

据《后汉书》，皇宫中举行傩礼时，由被称为"方相氏"的官员率领，用黄金做出四只眼睛，蒙上熊皮，穿黑上衣，红下裳，手执戈、盾，率领十二人，都身穿野兽毛衣，头戴兽角，手持火把。选一百二十名男童，全部黑衣红帽，每人一个拨浪鼓。数千士兵担任警卫。

仪式开始，方相氏和十二兽跳起驱除疫鬼的舞蹈，宦官领唱，男童和声。唱词的意思是：命令被称为伯奇、强梁的凶神，吃掉各种疫鬼。唱词最后有："节解你的肉，抽你的肺肠，你要跑得慢，就是我的粮。"最后由守卫的士兵们把火把丢进洛河里，就是把疫鬼赶走了。

傩礼举行时，皇帝和文武百官要在皇宫前殿观礼。各级官府也要画上专门驱鬼的神荼、郁垒二位神像，设置桃木、苇索等驱除疫鬼的工具，还要画上老虎、熊等被认为可以吃掉疫鬼的猛兽，共同参加仪式。

仪式结束，参加者都要得到一定的奖赏。

这种仪式来源古老，《周礼》中就有记载。孔子那时，地方上可能每年都会举行这样的仪式。这时候，孔子也认真地穿上朝服，站在自家的台阶上，认真参与。

【原　文】

10.10　问人于他邦，再拜而送之。

康子馈药，拜而受之。曰："丘未达，不敢尝。"

【译　文】

向别人打听别国友人的情况，要一再行礼送别客人。

季康子馈赠药物，孔子行礼后收下。说："我还不懂药性，所以不敢试尝。"

【解 义】

这一节,记述孔子和人交往的诚意。

【原 文】

10.11 厩焚。子退朝,曰:"伤人乎?"不问马。

【译 文】

马厩失火。孔子退朝回来。问:"伤人了吗?"不问是否伤马。

【解 义】

这段话说明,孔子把人的安全看得比财产重要。

【原 文】

10.12 君赐食,必正席先尝之。君赐腥,必熟而荐之。君赐生,必畜之。

侍食于君,君祭,先饭。

疾,君视之,东首,加朝服,拖绅。

君命召,不俟驾行矣。

【译文】

君主赏赐食物,一定要坐端正之后,先行品尝。君主赏赐生肉,一定要做熟以后进献祖宗。君主赏赐活畜,一定要饲养起来。

陪君主吃饭,君主祭祀时,自己就先吃。

有了病,君主来探视,要头朝东,把朝服盖在身上,拖开腰带。

君主召唤,不等驾好车,先走。

【解 义】

这讲的是孔子侍奉君主的礼仪。

【原 文】

10.13 入太庙,每事问。

【译 文】

孔子进入太庙,每件事都要发问。

【解 义】

和《八佾》篇第十五章重复。

【原 文】

10.14 朋友死,无所归。曰:"于我殡。"
朋友之馈,虽车马,非祭肉,不拜。

【译 文】

朋友死了,无人收殓安葬。孔子说:"我来负责殡葬。"
朋友的馈赠,即使是车马,但只要不是祭肉,也不拜谢。

【解 义】

安葬无人料理后事的朋友,是古人交友的一项义务,也是一种美德。

馈赠车马这样贵重的东西不拜谢,是因为朋友之间有互相帮助、财产共享的传统。对馈赠祭肉的拜谢,那是敬重朋友的祖先神。在古人,对鬼神的敬重总是超过对人的敬重。

这一节记孔子交友的情谊。

【原 文】

10.15 寝不尸,居不容。
见齐衰者,虽狎,必变。见冕者与瞽者,虽亵,必以貌。
凶服者,式之。式负版者。

有盛馔，必变色而作。
迅雷风烈，必变。

【译 文】

睡觉不像尸体一样平躺着，平素在家不特别修饰仪表。

看到穿齐衰的，即使老熟人，也一定变得严肃起来。看到戴冕的与盲人，即使私下会见，也要容貌庄重。

遇到送死人衣物的，要行扶轼礼。遇到运送国家档案地图的，也行扶轼礼。

见到菜肴丰盛，一定神情严肃，起立致谢。

疾雷狂风，一定脸色严肃改变姿态。

【解 义】

这一节，记载孔子改变容貌的几种情况。

扶轼礼：轼，也写作"式"，乘车前面的横木。扶轼，即手扶横木，身体微倾，表达敬意。

遇到疾雷狂风，一定脸色严肃、改变姿态，因为在古人看来，这是上天发怒的表现，所以要表示敬畏。《礼记·玉藻》篇说，如果有巨风、霹雳、暴雨，一定要改变常态。即使夜里，也一定起床，衣冠整齐地端坐。

【原 文】

10.16　升车，必正立执绥。

车中不内顾，不疾言，不亲指。

【译 文】

登车，一定要站端正，手握绥绳。

车内不回头看，不厉声说话，手不乱指画。

【解 义】

这一节，记孔子登车的容貌、姿态。

绥绳，手挽着它以登车的绳索。

【原 文】

10.17　色斯举矣，翔而后集。

曰："山梁雌雉，时哉！时哉！"子路共之。三嗅而作。

【译 文】

刚刚变了脸色，飞了一圈又飞了回来。

孔子说："山梁上的雌野鸡，好时候啊，好时候啊！"

子路把野鸡抓回来做熟了给孔子吃。孔子闻了三次，站起身来。

【解义】

传统的解释,说是孔子和子路一起,在山梁上碰到了一群野鸡。野鸡发现人的脸色不友好,一下飞了起来。在天上转了一圈,又落下来了。

孔子感叹野鸡碰上了好时节,但子路领会成赞扬野鸡是时令食品,于是抓来野鸡,做熟了让孔子吃。孔子也不好责备子路,闻了几闻,没吃,就站了起来。

宋代朱熹认为,这段文字一定有不少遗漏。所以意思不完整,不好理解。上面的理解有牵强附会的意思。

第十一篇 先 进

【解 题】

这一篇,主要是孔子对自己学生们的评论。其中认为颜回是最好的学生,并且表达了自己对那种自由自在、无忧无虑的生活的向往。那种自由自在、无忧无虑的生活是,暮春时节,带上十几个年轻人,穿着新做的春装,到河边洗洗手脚,再登上高台,沐浴春风,然后唱着歌儿回家。

这一篇记闵子骞言行的有四条,其中一条直接称呼闵子。宋代胡寅认为,可能是闵子骞的弟子们所记。

共二十四章。

【原 文】

11.1　子曰:"先进于礼乐,野人也;后进于礼乐,君子也。"

如用之,则吾从先进。

【译 文】

孔子说:"先进入礼乐的,现在都是在野的人啦;后进入礼乐的,现在都是在朝的君子啦。"

如果要应用的话,我赞同先进入礼乐的。

【解 义】

一种解释是:当时礼崩乐坏,那些掌握着国家最重要的礼乐制度的君子们所掌握的礼乐,已经不能让孔子满意。孔子赞同的是那些更早进入礼乐但现在被排斥出朝廷,而只能在野的前辈们。

进入礼乐,就是通过学习掌握了礼乐。

另一种解释是:这段话是说孔子的学生们。早期的学生们,就是先进入礼乐的人们;孔子认为他们学得比较扎实,但现在大多已经不在官位了。

对这段话的解释分歧较大,笔者认为第二种解释较为合理,因为后面谈论的,都是学生们的事。

【原　文】

11.2　子曰:"从我于陈、蔡者,皆不及门也。"

【译　文】

孔子说:"随从我去陈国、蔡国的学生们,现在都不在跟前了。"

【解　义】

孔子曾被困于陈国、蔡国之间,弟子中有许多跟随着他的,这时都不在跟前了。这些学生,曾经和孔子共患难,所以孔子思念他们。

【原　文】

11.3　德行:颜渊,闵子骞,冉伯牛,仲弓。言语:宰我,子贡。政事:冉有,季路。文学:子游,子夏。

【译　文】

德行优秀的有颜渊、闵子骞、冉伯牛、仲弓。言语优秀的有宰我、子贡。政事优秀的有冉有、季路。文学优秀的是子游、子夏。

【解 义】

弟子们根据孔子的话,记这十个人,并且把他们的特长,分为四科,也就是四种类型。当然,孔子最优秀的学生,并不只有这十个人。

【原 文】

11.4 子曰:"回也非助我者也,于吾言无所不说。"

【译 文】

孔子说:"颜回啊,不是对我有帮助的学生,对于我说的话他没有不喜欢的。"

【解 义】

学生们的特点各有不同。像子夏、子贡等,交谈中间,往往会对孔子有所启发,但颜回没有。颜回的特点是,凡是老师讲的,他都喜欢,并且认真地记在心里,落实于行动。有人认为,做老师的更喜欢这样的学生。

【原 文】

11.5 子曰:"孝哉闵子骞!人不间于其父母昆弟之言。"

【译 文】

孔子说:"闵子骞真是孝顺啊,人们从不怀疑他父母兄弟对他的称赞。"

【解 义】

父母兄弟的称赞,或许有护短的成分,所以不可全信。人们对闵子骞父母兄弟称赞他并不怀疑,说明他真的是非常孝顺。

【原 文】

11.6 南容三复"白圭",孔子以其兄之子妻之。

【译 文】

南容经常念诵"白圭"这首诗,孔子把自己哥哥的姑娘嫁给了他。

【解 义】

白圭，白玉制成的礼器。

《诗经·大雅·抑》："白圭之玷，尚可磨也。斯言之玷，不可为也。"意思是说：白圭上的瑕疵，还可以把它磨掉；说话有了错误，就无法挽回了。南容经常念诵这首诗，事见《孔子家语》，这是他深深体会到言语谨慎的必要。所以他在政治清明时被任用，在政治腐败时能够免祸，孔子就把自己的侄女嫁给了他。

【原 文】

11.7 季康子问："弟子孰为好学？"孔子对曰："有颜回者好学，不幸短命死矣！今也则亡。"

【译 文】

季康子问："学生们谁是学得最好的？"孔子回答说："有个叫颜回的，是学得最好的，可惜他生命短促死亡了。现在没有这样的学生了。"

【解 义】

参见第六篇《雍也》第三章。

【原文】

11.8 颜渊死,颜路请子之车以为之椁。

子曰:"才不才,亦各言其子也。鲤也死,有棺而无椁。吾不徒行以为之椁。以吾从大夫之后,不可徒行也。"

【译文】

颜回去世,颜路请求卖掉孔子的车为颜回买椁。

孔子说:"无论才高还是才低,都是自己的儿子啊。孔鲤死的时候,就是只有棺而没有椁。我不能徒步走路为颜回买椁。因为我还算个大夫,所以出行不能没有车啊!"

【解义】

颜路,颜渊的父亲,名无繇,比孔子小六岁,孔子早期的学生。椁,外棺。古人埋葬死者,有钱的人家,不仅有棺装殓尸体,棺的外面,还有一副棺,叫作椁。至于王侯帝王,那就更加复杂。

颜回是孔子最好的学生,但家里贫穷,颜路想厚葬儿子,就想让孔子卖掉车子为颜回买椁。孔子回答的意思是说,尽管我的儿子孔鲤不如你的儿子有才,但也是儿子。孔鲤死的时候,就没有椁。我怎么能把车子卖了给你的儿子买椁。因为我还算个大夫,按照礼仪,出行是不能没有车的。

孔鲤，孔子的儿子，字伯鱼。先于孔子而死。

这件事说明，孔子并不是不痛惜颜回的死亡，但更重要的，是坚持礼制的原则。

【原文】

11.9 颜渊死。子曰："噫！天丧予！天丧予！"

【译文】

颜回去世。孔子说："唉！上天要我灭亡的啊！上天要我灭亡的啊！"

【解义】

颜回是孔子最好的学生，比孔子年轻很多。如果长寿，会是孔子事业的最好传人。现在却先于孔子而死。孔子自己能够掌握文化，是上天的意志。自己的优秀品质，也是上天赋予的。但是自己却失去了最好的传承人，所以觉得这是上天不让他的道流传了。

【原文】

11.10 颜渊死，子哭之恸。从者曰："子恸矣。"曰："有恸乎？非夫人之为恸而谁为？"

【译文】

颜回去世,孔子哭得极其悲痛。随从的学生说:"先生过于悲痛了。"

孔子说:"我悲痛了吗?不为这个人悲痛为谁悲痛?"

【解义】

孔子吊唁颜回时,情不自禁,哭得十分悲痛,而自己尚未感觉。是感情真挚,也是痛惜之至。

中国有一首古曲,名称就是《孔子哭颜回》。

【原文】

11.11 颜渊死,门人欲厚葬之。子曰:"不可。"门人厚葬之。

子曰:"回也视予犹父也,予不得视犹子也。非我也,夫二三子也。"

【译文】

颜回去世,学生们想厚葬颜回。孔子说:"不可以的。"学生们还是厚葬了颜回。

孔子说:"颜回把我当作父亲,我却不能把他当作儿子啊。不是我不愿意,是这些学生们不让啊。"

【解义】

《礼记·檀弓》记载，孔子主张丧事应该实事求是："称家之有亡。"也就是说，丧事要根据家庭实际经济状况而办。颜家本来贫穷，却要厚葬。这不仅不合礼制，也会影响在世者的生活。中国民间流传的格言"穷人不可厚葬"，当是由此而来的。

然而汉代独尊儒术，许多人却对孔子这个主张置若罔闻。不少人因厚葬常常弄得倾家荡产。人们总是根据当前的利益关系选择继承以往的哪种传统，古来如此。当然，孔子的话，连他的学生们都不听，何况后人！而后人所谓继承孔子的，也只是继承他们愿意继承的部分罢了。

【原文】

11.12　季路问事鬼神。子曰："未能事人，焉能事鬼？"敢问死。曰："未知生，焉知死？"

【译文】

子路问如何侍奉鬼神。孔子说："尚未把人侍奉好，怎能侍奉鬼神？"

"那么请问死人的情况。"孔子说："尚未弄清活人的情况，怎能弄清死人的情况！"

【解义】

《礼记·中庸》:"事死如事生,事亡如事存,孝之至也。"也就是说,侍奉死去的亲人,要像侍奉活着的亲人一样,这是孝道的最高表现,也是儒家的一贯主张。孔子对子路的回答,也是要子路先把如何侍奉活人的事弄明白,也就明白了如何侍奉鬼神;把活人的事弄明白,也就明白了死者的事。反过来说,不知道如何侍奉活人,也就不知道如何侍奉鬼神;活人的事弄不明白,死者的事也就弄不明白。因为人们的鬼神观念,不过是从活人而来的。

那么,弄清了活人的问题,是否就能明白死者的问题?弄清了如何侍奉活人,是否就能够明白如何侍奉鬼神?也不一定。孔子的意思也只是说明,生和死是一个道理,侍奉死者和侍奉生者也是一样的道理。所以,要明白如何侍奉鬼神,必须先把侍奉活人的事弄明白。

鬼神的情况和活人的情况是一个道理,这是儒家基本的宗教观念,也是孔子如此回答子路的理论基础。《西游记》中的天宫,大体上就是人间皇宫的投影;古希腊、古罗马神话中的神祇们的世界,也是当时古希腊、古罗马现实世界的投影。当然,投影和实际总有某些不同,也就是必有一些歪曲,只是歪曲的程度不同而已。但是,要弄明白鬼神的事情,必须到活人的世界里去寻找,则是古今中外都一样的道理。

【原文】

11.13　闵子侍侧，訚訚如也；子路，行[1]行如也；冉有、子贡，侃侃如也。子乐。

"若由也，不得其死然。"[2]

【注释】

[1] 行，音háng。

[2] 南宋初年儒者洪兴祖①说，《汉书》引用孔子的话，"若由也"前面有"曰"字。然而在今版《汉书》中查不到。有人认为，"子乐"的"乐"，就是"曰"字的误写。有道理。话里都是担忧，如何会乐？

【译文】

闵子骞站在孔子身边，恭敬而严肃；子路站在孔子身边，雄赳赳气昂昂；冉有、子贡站在孔子身边，温和而从容。孔子很高兴，（但又担忧地）说："像仲由这样，很可能会死于非命啊！"

【解义】

"死于非命"，指不正常的死亡。子路性格过于刚强，所

---

① 洪兴祖：字庆善，著有《论语说》。

以孔子有这样的担忧，后来他果然在卫国的动乱中被人杀死。

在一个政治黑暗、社会动荡的年代，性格过于刚强的人，往往难以活到自然死亡。

【原 文】

11.14 鲁人为长府。

闵子骞曰："仍旧贯，如之何？何必改作？"

子曰："夫人不言，言必有中[1]。"

【注 释】

[1] 中，音 zhòng。

【译 文】

鲁国要改建他们的仓库。

闵子骞说："保持老样子，不也很好吗？何必改建！"

孔子说："人家不轻易说话，说出来就是对的。"

【解 义】

宋代王安石①认为，改建劳民伤财。如果不是不得已，就不如保持老样子为好。

---

① 王安石：字介甫，北宋政治家、思想家，著有《论语通》。

【原 文】

11.15 子曰:"由之瑟,奚为于丘之门?"

门人不敬子路。子曰:"由也升堂矣,未入于室也。"

【译 文】

孔子说:"仲由鼓瑟,何必要在我孔丘的家里。"

学生们瞧不起子路。孔子说:"仲由啊,已经升堂,只是尚未入室而已。"

【解 义】

瑟,古代和琴类似的乐器。鼓瑟,即弹奏瑟。《孔子家语》记载,子路鼓瑟,有北部边境厮杀战斗的声调,所以孔子不喜欢这样的音乐。

琴声能表现弹奏者的性格,在古代文献里多有记载。《红楼梦》中,妙玉听黛玉的琴声觉得黛玉命不久长,也是一例。笔者初中时听一位老师用钢丝弦把二胡拉得像板胡一样高亢响亮,哇哇作声。几年后,这位老师就因事自杀了。大概也是性格太刚强的缘故。

升堂、入室,比喻学业已经相当好了,但尚未达到最好。因为孔子批评子路,学生们对子路就有些不大尊重,所以孔子讲了这些肯定子路的话。

子路仅比孔子小九岁，年龄仅次于颜回的父亲颜路，是孔子学生中年龄较大的，一般应得到小同学们的尊重。

【原　文】

11.16　子贡问："师与商也孰贤？"子曰："师也过，商也不及。"

曰："然则师愈与？"

子曰："过犹不及。"

【译　文】

子贡问："颛孙师和卜商谁更好些？"孔子说："颛孙师有些过分，卜商有些达不到。"问："那么是不是颛孙师好一些？"孔子说："过分和达不到是一样的。"

【解　义】

颛孙师子张和卜商子夏都是孔子年龄较小的学生。子张小孔子48岁，子夏小孔子44岁。子贡大子张17岁，大子夏13岁，是他们俩的师兄。古代老师教学，往往是大的学生带小的学生，所以子贡有这样的发问。

子张才高心大，好故意去做那些难办的事，常常超过孔子的要求。子夏诚实谨慎，但规模狭隘，常常达不到孔子的要求。孔子认为，从达不到要求这一点上说，二人的缺点一样是不好的，因为都有可能对事情造成损害。

古人把恰好的状态称为"中"。超过和达不到，对于偏离"中"来说，是一样的。

【原文】

11.17 季氏富于周公，而求也为之聚敛而附益之。子曰："非吾徒也。小子鸣鼓而攻之，可也！"

【译文】

季氏比周公还富有，但冉求仍然帮助他家聚敛来增加财富。

孔子说："他不是我的学生。你们可以鸣鼓而攻之。"

【解义】

周公，就是姬旦，周武王的弟弟，周成王的叔叔。他曾帮助武王夺取了商朝的政权。武王去世，他辅佐年幼的周成王巩固了政权。论功劳，他是周朝所有功臣中功劳最大的；论职位，他是王室的宰相，地位仅次于周王，所谓一人之下，万人之上。他的富有，是应该的。季氏不过是诸侯的卿，一个大夫，富有却超过周公。假若不是强抢君主的，就是搜刮百姓的。冉有作为季氏的家臣，又替他增加赋税以增加他的财富，是不应该的。所以孔子让学生们可以"鸣鼓而攻之"，即敲着鼓去声讨他。

【原文】

11.18 柴也愚，参也鲁，师也辟[1]，由也喭[2]。

子曰："回也其庶乎！屡空。赐不受命，而货殖焉，亿则屡中[3]。"

【注释】

[1] 辟，音 pì，精明。
[2] 喭，音 yàn，粗俗。
[3] 中，音 zhòng。

【译文】

高柴太忠厚，曾参有点迟钝，颛孙师太精明，仲由有点粗鲁。

孔子说："颜回啊，差不多就算是学成了；常常穷得一无所有。端木赐不安于命运，去经营生意，判断常常是正确的。"

【解义】

这是孔子对几个学生的评价。关于高柴，《孔子家语》记载说，他脚不踩别人的影子，从惊蛰这天开始就不杀生，正在长的树木不攀折。料理双亲的丧事，三年里头常常哭出血来，不曾开口笑过。即使为避难而行路，也不走小道，不钻墙洞。显得多少有点傻，所以孔子说他太忠厚。曾参不太聪明，好像有点迟钝。这样的学生，不理解则已，理解了，往往能深刻体会，并牢记不忘。颛孙师，也就是子张，过于聪明，常常做些文过饰非甚至越规的事。子路刚强有余，有时显得粗鲁。

只有颜回，学得最好，所以孔子称赞他学得差不多了，可惜他家境不好，常常穷得一无所有。

端木赐子贡，不像颜回那样安于命运。他经营商业，判断常常准确，所以非常富有。一般认为，春秋时代，靠经商致富的，第一是越国的范蠡，第二就是孔子弟子子贡。《史记·货殖列传》说，子贡经商发了大财，常常车马成串，带着许多财物去会见各国诸侯，和这些诸侯分庭抗礼，平起平坐。孔子能够名扬天下，就是子贡到处宣传的结果。

高柴，字子羔。

【原　文】

11.19　子张问善人之道。子曰："不践迹，亦不入于室。"

子曰："论笃是与，君子者乎？色庄者乎？"

【译文】

子张问善人是什么样子？孔子说："不模仿别人的样子，也不能达到最高的境界。"

孔子说："言论诚恳踏实就可加以赞扬，至于他是君子呢，还是装样子的？（不必管他）"

【解义】

善人，就是好人。子张问怎样做才是一个好人。孔子的回答是，不要模仿前人的样子，因为好人各有各的好法。不过自古以来，总是有人把外表模仿作为学好的方法，所以孔子这样告诫子张。

孔子以后不久，就有了东施效颦的故事，可算是对孔子教导的注解。

第二段话的意思，可以作为第一段话的延伸。对一个人，只要他说的话是诚恳的、踏实的，就值得赞扬。至于他真是个君子，还只是表面上诚恳，可以不必管它，也无法判断。后来有"不因人废言"的格言，当与孔子这里的思想有关。也就是说，不论他人怎么样，只要话是对的，都可以赞同。实际上也是，坏人讲的未必都是坏话，好人讲的未必都是好话。

【原 文】

11.20　子路问:"闻斯行诸?"子曰:"有父兄在,如之何其闻斯行之!"

冉有问:"闻斯行诸?"子曰:"闻斯行之。"

公西华曰:"由也问闻斯行诸,子曰'有父兄在';求也问闻斯行诸,子曰'闻斯行之'。赤也惑,敢问。"子曰:"求也退,故进之。由也兼人,故退之。"

【译 文】

子路问:"听到了就行动吗?"孔子说:"父母兄长健在,怎么可以听到了就行动!"

冉有问:"听到了就行动吗?"孔子说:"听到了就要立即行动。"

公西华说:"仲由问'听到了就行动吗',先生您说'父母兄长健在';冉求问'听到了就行动吗',先生您说'听到了就要立即行动'。公西赤我有点纳闷,请问老师是什么意思?"

孔子说:"冉求办事迟疑,所以鼓励他前进;仲由总想胜过别人,所以拦他一下。"

【解 义】

"听到了",是听到了应该仗义勇为的事。这样的事,往往有冒险的成分。古代许多侠客义士虽然可以急人危难,但也不轻易答应别人。因为他有家庭的责任和义务,往往需要请示父母兄长。孔子也用这个理由拦阻子路。冉求有点胆小怕事,所以孔子鼓励他。这是孔子因材施教的一个典型例子。

【原 文】

11.21 子畏于匡,颜渊后。子曰:"吾以女为死矣。"曰:"子在,回何敢死?"

【译 文】

孔子在匡地遭遇危险,颜渊晚到。孔子说:"我以为你死了呢。"颜回说:"先生在,我怎么敢去拼命。"

【解 义】

孔子在匡地遭遇危险的事,见《子罕》篇第九章。颜回晚到,孔子以为他被匡人害了。颜回的回答,和上文孔子拦阻子路的意思一样。也是说老师尚在,我不会冒险和他们拼命,所以不会死的。

【原 文】

11.22 季子然问:"仲由、冉求可谓大臣与?"

子曰："吾以子为异之问，曾由与求之问！所谓大臣者，以道事君，不可则止。今由与求也，可谓具臣矣。"

曰："然则从之者与？"子曰："弑父与君，亦不从也。"

【译 文】

季子然问："仲由、冉求可以算是大臣吗？"

孔子说："我认为您要问别的人，没想到是问仲由和冉求！所说的大臣，是用正道侍奉君主，君主不听就不再侍奉。现在这个仲由和冉求啊，不过是充数的臣子罢了。"

问："那么他们听话吗？"

孔子说："弑杀父亲和君主的事，他们也是不会听的。"

【解 义】

季子然，是季氏家族的人。他家得到了子路和冉求这两位人物做家臣，自认为很了不起，所以向孔子发问。孔子的回答，是说他两个够不上大臣的品质，但做臣子的底线，还是不会越过的，其中也有警告季氏不要逾越底线的意思。

【原 文】

11.23　子路使子羔为费宰。子曰："贼夫人之子。"

子路曰："有民人焉，有社稷焉。何必读书，然后为学？"

子曰："是故恶夫佞者。"

【译文】

子路让子羔做费地的主官。孔子说："这是害人家的孩子。"

子路说："有民众，有社稷，何必读书才算是学习。"

孔子说："所以我讨厌那强词夺理的。"

【解义】

子路做了季氏的家臣，就推荐高柴做费地的主官。费地是季氏的领地。孔子觉得高柴学业还不够成熟就从政治民，可能会有失误，所以说是害了人家孩子。高柴比孔子小30岁，比子路也小21岁。

子路知道孔子的理由是对的，所以借口可以在从政实践中学习来反驳孔子。孔子则斥责他是强词夺理。

所谓"有民众，在社稷"，这说的是古代政治的两个方面：一方面是治理民众，另一方面是侍奉神祇。社稷神是国家的保护神，也是各个地方的保护神。每年两次祭祀社稷神，是从君主到地方主官的基本事务。秦汉以后，随着分封制的废除和郡县制的推行，国家和各地在社稷神之外，又增加了城隍神，作为必祭的神祇。

【原 文】

11.24 子路、曾晳、冉有、公西华侍坐。

子曰:"以吾一日长乎尔,毋吾以也。

居则曰:'不吾知也!'如或知尔,则何以哉?"

子路率尔而对曰:"千乘之国,摄乎大国之间,加之以师旅,因之以饥馑;由也为之,比及三年,可使有勇,且知方也。"夫子哂[1]之。

"求!尔何如?"对曰:"方六七十,如五六十,求也为之,比及三年,可使足民。如其礼乐,以俟君子。"

"赤!尔何如?"对曰:"非曰能之,愿学焉。宗庙之事,如会同,端章甫,愿为小相焉。"[2]

"点!尔何如?"鼓瑟希,铿[3]尔,舍[4]瑟而作,对曰:"异乎三子者之撰[5]。"子曰:"何伤乎?亦各言其志也。"曰:"莫[6]春者,春服既成。冠[7]者五六人,童子六七人,浴乎沂[8],风乎舞雩[9],咏而归。"夫子喟然叹曰:"吾与点也!"

三子者出,曾晳后。曾晳曰:"夫三子者之言何如?"子曰:"亦各言其志也已矣。"

曰:"夫子何哂由也?"

曰:"为国以礼,其言不让,是故哂之。"

"惟求则非邦也与?""安见方六七十如五六十而非

邦也者？"

"惟赤则非邦也与？""宗庙会同，非诸侯而何？赤也为之小，孰能为之大？"

【注释】

[1] 哂，微笑。
[2] 宗庙之事，指祭祀。会同，诸侯们会见。端，即玄端，一种礼服。章甫，礼帽。相，君主行礼时的赞礼者，司仪。君主祭祀宗庙或者诸侯们会见时担任司仪，是当时国家的重要职务。
[3] 铿，音 kēng。
[4] 舍，音 shě。
[5] 撰，音 zhuàn。
[6] 莫，音 mù（暮）。
[7] 冠，音 guàn。
[8] 沂，音 yí。沂水，河边据说有温泉。
[9] 雩，音 yú。舞雩，祭天祈雨的地方，有祭祀的坛场和树木。

【译文】

子路、曾皙、冉有、公西华陪老师坐着。

孔子说："因为我比你们大几岁，你们不要有什么顾虑。平常你们总说别人不理解你们，如果有人理解你们，你们会怎么做?"

子路轻率地回答道:"一个千乘大国,夹在其他大国之间,加上外部的军事压力,内部连年的饥荒。假如我来治理,用上三年,就可以使国家强大并且懂得规矩。"夫子微笑了一下。

"冉求,你怎么样?"回答说:"长宽六七十里的小国,或者五六十里更小的国家,冉求我来治理它,用上三年,可使民众富足。至于礼乐教化,要等待君子。"

"公西赤,你怎么样?"回答说:"不敢说能做,只是愿意学习。宗庙祭祀之类,或者会盟之事,穿着礼服,戴着礼帽,我愿做个小赞礼的。"

"曾点,你怎么样?"鼓瑟的声音稀疏下来,(曾点)铿然一声丢下琴瑟站了起来,回答道:"我和他们三位想法不一样。"夫子说:"有什么关系呢,不过是各自说说个人的志向吧。"(曾点)说:"暮春时节,春服穿上了,青年五六个,童子六七个,在沂水里洗个澡,在祈雨的舞台上吹吹风,唱着歌回家。"夫子喟然叹息道:"我赞同曾点啊!"

三人出去了,曾皙留在后头。曾皙说:"他们三位的想法怎么样?"夫子说:"也就是各自说说个人的志向罢了。"问:"夫子为什么哂笑子路呢?"回答说:"治理国家要靠礼仪。他说话不谦让,所以哂笑他。"

"那么冉求说的不是治国的事吗?""怎么能说长宽六七十里,或者五六十里,不是一个国家呢!"

"那么公西赤说的不是治国的事吗?""宗庙祭祀,会同之类,不是诸侯是什么?公西赤说他愿做一个小赞礼,还有谁能做大的!"

【解 义】

这里集中地记载了孔了和几个学生的志向。子路主要在军事,冉求主要在政治,公西赤主要在礼仪。这在当时,都是重要的国家事务。这几位都是诸侯国的将相之才,孔子培养学生的目的和基本出路就是让学生成为将相之才。

曾点的志向,是做一个潇洒自在的自由人。孔子说他赞成曾点,恐怕不是心里话,否则他就不会去周游列国寻求任用。也可能是他周游列国之后,看到已经没有被任用的希望,才有如此想法。宋代儒者程颢、程颐,和他们的后学朱熹,特别推崇孔子这段话,认为这段话是"尧舜气象",是儒者思想的最高境界。这种境界也被称为"吾与点也",即"我赞同曾点"的境界。然而未必符合孔子本意。程朱他们的后学中,有许多人把不从事具体国家事务作为理想,因而也不注意培养自己的政治军事才能,以致在国家面临危难时束手无策,应当与他们提倡所谓"吾与点也"有关。

从曾点的志向中可以看出,当时各诸侯国应该都有祈求雨水的正式祭坛。而祈求雨水也是当时宗教活动的基本内容。

曾晳,孔子的学生,姓曾,名蒇,一般写作点,字晳。曾参的父亲。

第十二篇 颜　渊

【解　题】

　　本篇较多地论述了仁德的各种表现。其中最著名的就是认为"克己复礼为仁",即约束自己使行为回归礼制就是仁,以及仁是"爱人"(参见"仁"条)。这一篇,还记录了孔子对齐景公讲述的如何治国的原则。

　　共二十四章。

【原　文】

　　12.1　颜渊问仁。子曰:"克己复礼为仁。一日克己复礼,天下归仁焉。为仁由己,而由人乎哉?"

　　颜渊曰:"请问其目。"子曰:"非礼勿视,非礼勿听，非礼勿言，非礼勿动。"颜渊曰："回虽不敏，请事斯语矣。"

【译 文】

颜渊问什么是仁德。孔子说："约束自己回归礼制就是仁德。一旦能约束自己回归礼制，普天下都会向仁德靠拢。追求仁德靠的是自己，能靠别人吗？"

颜渊说："请问具体内容。"孔子说："不合礼的事不看，不合礼的事不听，不合礼的话不说，不合礼的事不做。"颜渊说："颜回我虽然不机敏，还是要照这些话去做。"

【解 义】

约束自己回归礼制就是仁德，是孔子给仁德的唯一定义。仁德是一种同情的爱，但不是无差别的、一视同仁的爱，而是一种符合礼制规范的爱。不符合礼制规范的同情、爱，都不是孔子所说的仁爱。这一条是理解仁爱的关键和钥匙。

礼制的基本精神是区别，即区别亲疏、长幼、尊卑、贵贱。符合礼制的爱，也就是遵守这种区别的爱。儒者把这种爱的基本特点归结为"有差等"的爱。比如依亲疏远近，一个人应该把自己的爱分配为若干等级。第一等是父母，其次是妻子、儿女。没有血缘关系的人，处在最外层的边缘。如果不是这样的爱，就不是仁爱，而是另一种爱。

在孔子看来，礼仪制度是最有效的治国手段；遵守礼仪制度，也是最重要的政治原则。而仁德，则是做人的最重要的道德原则。把回归礼制作为仁德的核心内容，说明道德和政治的基本关系，那就是只有符合政治原则的行为，才被认为是道德的。符合最高的政治原则，也是最好的道德行为。反之，违背政治原则的行为，就不会被认为是道德行为。政治原则体现的是国家的整体利益，因此，符合政治原则，也就符合国家的总体利益。

一个国家是这样，任何一个人类群体都是这样，也都有自己的道德标准。只有符合自己群体的行事规则，也就是符合本群体的总体利益的行为，才会被认为是道德的。

"一旦能约束自己回归礼制，普天下都会向仁德靠拢。"不少人都认为是指君主而言，有一定道理。

【原 文】

12.2 仲弓问仁。子曰："出门如见大宾，使民如承大祭。己所不欲，勿施于人。在邦无怨，在家无怨。"仲弓曰："雍虽不敏，请事斯语矣。"

【译 文】

仲弓问什么是仁。孔子说："出了家门就好像要会见贵宾，役使民众好像承办重大祭典。己所不欲，勿施于人。在国，没有人怨恨你；在家，也没有人怨恨你。"

仲弓说:"冉雍我虽然不机敏,还是要照这些话去做。"

【解义】

冉雍是被认为可以做诸侯国君主的人才。孔子教导他如何管理一个国家,那就是严肃认真,小心谨慎;自己不喜欢的事,不要强加到别人身上。这样,上上下下、里里外外就都不会有人怨恨你。这就实现了仁德。

上一章讲的是仁德的内容,就是按礼制行事。这一章讲的是实行仁德的态度,那就是严肃认真,自己不喜欢的事,也不让别人去做。

那么,自己喜欢的事,是否就可以让别人去做?孔子没有说。而在现实生活中,自己喜欢做的,就认为别人也喜欢,因而强加于人的事,也常常发生。这种强加于人的行为,也是不好的。

不过这里说的,也都是平常情况下人与人的交往。如果一个国家,在特殊情况下,不管人们是否愿意,该怎么做就要怎么做。所以一切道德原则也都是具体条件下的原则。把某些原则提升出来,说成是什么适用于任何情况的"金律",不过是诱人的骗局而已。

【原文】

12.3 司马牛问仁。

子曰:"仁者,其言也讱。"

曰："其言也讱，斯谓之仁已乎？"子曰："为之难，言之得无讱乎？"

【译　文】

司马牛问什么是仁。孔子说："仁德的人，说话迟钝。"

又问："说话迟钝，就叫以称为仁德了吗？"孔子说："追求起来很难，说起来能不迟钝吗！"

【解　义】

据《史记·仲尼弟子列传》，司马牛话多，脾气急躁，所以孔子这样教导他。这也是仁德的人在语言方面的表现。一个多嘴多舌的人，确实不可能是仁德之人。

【原　文】

12.4　司马牛问君子。子曰："君子不忧不惧。"

曰："不忧不惧，斯谓之君子已乎？"子曰："内省不疚，夫何忧何惧？"

【译　文】

司马牛问什么是君子。孔子说："君子不忧虑，也不恐惧。"

又问："不忧虑，不恐惧，就可以算是君子了吗？"孔子说:"问心无愧,还有什么忧虑,什么恐惧!"

【解义】

司马牛,孔子的学生,复姓司马,名耕,字子牛。

司马牛大约觉得自己达不到仁德的标准,所以想做个君子。孔子这样教导他,是因为他的哥哥向魋(也就是桓魋)在宋国作乱,他为这件事愁眉不展。孔子认为,只要自己问心无愧,就不必忧虑和恐惧。

一个人,如果问心无愧,是可以做到不忧虑也不恐惧的,至少是可以不必忧虑那些不该忧虑、不必害怕那些不该恐惧的事。

【原文】

12.5 司马牛忧曰:"人皆有兄弟,我独亡。"

子夏曰:"商闻之矣:'死生有命,富贵在天。'君子敬而无失,与人恭而有礼,四海之内皆兄弟也。君子何患乎无兄弟也?"

【译文】

司马牛忧虑地说:"人家都有兄弟,就我没有。"

子夏说:"我听说啊,'死生有命,富贵在天'。君子尊重天命而不要忘记,对人恭敬而有礼貌。那么四海之内皆兄弟,君子何必忧虑没有兄弟呢!"

【解 义】

桓氏是宋国的大家族,兄弟五人都有自己的领地。桓魋和宋景公发生冲突,都想杀掉对方。桓魋失败,逃到了曹国。其他兄弟也都全部外逃。司马牛把自己的领地送给别人,逃到齐国。后来桓魋也到了齐国,他不愿和这个哥哥在一起,就又把齐国的领地给了别人,逃到吴国。吴国不接纳,司马牛最后死在了鲁国的城门之外。

"死生有命,富贵在天。"也就是说,生死决定于天命,富贵决定于上天。这是古代人的普遍信仰,也是孔子及其弟子们的普遍信仰。司马牛本人是个好人,但受哥哥牵连,不断逃亡,最后死在异国他乡,这大约就是"死生有命,富贵在天"的注释吧。

"四海之内,皆兄弟也",是子夏宽慰司马牛的话。宋代儒者胡寅认为,这话的好意可以理解,但有缺点。如果是孔子,就不会这么说。也就是说,四海之内,不可能都是兄弟的。这话一直流传到现在,成了一些人和别人套近乎的口头禅。确实,孔子的话里没有这种带有很大缺陷的话。

【原 文】

12.6 子张问明。子曰:"浸润之谮[1],肤受之诉,不行焉，可谓明也已矣。浸润之谮，肤受之诉，不行焉，可谓远也已矣。"

【注释】

[1] 谮，音 zèn。

【译文】

子张问怎样才是明白人。孔子说："点点滴滴、日积月累，像水浸润一样的谗言；紧急迫切、事关切身利害的诉说，都行不通，可以算是一个明白人了。点点滴滴、日积月累，像水浸润一样的谗言，紧急迫切、事关切身利害的诉说，都行不通，可算是一个有远见的人了。"

【解义】

明白人、有远见的人，当然不仅表现在这两件事上。但如果在这样两件事上能够淡定不动，确实是明白人的作为，也是一般人所不易做到的。这种明辨是非、洞察本质的能力，在书本上是学不到的。它不仅需要长期实践中的体会磨炼，更需要一个公正无私的信念。

【原文】

12.7　子贡问政。子曰："足食，足兵，民信之矣。"

子贡曰："必不得已而去，于斯三者何先？"曰："去兵。"

子贡曰："必不得已而去，于斯二者何先？"曰："去食。自古皆有死，民无信不立。"

【译文】

子贡请教国家政治。孔子说："粮食充足，武器充足，民众信任。"

子贡说："假如不得已去掉一项，这三项之中先去哪个？"孔子回答："去掉武器装备。"

子贡又说："假如不得已还要去掉一项，这两项中先去哪个？"孔子回答："去掉粮食储备。从古以来人人都免不了死亡，失去了民众的信任，国家可就完了。"

【解义】

不得已撤掉军备，可以把有限的资源用于民众的生活，国家就未必灭亡。如遇灾荒，不得已，就撤掉国家的粮食储备，分给民众。这时如果遭受侵略，君主可能死亡，但民众的信任还在，国家就有复兴的希望。

当时在诸侯国的战争中，应当有不少军备薄弱、遭受粮荒却仍能存在下去的国家，也有被灭以后又被复国的事例。但如果这个国家的君主失去了民众的信任，即使军备强盛、粮食充足，却仍然避免不了灭亡。

孔子在这里强调民众的信任比强大的军备和充足的粮食储备都要重要，是正确的。迄今为止，情况也是这样。一个弱小民族，只要上下一心，民族就有希望。另一面，那些军备强盛、粮食充足的大国、强国，却不断地解体、灭亡的事例，也是对孔子这话的注释。

【原 文】

12.8 棘子成曰："君子质而已矣，何以文为？"

子贡曰："惜乎！夫子之说，君子也。驷不及舌。文犹质也，质犹文也。虎豹之鞟犹犬羊之鞟[1]。"

【注 释】

[1] 鞟，音 kuò，去了毛的皮。

【译 文】

棘子成说："君子质朴就可以了，何必注重仪表！"

子贡说："遗憾啊，先生这些话，是君子的话啊。驷马难追。仪表和质朴一样重要，质朴和仪表一样重要。（要知道，去掉了毛）虎豹的皮革和犬羊的皮革就分不清了。"

【解 义】

传统的解释说，棘子成是卫国的大夫，这是他不满于

"周末文胜",即不满周朝末年人们过分注重表面的文饰行为而发的议论。君子们过分注重仪表,也是所谓"文胜"之一。子贡肯定棘子成的用心是好的,但认为他的话有缺点。因为如果去掉了毛,虎豹的皮和犬羊的皮就分不清了。意思是说,去掉了文饰和仪表,君子和小人也就分不清了。

这里涉及哲学上的内容和形式问题。内容固然是重要的,但内容要表现出来,也必有一定的形式。形式的质量也会影响内容的表达。完全否定形式的作用是不正确的。

也有人说,子贡认为内容和形式同等重要,也有缺点。

在现实生活中,因为反对某种倾向因而强调另外一面以致出错的事,是经常发生的。特别是年轻人,不善于全面考虑问题,更是要特别注意。在孔子的言论中,不仅没有棘子成的过激言论,也没有子贡的缺点。这是我们应该向之学习的。

【原 文】

12.9 哀公问于有若曰:"年饥,用不足,如之何?"

有若对曰:"盍彻[1]乎?"

曰:"二,吾犹不足,如之何其彻也?"

对曰:"百姓足,君孰与不足?百姓不足,君孰与足?"

【注释】

[1] 彻，即通、平均。周朝制度，一个农夫分田百亩，与共同使用水井和灌溉渠道的别人通力合作，按亩数计算收成和进行分配，大概是民家得九成，国家得一成，所以叫彻。鲁国从宣公开始按亩收税，又每亩收取十分之一，这就是十分取二了，所以有若请只实行彻法，是要鲁哀公节约用度以厚待百姓。

【译文】

鲁哀公咨询有若："今年灾荒，用度不足，怎么办？"

有若回答说："为什么不用十分之一的税率呢？"

哀公说："十分之二我还不够用，怎么能够只收十分之一呢？"

有若回答说："百姓充足了，君主您怎么能够不足？百姓不足，君主您又如何能够充足呢？"

【解义】

古代由于生产力低下，自然灾害是国家政治中的一个重要问题。正常的年份能够不饿死人，就是国家的幸运。如果有了水旱风虫等自然灾害，饿死人多，民众聚集造反，甚至推翻君主的事，常常发生。所以君主如果能节约用度，减轻税收，平素就是所谓仁政，灾荒年更应如此。灾荒了，鲁哀公还不愿减轻税收，足以说明这个君主不是个好的君主。

有若劝他减少税收，是好的建议。但说百姓不足，君主也不会充足，不过是劝说罢了。因为百姓不足时，君主加重税收，照样可以充足。

【原　文】

12.10　子张问崇德、辨惑。子曰："主忠信，徙义，崇德也。爱之欲其生，恶之欲其死。既欲其生，又欲其死，是惑也。'诚不以富，亦祇以异。'"

【译　文】

子张请教提高德行、辨别迷惑。

孔子说："以忠诚、信誉为主，向正义看齐，就是提高德行。喜欢起来想让他活着，不喜欢时就想让他死去。既想要他生，又想要他死，这就是迷惑。'确实不能致富，只能显示不同。'"

【解　义】

在德行中把忠诚、信誉放在最重要的位置，当是针对子张而言的。一个人喜怒无常；喜欢起来想让人活，不喜欢时又想让人死，确实是糊涂到家了。

"诚不以富，亦祇以异"是《诗经·小雅·我行其野》的诗句。过去的解释是：夫子引用这段话以说明想让谁生死的，是不能让人生或死的。就像诗里所说的，不足以致富反倒足以出丑。宋代儒者程颐说，这是"错简"，即写字的竹简放错了地方。应该在第十六篇《季氏》第十二章"齐景公有马千驷"之下，因那一章下面接着就是'齐景公'三个字而放错了。

程颐的话是有道理的。因为那一章里把齐景公和伯夷、叔齐相比较，他们的差别确实太大。

【原　文】

12.11　齐景公问政于孔子。

孔子对曰："君君，臣臣，父父，子子。"

公曰："善哉！信如君不君，臣不臣，父不父，子不子，虽有粟，吾得而食诸？"

【译　文】

齐景公就如何治理国家向孔子咨询。

孔子回答说："君君，臣臣，父父，子子。"

齐景公高兴地说："说得好啊！假如君不君，臣不臣，父不父，子不子，即使粮食满仓，能有我吃的吗？"

【解　义】

齐景公，名杵臼。鲁昭公末年，孔子到了齐国。齐景公治国失误，大夫田氏在收买人心。景公又多宠妃，不确立太子。他们君臣、父子之间，都失去了正道，所以孔子这样告诉他。

"君君，臣臣，父父，子子"，意思是：君要像个君，臣要像个臣，父要像个父，子要像个子。各人都要按照自己的名分，做好自己该做的事。这句话，后来成为整个封建时代政治的基本原则之一。

齐景公虽然觉得孔子的意见很对，但无法遵照实行。后来，田氏后代逐渐强盛，齐景公的后代则逐渐衰落，最后被田氏取代，由姜子牙的后代统治的姜姓齐国，就成了由田氏后代统治的田姓齐国。

【原文】

12.12　子曰："片言可以折狱者[1]，其由也与？"子路无宿诺。

【注释】

[1] 片言，不完全的话。折，判断。另一种解释是，片言，单方面的话。根据单方面的供述就可以判决案件，不大符合情理。朱熹认为，这是说子路信誉好，不等他把话说完，别人就相信了。话未说完，意思没有表达明白，别人相信个什么？所以，把片言理解为只言片语，就是说，在审判案件时，根据简单的供述就可以判断出是非

曲直，可能更加符合原意。表明子路不仅果断，而且聪明。

【译 文】

孔子说："几句话就可以判决案件的，只有子路能做到吧？"

子路没有隔夜的诺言。

【解 义】

《雍也》篇第八章说子路处事果断，可以和这一章的内容相互印证。

应许给别人的诺言，不等隔夜就去实行，也是果断的表现之一。

【原 文】

12.13　子曰："听讼，吾犹人也。必也，使无讼乎！"

【译 文】

孔子说："审理诉讼，我和别人是一样的。一定要说不同，是我希望没有诉讼。"

【解 义】

孔子做过鲁国的司寇,主管司法,所以审理过诉讼。他说审理案件自己和别人是一样的,没有什么特别之处。这可能是对子路的夸奖,因为上一章他说子路几句话就可以判决案件。

希望没有诉讼,在今天看来,简直是不可能的,这是古代儒家的理想。他们认为在圣人统治的时代,人们都公平正义、谦逊礼让,所以没有诉讼。只是从尧舜以后,似乎再没有这样的时代。尧舜时代出现了一位著名的主管司法的官员皋陶。司法官员著名,也说明案件的众多和疑难。

【原 文】

12.14 子张问政。子曰:"居之无倦,行之以忠。"

【译 文】

子张请教如何做官。孔子说:"担任了职务就不要怕累,办起事来要忠于职守。"

【解 义】

不少人想做官,却又嫌做官累人。这样的人做了官,就容易玩忽职守,甚至会贪赃枉法。孔子对子张的教导,今天仍有现实意义。

其实，世界上的事情能够轻轻松松就办好的，是非常少的。所以，任何事情，如果想要做得好，都需要兢兢业业、不怕苦累的奋斗精神。

【原文】

12.15 子曰："博学于文，约之以礼，亦可以弗畔矣夫！"

【译文】

孔子说："君子广博地学习，用礼来约束自己，就可以不违背儒家之道。"

【解义】

和《雍也》篇第二十七章重复。

【原文】

12.16 子曰："君子成人之美，不成人之恶。小人反是。"

【译文】

孔子说："君子成就别人的美质，不助长别人的恶行。小人则相反。"

【解义】

见到别人美好的品质、过人的才能，不羡慕嫉妒，而是去帮助别人成就自己美好的品质，确实是道德高尚者的作为。希望读到这本书的人，都能做孔子所说的君子。"见了美人甘下拜，如遇过失要回头。"不仅下拜，而且要帮助别人去成就其美好的品质。

【原文】

12.17 季康子问政于孔子。孔子对曰："政者，正也。子帅以正，孰敢不正？"

【译文】

季康子就政治问题咨询孔子。孔子回答说："政治，就是正治。您带头行为端正，别人谁敢不正！"

【解义】

从一般原则上说，这是孔子一贯的"以德治国"思想，提倡道德，即统治者也要在道德上做民众的表率。从具体问题来说，季氏专擅朝政，就是孔子认为的行为不正。

一般说来，前人的言行确实是后人效仿的先例。特别是政治人物，还有今天所说的"公众人物"。他们的言行举止会影响很多的人。就这一方面说，孔子的话是有道理的，只是不可以绝对。

【原　文】

12.18　季康子患盗，问于孔子。孔子对曰："苟子之不欲，虽赏之不窃。"

【译　文】

季康子为行盗者太多发愁，向孔子请教。孔子回答说："假如您自己不那么爱财，即使奖励，他们也不会盗窃。"

【解　义】

盗，盗窃，抢劫，主要指偷东西。贼，主要指杀害人。季康子家拼命聚敛财富，所以招来了许多小偷。虽然不爱财的人家未必就不招小偷，但以不正当手段发财致富的，一定会招来更多的小偷，因为其中一部分小偷很可能是故意报复。所以孔子的话，也是对从古至今那些用不正当手段致富者的劝诫。

【原　文】

12.19　季康子问政于孔子曰："如杀无道，以就有道，何如？"

孔子对曰："子为政，焉用杀？子欲善而民善矣。君子之德风，小人之德草。草上之风，必偃。"

【译文】

季康子就政治问题咨询孔子："如果杀掉那些不走正道的，让大家都走正道，怎么样？"孔子说："您行使统治，干吗要杀人？您自己致力做好人，民众也会致力做好人。君子的德行就像风，民众的德行就像草。风吹到草上，草一定折腰。"

【解义】

折腰，就是下拜弯腰的意思。这在古代是表示服从、敬佩和向之学习的姿势。统治者德行好，民众是否就一定敬佩、学样，那要看这德行是不是伪善，这种政治是否符合民众的利益。孔子在这里不过是告诫季康子，要依靠自己的德行使民众服从，不要以为杀人就可以解决问题。

【原文】

12.20 子张问："士何如斯可谓之达矣？"

子曰："何哉，尔所谓达者？"

子张对曰："在邦必闻，在家必闻。"

子曰："是闻也，非达也。夫达也者，质直而好义，察言而观色，虑以下人。在邦必达，在家必达。夫闻也者，色取仁而行违，居之不疑。在邦必闻，在家必闻。"

【译 文】

子张问："士人怎么样才可以称为通达？"

孔子说："什么意思，你所说的通达？"

子张回答说："做君主的臣，一定闻名；做大夫的臣，也一定闻名。"

孔子说："这是闻名，不是通达。通达是这样的：作风正派，追求正义；察言观色，思考着谦让别人。这样，做君主的臣，一定通达；做大夫的臣，也一定通达。闻名是这样的：表面仁慈而行为相反，以仁者自居还毫不羞愧。做君主的臣，一定闻名；做大夫的臣，也一定闻名。"

【解 义】

从古至今都有沽名钓誉者存在。所以闻名或者著名的，未必都学问渊博、道德高尚。"浪得虚名""爱慕虚荣"之类的词，就是送给这些人的。要识别沽名钓誉者是不容易的。这里只能是告诫人们，特别是青年人，注意而已。

【原 文】

12.21　樊迟从游于舞雩之下，曰："敢问崇德、修慝、辨惑。"

子曰："善哉问！先事后得，非崇德与？攻其恶，无攻人之恶，非修慝与？一朝之忿，忘其身，以及其亲，非惑与？"

【译文】

樊迟陪同孔子在舞雩台下散步，说："请问如何提高德行、祛除恶念、辨别迷惑。"

孔子说："问得好啊！先办事然后再得利，不是崇德吗？祛除自己的恶念，不抨击别人的恶念，不是祛除恶念吗？一时的仇恨，就舍生忘死，甚至连累父母，不是迷惑吗？"

【解义】

子张也问过同样的问题，孔子的回答不一样，可说是对症下药。不过这都是道德修养、善恶美丑问题，各人的特点不同，自然不可一概而论。如果是科学上的是非问题，那就不能对同样的问题有不同的回答了。

教育方式决定于教育内容。优秀的教育方式也要具体问题具体对待，不可一概而论。

【原 文】

12.22　樊迟问仁。子曰："爱人。"问知[1]。子曰：

"知人。"

樊迟未达。子曰:"举直错诸枉,能使枉者直。"

樊迟退,见子夏,曰:"乡也吾见于夫子而问知,子曰'举直错诸枉,能使枉者直',何谓也?"

子夏曰:"富哉言乎!舜有天下,选于众,举皋陶[2],不仁者远矣。汤有天下,选于众,举伊尹,不仁者远矣。"

【注 释】

[1]知,音zhì。

[2]陶,音yáo。

【译 文】

樊迟问什么是仁?孔子说:"爱人。"问什么是智慧?孔子说:"知人。"

樊迟没有听懂。孔子说:"提拔正直者安置在歪邪者之上,能让歪邪者正直。"

樊迟离开后,找到子夏,说:"刚才我见到先生,求教什么是智慧。先生说:'提拔正直者安置在歪邪者之上,能让歪邪者正直',什么意思啊?"

子夏说:"这话内容太丰富了!舜拥有天下,在众人之中选择,提拔了皋陶,那些没有仁德的就远离了。商汤拥有天下,在众人之中选择,提拔了伊尹,那些没有仁德的就远离了。"

【解义】

皋陶是舜的司法部部长,伊尹是商朝开国君主汤的宰相。二人都是历史上著名的德才优秀的臣子。把这样的人才提拔起来,原来那些没有仁德甚至喜欢邪门歪道的臣子,要不离开,要不就是改邪归正。于是政治清明,国家治理得好,人民群众也跟着受益。这是作为一个统治者的智慧,也是一个统治者的仁德。"知人",是智慧;提拔正直者,是仁德。樊迟见子夏,把孔子的话仅仅当作对智慧问题的回答,说明他还未能透彻理解老师"爱人"的意思。

孔子在《颜渊》篇定义仁是"克己复礼",和这里的樊迟问仁可以互相印证和补充。提拔了正直的官员,也就能够推行"复礼"的目标。没有仁德的远离,反面就是有仁德的涌现,这也就是"天下归仁"。所以仁德的"爱人",是一种大爱,一种合乎礼制的爱,不是日常的小善行,所以孔子才不轻易许给谁以仁德的赞誉。

小爱容易看到,大爱往往存在于无形,甚至不易看出是爱。所以,能区别使广大人民群众都获益的大爱和日常的细小之爱,也是一种智慧的表现。

【原 文】

12.23　子贡问友。子曰:"忠告而善道之,不可则止,无自辱焉。"

【译 文】

子贡问如何交朋友。孔子说:"诚心地告诫,耐心地劝说。不听从,就不再说了。不要自讨没趣。"

【解 义】

诚心诚意地告诫,是对朋友的忠诚。耐心地劝说,不仅是忠诚,而且是讲究方式。如果朋友还是不听,就要中止,不可再继续下去;因为继续下去,就可能强加于人,往往引起反感。劝告不成,反而适得其反,还可能损害友情。孔子这个教导,考虑到人之常情,也是对别人的尊重。今天的人们交友,仍然适用这样的原则。

【原 文】

12.24　曾子曰:"君子以文会友,以友辅仁。"

【译 文】

曾子说:"君子用讨论文章学问的方式和朋友们交往,借朋友们的帮助培养自己的仁德。"

【解 义】

　　这是读书的君子们的交往方式，其他类型的君子们交往方式应当不全是如此。

第十三篇　子　路

【解题】

本篇从回答子路请教如何治国开始,较多地讲述治国的道理。上一篇从颜回的问题开始,较多地论述仁德和礼制的关系。表明礼制和仁德是治国最重要的手段。这一章则讨论了许多治国的具体措施。

共三十章。

【原文】

13.1　子路问政。子曰:"先之,劳之。"
请益。曰:"无倦。"

【译 文】

子路问如何行政。孔子说:"凡事要走在前面,不辞辛劳。"

请再多讲一点。孔子说:"不要松懈。"

【解 义】

从汉代至唐代,注释者都认为孔子的意思是说,遇事自己要带头,然后让民众勤劳去做。宋代苏轼认为,孔子的意思不仅是带头,而且要亲自去做。不过一两件事这样做,比较容易;如坚持下去,事事如此,就困难了。所以子路请求孔子再多讲一些,孔子就告诫他不要松懈。

要做一个好的官员,现代也应该如此。

【原 文】

13.2 仲弓为季氏宰,问政。子曰:"先有司,赦小过,举贤才。"

曰:"焉知贤才而举之?"曰:"举尔所知。尔所不知,人其舍诸!"

【译 文】

冉雍做季氏的管家,问应该如何去做。孔子说:"有事先让有关部门办，不要追究小的过错，提拔贤才。"问："怎么知道谁是贤才去提拔他？"孔子说："提拔你知道的。那些你不知道的，别人会放弃吗？"

【解义】

孔子尽管不喜欢季氏专擅鲁国的政治，但是他的优秀学生，如子路、冉求、冉雍等，还是做过季氏的管家。孔子也不认为学生们不该这么做。因为：第一，学生们毕竟都要找工作；第二，当时的诸侯、大夫，几乎没有遵守礼制的。只要不帮助他们去干大的坏事，比如弑君之类，也就不错了。孔子的学生中，也确实未发现有参与叛乱的记载。

宰臣，也就是管家，是大夫家臣的领袖。在国，就是宰相，统管一切的。所以孔子这里讲的，也是做大臣，也可以说是今天的领导干部行使权力的基本原则。具体事，要具体部门办，自己不要越权干预；小过错不要追究，否则会让下属谨小慎微；提拔贤才，因为只有贤才才能把事情办好。

【原文】

13.3　子路曰："卫君待子而为政，子将奚先？"

子曰："必也正名乎！"

子路曰："有是哉，子之迂也！奚其正？"

子曰："野哉！由也。君子于其所不知，盖阙如也。

名不正，则言不顺；言不顺，则事不成；事不成，则礼乐不兴；礼乐不兴，则刑罚不中；刑罚不中，则民无所措手足。故君子名之必可言也，言之必可行也。君子于其言，无所苟而已矣。"

【译文】

子路问："卫国君主如果让先生您执政，您准备先做什么？"

孔子说："一定是先'正名'。"

子路说："有这样的吗，先生真是迂阔啊。怎么'正'？"

孔子说："太粗鲁了，仲由啊。君子对于自己所不了解的，都要采取保留态度。名称不正确，说话就不顺当；说话不顺当，事情就办不成；事情办不成，礼制和音乐就无法推行；礼制和音乐无法推行，刑罚就不能够恰当；刑罚不能够恰当，民众就手足无措。所以君子确定的名称一定是可以说清的，说了就一定可以实行的。君子对于自己的言论，一丝不苟才是对的。"

【解义】

据朱熹《论语集注》，鲁哀公十年（前485年），孔子从楚国回到卫国（据《史记·孔子世家》，孔子从楚国回到卫国，时在鲁哀公六年，当时孔子63岁）。卫国政局处在大动乱前夕，子路向孔子请教治理办法。

卫灵公死，卫国人拥护太子蒯聩的儿子蒯辄为君主，这就是卫出公。这时候，逃到晋国的蒯聩被晋国大夫赵简子偷偷地送回卫国，于是发生了父子争君主的内乱。这一次，蒯聩没有成功。子路的问话，就是因为这件事。

在孔子看来，当时卫国的政治，首先是当事者都未能按照自己的"名"行事。首先是太子蒯聩，他派人企图刺杀卫灵公的夫人南子，是不把父亲当作父亲，自己不尽儿子的本分。蒯辄做了国君之后，祭祀时，就把祖父卫灵公当作父亲来对待。后来拒绝父亲归国，也是不把父亲当父亲，自己也不尽儿子的本分。孔子认为，假如蒯聩、蒯辄父子两个都能正确确定自己的名称，然后按自己的名称所要求的行事规则行事，卫国的政治就会结束混乱。

那么，如果真的让孔子执掌卫国政权，他首先进行"正名"的工作，一面告诉蒯辄，说你应该像个儿子，应该正确对待父亲。也就是把君主之位还给父亲，可能吗？子路觉得孔子迂阔，笔者也觉得孔子迂阔。

不过从理论上说，名称正确，也就是概念正确，说话才能顺当。说话顺当，办事也才能顺当。然后才能使礼乐制度得以推行，是有一定道理的。概念不明确，说话就无法说到一块，办事确实会有许多障碍。而所谓礼乐无法推行，刑罚就不可能恰当，因为礼乐制度是当时人们言行的标准。没有标准，什么行为该受处罚，该受怎样的处罚，也就没有个标准。老百姓确实会手足无措。

孔子以后不久，战国时代的思想家们就展开了所谓"名实之辨"，即辨别或者说是讨论名（概念）和实（概念所包含的内容）的关系。魏晋时代，有所谓"名教"和"自然"的哲学讨论。所谓"名教"，也就是根据名称所实施的教化。比如父亲、儿子，君子、臣子等，你是什么角色，就应该按照你角色的内容行事。如此等等。而孔子的"正名"思想，则是这些哲学讨论的基础和酵母。

【原文】

13.4 樊迟请学稼，子曰："吾不如老农。"请学为圃。曰："吾不如老圃。"

樊迟出。子曰："小人哉，樊须也！上好礼，则民莫敢不敬；上好义，则民莫敢不服；上好信，则民莫敢不用情。夫如是，则四方之民襁[1]负其子而至矣，焉用稼！"

【注释】

[1] 襁，音 qiǎng，用丝线或麻线织成，把小孩拴在背上的工具。

【译文】

樊迟请教怎样种庄稼。孔子说："我不如农民。"请教如何种菜。孔子说:"我不如菜农。"

樊迟出去了。孔子说:"真是个小人啊,这个樊须!上面喜好礼仪,民众就不敢不尊敬;上面喜好正义,民众就不敢不服从;上面讲究信誉,民众就不敢不用真情。假如这样,四面八方的民众就都会带着他们的家小来投奔,哪里用得着种庄稼!"

【解义】

孔子说的,确是实情。

孔子培养学生,目标就是让他们成为出将入相的治国人才。在孔子看来,治理国家,有用的是礼仪制度,讲究的是正义和信誉。这样做了,就能得到民众的拥护。哪里用得着告诉民众怎么种庄稼、怎么种菜?樊迟要学这些,不是孔子安排的功课。孔子自己虽然做过许多低贱的工作,比如"委吏""司职吏",不过是出纳会计、管理牛羊,也没有去学什么种庄稼、种菜。而且这些被孔子认为是低贱的工作,也是官吏队伍中的一员,只不过官阶较低而已,也不是仅仅会种庄稼、会种菜的农民。在孔子看来,樊迟心里装着这些事,将来也只能做种田的下等人。所以他很不以为然,给他的学生们做了一篇算是比较长篇的演讲,教育学生们该学什么,不该学什么。

作为老师,孔子是尽职尽责的。现在我们不能接受孔子这样的观念,那是因为时代变了。当时的社会,也包括孔子以后的两千多年间,孔子这个阶层的人也都会认同孔子的观念。

当然，在孔子以前，也有因为种地种得好因而有了大出息的。第一个当然是神农，一般认为神农就是炎帝；第二个是弃，周人的祖先，因为种庄稼种得好，做了"稷"这个官，相当于现代的农业部长。他不仅是尧舜时代的大臣，而且从他开始，周人逐步发达，他的后人也做了八百年的天子。他本人也被古代的国家作为农神祭祀，直到清朝末年。然而孔子当时，甚至孔子以后两千多年中，种田确实基本上就是简单的劳动，而且生产效率低下。即使偶然出现一个农业专家，官阶也都不高。孔子不研究这些，也不希望他的学生们关心这些，这是时代使然。现在我们国家有了专门研究如何种地的农业科学院，也有了专门培养种地科学家的农业大学，出现了像袁隆平这样的农业专家。如果孔子生在现代，樊迟又问这样的问题，他就会说：我不懂，你找农业专家去！而不会再斥责他是个小人。

令人不解的是，孔子为什么不当面教训樊迟，而要等到他出去才对别的学生说。

【原文】

13.5 子曰："诵《诗》三百，授之以政，不达；使于四方，不能专对。虽多，亦奚以为！"

【译文】

孔子说："诵读了《诗经》三百首诗，交给他政事，却弄不懂；让他出使别国，又不能独立应对。虽然读得多，有什么用呢！"

【解义】

这就是说，在孔子看来，《诗经》里的诗蕴含着很多治国的深刻道理。读了《诗经》，就应该懂得治国的道理，能够处理政务；在外交场合，也能够独立应对。

孔子以后不久，虽然解说《诗经》的人还常常从中解出很多政治道理，但在政治和外交场合，就很少引《诗经》来作证了。到了宋代，著名的儒者朱熹，甚至说《诗经》中的"风"，即收集的民间诗歌，大多就是所谓"淫奔之诗"，也就是今天说的爱情诗。至于今天，那些自称或被称为儒学大师的人们，也很难从中悟出什么治国理政的大道理了。

时间，不断改变着人们的观念。

【原文】

13.6 子曰："其身正，不令而行；其身不正，虽令不从。"

【译文】

孔子说："自身行为端正，不强制，意愿也能推行；自身行为不端正，即使强制命令，意愿也难以推行。"

【解 义】

这是说,一个领导者,要求别人的,自己要率先做出榜样。

【原 文】

13.7 子曰:"鲁卫之政,兄弟也。"

【译 文】

孔子说:"鲁国和卫国的政治,真是一对兄弟啊!"

【解 义】

鲁国,是周公的后裔;卫国,是康叔的后裔。周公和康叔,本是兄弟。这时政治的衰落、混乱,也相似,所以孔子叹息。

【原 文】

13.8 子谓卫公子荆:"善居室。始有,曰:'苟合矣。'少有,曰:'苟完矣。'富有,曰:'苟美矣。'"

【译 文】

孔子说卫国的公子荆:"善于处理家事。刚开始有一点,就说：'差不多够用了。'稍微增加了一些，就说：'这就算齐全了。'富了起来，就说：'这就完美了。'"

【解 义】

公子荆，卫国的大夫。被孔子认为是君子一类的人物。这样对待家事，说明他不贪心。在当时的社会，这是难能可贵的品德。

【原 文】

13.9　子适卫，冉有仆。

子曰："庶矣哉！"

冉有曰："既庶矣，又何加焉？"曰："富之。"

曰："既富矣，又何加焉？"曰："教之。"

【译 文】

孔子到卫国去，冉有驾车。孔子说："人口真多啊！"

冉有说："人口多了，又该做些什么？"孔子说："让他们富起来。"冉有说："富起来了，又该做些什么？"孔子说："教育他们。"

【解 义】

人口众多，是当时各个国家的普遍愿望。因为人口多，兵源才多，赋税才多，是国家富强的象征。卫国政治混乱，为什么还能人口众多？当是因为卫灵公虽然有许多缺点，但在位四十多年，说明政治还比较稳定。而这一时期，又有蘧伯玉、史鰌等被称为君子的贤明大夫。遂致卫国人口众多。

人口多了还要做些什么？让他们富起来，这是都可以理解的。富起来以后，要进行教育，这是现代许多人所不易理解的。有强行灌输，甚至干涉思想自由的嫌疑。

然而实际上，中国古代国家自觉地教育民众，是治国的一大特点，也是优点。教育的作用，政治上有个统一的思想，道德上有个共同的标准，使新的知识广泛普及；对于国家统一、人民幸福，也都是有好处的。许多古代的大帝国，之所以很快土崩瓦解，与他们仅仅依靠军事力量，而不注意教育民众，有很大关系。

至于现代国家，没有不用自己的方式教育民众的，区别仅仅在于教育的内容和方式而已。而且教育不是控制，思想能否自由与是否进行教育，没有直接联系。

【原文】

13.10　子曰："苟有用我者，期月[1]而已可也，三年有成。"

【注 释】

[1] 期月，指一周年的月数。

【译 文】

孔子说："假如有人任用我，一年左右就见成效，三年可以把国家治理得好。"

【解 义】

上一章讲孔子到卫国去。有人认为，这一章讲的就是到卫国以后，希望卫灵公能够用他。也有人认为，这是孔子因为无人任用自己而发的感慨。

【原 文】

13.11 子曰："善人为邦百年，亦可以胜残去杀矣。诚哉是言也！"

【译 文】

孔子说："由善人治理国家一百年，也可以驯服残暴的人，不用死刑了。这话是很正确的呀！"

【解 义】

程颐认为，汉代从刘邦开始，经过汉惠帝、汉文帝到汉景帝，情况就和孔子说的相差不大。国家的刑罚差不多可以搁置不用了。从此以后，似乎没有这样连续由善人统治的时代。以前是否有这样的时代，程颐没有说，孔子也没有指明，历史上也没有记载。所以孔子指的是什么时代不得而知。

然而就是在汉文帝时期，儒者贾谊大声疾呼，说当时国家的政治形势，好像一堆将要被点燃的干柴，并且预言那些强盛的诸侯会率先造反。而在汉景帝时期，果然爆发了所谓"七国之乱"。司马迁对这一时期社会治安状况的评价是"网漏吞舟之鱼"。这些可以吞舟的鱼，一定有许多是残暴的家伙。看来这一时期，并没有把那些残暴的家伙驯服。所以孔子的话，大约仅是他的理想。

至于现代有些国家废除了死刑，但每年死于罪犯枪下的无辜者成千上万。虽然不用死刑，却并没有驯服那些残暴的家伙。

看来，人类社会在短时期内，似乎还无法做到驯服那些残暴的家伙。

【原 文】

13.12 子曰："如有王者，必世[1]而后仁。"

【注释】

[1] 世，一世为三十年。

【译文】

孔子说："如果有王者兴起，一定要经二十年才能使仁道广泛推行。"

【解义】

王者，指上天任命的、统治天下的圣人。孔子认为，假如有王者做了天子，一定要经过三十年，才能使仁道广泛推行。至于为什么要经三十年？仁道广泛推行是什么样子？从古以来的注释者只能是猜测而已，我们也举不出相应的例子。只能理解为孔子的一个美好愿望吧。

【原文】

13.13　子曰："苟正其身矣，于从政乎何有？不能正其身，如正人何？"

【译文】

孔子说："假如能端正自身了，从政有什么难的呢！不能端正自身，又如何能够使别人端正！"

【解 义】

这一章和本篇第六章是一个意思。都是说那些掌握着国家权力的人们,只有自身做奉公守法的模范,才能使别人也做奉公守法的好人。

【原 文】

13.14 冉子退朝。子曰:"何晏也?"对曰:"有政。"子曰:"其事也。如有政,虽不吾以,吾其与闻之。"

【译 文】

冉有退朝。孔子说:"怎么这么晚?"回答说:"有大政。"孔子说:"这是事务。如果有大的政策,虽然不用我了,我也是要知道的。"

【解 义】

朝,君主每天早晨召集臣子们讨论政事,叫上朝。讨论完毕,君主宣布结束,叫退朝,臣子们各自回家。冉有退朝,就是朝见君主回来。当时冉有做季氏的家臣。有人说冉有上的朝,是季氏的私朝;也有人认为,是冉有随从季氏朝见鲁公。

冉有大概天天都有上朝、退朝的事。今天回来晚了,所以孔子询问。孔子曾在鲁国朝廷上任职，级别很高。若有重大政策问题，可能也应该让孔子知道。然而到底是什么大政？冉有没有说。不让孔子知道，应该是和季氏专权有关。孔子的话，是对季氏的不满。

由此我们还知道，孔子的学生们即使做了官，办公回来，也要来参见孔子。

【原文】

13.15 定公问："一言而可以兴邦，有诸？"孔子对曰："言不可以若是其几也。人之言曰：'为君难，为臣不易。'如知为君之难也，不几乎一言而兴邦乎！"

曰："一言而丧邦，有诸？"

孔子对曰："言不可以若是其几也。人之言曰：'予无乐乎为君，惟其言而莫予违也。'如其善而莫之违也，不亦善乎？如不善而莫之违也，不几乎一言而丧邦乎！"

【译文】

鲁定公问："一句话就能让国家兴旺，有这样的话吗？"

孔子回答说："话不能够说得这样极端。有人说过这样的话：'做君主艰难，做臣子也不容易。'如果知道做君主的艰难，差不多不是等于一句话就可以让国家兴旺吗！"

问："一句话就能让国家灭亡，有这样的话吗？"

孔子回答说:"话不能够说得这样极端。有人说过这样的话:'我不乐于做君主。只有无人敢不听我的话(让我喜欢)。'如果他的话有益所以不能不听,不也是很好的事吗!如果他的话无益而不敢不听,差不多不是等于一句话就可以让国家灭亡吗!"

【解义】

后世的成语"一言兴邦""一言丧邦",出处就在这里。

君主要统治一个国家,每天都要处理很多事情。所谓"日理万机",也是对一个君主工作状态的描述。秦始皇一天要看一百多斤用竹简写成的文件,辛苦得很。历史上,那些被认为是英明的君主,同时也是勤奋而辛苦的君主。

如果一个君主,只是喜欢没人敢不听他的话,那么,就一定是个昏庸、荒淫的家伙。国家即使不亡在他的手里,也要乱在他的手里。

【原文】

13.16 叶公问政。

子曰:"近者悦,远者来。"

【译文】

叶公问怎样搞好政事。孔子说:"让近处的高兴,远处的来投奔。"

【解义】

朱熹评论说，只有近处的高兴了，远处的才会来投奔。朱熹说的虽然是大实话，但不说透，可能还是有人不明白。

【原文】

13.17　子夏为莒父宰，问政。子曰："无欲速，无见小利。欲速则不达，见小利则大事不成。"

【译文】

子夏做莒父地方的主官，问如何搞好政事。孔子说："不要图快，不要贪图小利。欲速则不达，贪图小利就办不成大事。"

【解义】

莒父，鲁国城镇的名字。

图快，就是企图尽快见效，是许多人都盼望的结果，也是许多人常有的缺点。希望快出成绩，没有什么不对，也没有什么不好。但一定要全面考量，正确决策。否则就是蛮干。所谓"急功近利"，指的就是只知蛮干的情况。蛮干不仅没有成绩，反而可能造成危害，这就是成语"欲速则不达"。

图快的心理因素，就是贪图小利。大义、小利，实际上就是长远利益和当前利益、局部利益和全局利益的关系。当前利益、局部利益不能不要，但如果损害长远利益和全局利益，最终也会损害当前的局部的利益。

这个道理，不难明白。难办的是一事当前，如何处理长远利益和当前利益、局部利益和全局利益的关系。

《三国演义》里吕布的形象，是"贪小利而忘大义"的例子。一匹好马，一个美女，就可以让他杀掉自己的义父。一座城池，可以让他背叛有恩于自己的人。这样的性格，终究也因为个人的眼前利益使他遭受彻底失败，丢了性命。

【原　文】

13.18　叶公语孔子曰："吾党有直躬者，其父攘羊，而子证之。"

孔子曰："吾党之直者异于是。父为子隐，子为父隐，直在其中矣。"

【译　文】

叶公对孔子说："我们这里有一个正直的人，他父亲'攘'了人家一只羊，这孩子就揭发了。"

孔子说："我们那里的正直和这里不同。父亲为儿子隐瞒，儿子为父亲隐瞒，正直就在这里边了。"

【解义】

假如父亲犯罪，儿子该不该揭发。反过来也是一样。儿子犯罪，父亲该不该揭发，是古代道德，也是古代政治的一道难题。近年来学术界也有不少人讨论这个问题：是应该所谓"大义灭亲"呢，还是应该父子互相隐瞒呢？

据宋朝邢昺的《论语正义》，"有因而盗曰攘"。也就是说，攘的意思是，别人的羊跑到他家了，他昧起不还，如同拾金而昧。虽然也是不当得利，但比起蓄意盗窃，情节还是较轻。这样的事情，儿子设法把羊还给人家就是，确实没必要公开揭发，让父亲丢脸。但若是杀人越货、弑君叛国呢？孔子还会说父子应该相隐吗？

唐朝曾经制定了一部法律，叫作《唐律疏义》。那些条款大多都是从汉代开始就实行的，并且基本精神也被后来的政权所继承。其卷二三有《告祖父母父母绞》一条。意思是，揭发父母、祖父母的，要判处绞刑。理由是："父为子天，有隐无犯。如有违失，理须谏诤。起敬起孝，无令陷罪。"这可以说是忠实贯彻孔子父子相隐思想的法律了。但是下面又注解道："谋反、大逆及谋叛以上，皆为不臣，故子孙告亦无罪。"也就是说，独尊儒术、主张父亲是儿子的天，告发要处死刑的国家政权，对于那些大罪，也是主张大义灭亲的。

同任何道德规范一样，如果脱离具体的历史条件，抽象地谈论原则，难有什么合理的结论。

【原 文】

13.19 樊迟问仁。子曰："居处恭,执事敬,与人忠。虽之夷狄,不可弃也。"

【译 文】

樊迟问什么是仁。孔子说："平素姿态端正,办事严肃认真,对人忠诚信用。即使到了夷狄,也不可以放弃。"

【解 义】

樊迟问什么是仁有三次,说明樊迟不是仅仅关心种庄稼和种菜的学生。更可能是他关心的问题过于广泛,超出了孔子的教学范围,所以遭到了孔子的批评。或者说,这是个善于提问、兴趣广泛的学生。

【原 文】

13.20 子贡问曰："何如斯可谓之士矣?"子曰："行己有耻。使于四方,不辱君命。可谓士矣。"

曰："敢问其次。"曰："宗族称孝焉,乡党称弟焉。"

曰："敢问其次。"曰："言必信,行必果,硁[1]硁然小人哉！抑亦可以为次矣。"

曰："今之从政者何如？"子曰："噫！斗[2]筲[3]之人，何足算也！"

【注　释】

[1] 硁，音 kēng，坚硬的小石头。
[2] 斗，量器的名称，容积十升。
[3] 筲，音 shāo，竹器，容一斗二升。

【译　文】

子贡问道："怎么做才可以认为是一个士？"孔子说："做事要有自己感到耻辱的。出使别国，不辜负君主的嘱托。可以认为是一个士了。"

问："请问其次该怎么做？"孔子说："家族里的人称赞他孝敬，乡亲们称赞他谦逊。"

问："请问再次一等的该怎么做？"孔子说："言必信，行必果，响当当的小人物啊！也可以算是最下一等的吧。"

问："现在这些从政的都怎么样？"孔子说："噫！斗筲之人，哪能算个士呢！"

【解　义】

士是当时最低一级的官职。士上面是大夫，大夫上面是公卿。士又是最高一级的民众。士下面是农民、工匠和商人。农民的职业是种田，工匠的职业是做工，商人的工作是经商。士的工作就是出仕，即做官，管理国家。孔子和他的学生们，就是士这个阶层。做官，为君主服务，是他们的职业。

每种职业都有自己的特殊职业操守，或者叫职业道德。子贡问的，就是士这个职业应该遵循的职业操守。孔子的回答，把士的操守分成三等。第一等是做了官。做事要有自己感到耻辱的。这样的事，不要做。也就是说，要有底线。与此相对的，就是"无耻"。一个人，如果做什么都不会感到耻辱，那就什么坏事都可以做，不可救药了。第二等是在家乡不对乡亲们摆官架子，乡亲们会称赞他谦逊。最低一等的，是"言必信，行必果"。就是说，说话算话，说到做到。办事彻底，一定要有结果，不半途而废。在孔子看来，这是小人物中间的英雄，也是士人最低一层的优秀品德。

最后是孔子对当时占据着各种官位的人们的评价。在孔子看来，这些人，虽然也都是士这个阶层的人物，但他们连士的最低一层的优秀品质也没有。所谓"斗筲"之人，就是气量狭小、心胸狭隘的人。

【原文】

13.21 子曰："不得中行而与之，必也狂狷[1]乎！狂者进取，狷者有所不为也。"

【注释】

[1] 狷，音 juàn。

【译文】

孔子说："得不到中道而行的人交朋友，一定要交友的话，那就是狂者或者狷者吧。狂者进取，狷者有些事不去做。"

【解义】

中道而行，就像出行总走在路中间，形容那些行为端正、不犯错误的人。如果得不到这样的人交朋友，那么其次就是狂者和狷者。狂者勇于进取开拓，今天称之为创新型人才。狷者有些事不去做，就是行为有操守，有底线，不会干大坏事的人。后两种人行为都有些偏颇，但在孔子看来，也都有自己显著的优点，所以可以作为朋友。

难以知晓的是，孔子和他的学生们所交的朋友当中，哪些是狂者，哪些是狷者？《论语》书中提到的狂者接舆一类的人，是否愿意和孔子及其学生们做朋友？

至于孔子的学生中间，据孟子所说，如琴张、曾点、牧皮等人，就是孔子所说的狂者。他们志向很大，好高骛远，开口就是"古人如何，古人如何"。只是不知道他们能瞧得上谁，谁愿意和他们交朋友？

【原 文】

13.22　子曰："南人有言曰：'人而无恒，不可以作巫医。'善夫！"

"不恒其德，或承之羞。"

子曰："不占而已矣。"

【译 文】

孔子说："南方人有这样一句话：'人如果没有一定的操守，不可以做巫医。'说得好啊！"

"不能长久保持自己的品德，就可能受到别人的羞辱。"
孔子说："不必占卜就是了。"

【解 义】

巫，是人和鬼神的中介。医是给人治病的。这句话的意思是说，那些没有一定操守的人，不可以从事这两样职业。也有人认为，古代的巫和医往往不分。医往往借助鬼神给人治病，巫也往往懂得医药。两种说法，都有道理。

"不能长久地保持自己的品德，就可能受到别人的羞辱"是《周易·恒卦》九三爻的爻词。也就是说，这种无操守的人，早晚要给自己招来羞辱。这样的结果，是不必占卜就可以知道的。也有人认为，孔子引用这话的意思是说，《周易》不会给这种无操守的人占卦，也就是鬼神不会理睬这种无操守的人。

【原文】

13.23 子曰:"君子和而不同,小人同而不和。"

【译文】

孔子说:"君子和而不同,小人同而不和。"

【解义】

和与同,既是君子和小人不同的品德,也是中国哲学中两个重要的概念。

和的意思是和谐。什么叫和谐?和谐关系最突出的表现,是在音乐中,许多不同音色的乐器,每种乐器叮以奏出不同的音高。一起合奏,成就一首美妙的音乐。各乐器、各音高之间的关系,就是和谐的关系。如果不和谐,演奏出来的音乐就不好听。又比如做饭,各种食料、佐料不同,但相互配合,做成一道美食。各种食料、佐料之间的关系,就是和谐的关系。

孔子认为,君子处事,就是像这种和谐关系一样,从不同角度和别人相互配合,成就一项事业。春秋时代一个典型的例子,就是郑国要完成一个外交文书,先由裨谌起草,然后世叔提出意见,子羽进行修改,子产最后润色定稿。四个人合作,把事情办好。这是君子和而不同的例子。

还有就是管仲的例子。齐桓公因为恼恨娘家是蔡国的爱妾,要管仲进攻蔡国。管仲却借机进攻蔡国的盟主楚国,责备楚国为什么不向周天子进贡祭祀的重要用品白茅草。齐桓公要去进攻北京的山戎,管仲却因此进攻燕国,责备他们为什么抛弃当年燕召公的好传统;齐桓公和鲁国君主会见时,被鲁国将军曹刿胁迫,不得已答应归还侵占鲁国的土地。事后后悔,但管仲坚持归还。由于管仲的努力,使齐桓公成了霸主。这也是君臣和谐、管仲和而不同的例子。

同,就是完全赞同,而不是从不同角度设法共同把事情办好。完全赞同的情况。可举当代小说家赵树理的名著《李有才板话》中张得贵的形象为例。他只想讨好阎恒元,村里的李有才给他编了一段快板书:

张得贵,真好汉,

跟着恒元舌头转?

恒元说个长,

得贵说不短;

恒元说个方,

得贵书不圆;

恒元说,砂锅能捣蒜,

得贵就说打不烂;

恒元说,公鸡能下蛋,

得贵就说亲眼见。

古代那些只知逢迎拍马的小人,也是这样一种做法,这叫

作"同而不和"。

【原 文】

13.24　子贡问曰:"乡人皆好之,何如?"子曰:"未可也。""乡人皆恶之,何如?"子曰:"未可也。不如乡人之善者好之,其不善者恶之。"

【译 文】

子贡问道:"乡亲们都喜欢他,这人怎么样?"孔子说:"不能认可。"

"乡亲们都讨厌他,这人怎么样?"孔子说:"不能认可。不如乡亲中的好人说他好,不好的人讨厌他。"

【解 义】

人们的利益不同,见识不同,不可能都喜欢某个人或者都讨厌某个人。假如有类似的,就是平常说的"烂好人"。不讲是非,不论善恶,左右讨好,上下奉迎。这种人,外表和善,内心虚伪,不是真正的好人。

同样,如果一个人惹得大家都讨厌,也未必就是坏人。其中一定有复杂的情况,为一般人所不易理解。

所以,只有那些让好人喜欢、被坏人讨厌的人,才是真正的好人。反过来,也只有那些被好人讨厌、让坏人喜欢的人,才是真正的坏人。

孔子对社会现象的观察，深刻而中肯。

【原　文】

13.25　子曰："君子易事而难说也。说之不以道，不说也。及其使人也，器之。小人难事而易说也。说之虽不以道，说也。及其使人也，求备焉。"

【译　文】

孔子说："君子容易侍奉却难以讨好他。不是用道理讨好，他就不高兴。等到他使用别人的时候，根据他们的才能。小人难以侍奉却容易讨好。虽然不是用正道讨好，他也高兴。等到他使用别人的时候，总是求全责备。"

【解　义】

君子之所以是君子，就因为他走的是正道。想用违背正道的行为来讨好他，是不可能的。因为君子生活要求简单，所以容易侍奉。小人恰恰相反。生活上要求高，所以难以侍奉。不走正道，所以容易被讨好，尽管用以讨好的方式不是正道。

孔子对人的观察，真可以说是入木三分。

【原 文】

13.26 子曰:"君子泰而不骄,小人骄而不泰。"

【译 文】

孔子说:"君子从容坦荡而不骄横,小人骄横而不从容坦荡。"

【解 义】

从容坦荡是因为心里没有邪念,骄横是为了显示自己而耍威风。

【原 文】

13.27 子曰:"刚、毅、木、讷,近仁。"

【译 文】

孔子说:"刚直、坚定、质朴、说话迟钝,近乎仁德。"

【解 义】

相反,懦弱、奸邪、犹豫、动摇、浮华、奢侈、伶牙俐齿,都是距离仁德遥远的。

【原 文】

13.28 子路问曰:"何如斯可谓之士矣?"子曰:"切切偲偲,怡怡如也,可谓士矣。朋友切切、偲偲,兄弟怡怡。"

【译 文】

子路问道:"怎么做才可以算一个士人?"孔子说:"一起切磋,相互勉励,和和气气的样子,可以算作一个士人了。朋友之间一起切磋,相互勉励;兄弟之间要和和气气。"

【解 义】

在孔子看来,朋友之间,可以互相讨论甚至争论。兄弟之间,是只讲亲情,不要去争论是非,也不用互相勉励。因为朋友是平等关系,兄弟要分长幼;兄弟是骨肉亲情,朋友则没有血缘亲情。

孔子的说法,值得深思。

【原 文】

13.29 子曰:"善人教民七年,亦可以即戎矣。"

【译文】

孔子说:"善人教导民众七年,就可以让他们作战了。"

【解义】

当时的军事制度叫作"兵农合一"。一个国家的民众,原则上都是战士。需要的时候,头发花白的也要去作战,常常有父子都在服兵役的。原则上也是每个人都可以去作战的。但是需要训练。至于是否七年?为什么七年?有人说,是因为三年考试一次,要经过三次考试,即九年时间,才算成熟。七年,二考刚过。虽不成熟,但也可以出战。是否如此,令人费解。

【原文】

13.30 子曰:"以不教民战,是谓弃之。"

【译文】

孔子说:"用未经训练的民众作战,就是抛弃他们。"

【解义】

那时战争频繁。一定有许多未经训练就上战场的士兵。

第十四篇 宪 问

【解 题】

《宪问》篇从原宪的提问开始,较多地讲述了如何做人的道理。原宪一生处于贫困之中,是当时道德高尚的人物。其中也讲到子路后来到卫国作官,死于卫国的内乱。

宋代胡寅认为,这篇可能是原宪记录的。

共四十七章。

【原 文】

14.1 宪问耻。子曰:"邦有道,谷;邦无道,谷,耻也。"

【译文】

原宪问什么是耻辱。孔子说:"政治清明,有俸禄。政治黑暗,还有俸禄,就是耻辱。"

【解义】

俸禄,古代国家给官员的报酬。

孔子认为,政治清明的时候,应该去做官,取得俸禄。如果政治黑暗,应该辞职。不辞职,就是和坏人同流合污,所以是耻辱。

有人认为,政治清明时如果只知享受俸禄,而不能有所作为,也是可耻的。恐未必是孔子原意。

【原文】

14.2 "克、伐、怨、欲不行焉,可以为仁矣?"
子曰:"可以为难矣,仁则吾不知也。"

【译文】

"争强好胜、喜欢自夸、满腹怨恨、贪得无厌这些缺点都没有,可以算仁德吗?"孔子说:"可以说是难能可贵,是不是仁德,我就不知道了。"

【解 义】

原宪品德高尚,这些缺点可能都没有。但这仅仅是个人的高尚,也难能可贵。但孔子所说的仁德,是"克己复礼",即通过自己的努力,让社会回归秩序。这就不是仅仅依赖个人的高尚可以做到的。

【原 文】

14.3 子曰:"士而怀居,不足以为士矣。"

【译 文】

孔子说:"士人如果留恋生活安定,就不足以作为士人了。"

【解 义】

当时社会动荡,士人也只有在动荡中去尽自己的社会义务。孔子周游列国,就是动荡生活的例子。

【原 文】

14.4 子曰:"邦有道,危言危行[1];邦无道,危行言孙[2]。"

【注释】

[1] 行，音 xìng。
[2] 孙，音 xùn。

【译文】

孔子说:"政治清明，可以言论尖锐，行为出格；政治黑暗，可以行为出格，但要言论温顺。"

【解义】

这是孔子主张的处世态度。不知道为什么在政治黑暗的乱世行为还可以出格。或者出格的行为仅仅指与政治无关或关系不大的怪异，如同美国早年的所谓"嬉皮士"。在中国古代也有"髡首"即剃掉头发、"裸行"即裸体行走。这在当代可能是时尚行为，在中国古代则是一种难以被社会接受的怪异行为。可能因为与政治无关，所以也没有危险。

【原文】

14.5 子曰:"有德者必有言，有言者不必有德。仁者必有勇，勇者不必有仁。"

【译 文】

孔子说:"有德行的人一定有相应的言论,有言论的却未必有德行。仁德的人一定有勇气,有勇气的未必有仁德。"

【解 义】

有言论的确实未必有德行,有德行的是否一定有言论?难以确定。但孔子认为是一定会有的。有人认为,有德人的言论指的是格言、名言,可备一说。仁德的人一定有勇气,是可以相信的。勇气未必都是在战场上冲锋陷阵。有勇气的未必有仁德,因为勇气和仁德可以是不相关的两种品德。

这些都是孔子深刻观察社会的重要结论。

【原 文】

14.6 南宫适[1]问于孔子曰:"羿[2]善射,奡[3]荡舟,俱不得其死然。禹、稷躬稼而有天下。"夫子不答。南宫适出,子曰:"君子哉若人!尚德哉若人!"

【注 释】

[1] 适,音 kuò。

[2] 羿,音 yì。

[3] 奡,音 ào。

【译文】

南宫适问孔子说:"羿射箭技术好,奡能在陆地上拖动船只,两个人都死得很惨。禹、稷都亲自耕田种地,却得到了天下。"孔子没有回答。

南宫适出去了,孔子说:"君子啊这个人!崇尚德行啊这个人!"

【解义】

羿是有穷国的君主。有穷国是夏代的一个诸侯国。夏朝从禹的儿子启传到第三代相,被羿夺取了政权。羿仗着自己射箭技术好,不理政事,被臣子寒浞杀害。寒浞和羿的妻子生下奡,也叫作浇,力气很大,能在陆地上拖动船只。后来被相的儿子少康杀掉。稷,就是周朝统治者的祖先弃,因为种田种得好,被任命为"农师",称"稷"。一千多年以后,他的子孙们取得了天下,建立周朝。

南宫适(就是南容)称赞禹和稷,批评羿和奡,所以孔子称赞他是有德行的君子。

有人认为,古代的羿不止一个。帝尧时期,有射落九个太阳的羿;更早,还有帝喾时代的羿。三个羿都是优秀射手。也可能,其他的羿都是由有穷国的君主(后)羿演化出来的神话故事。

【原 文】

14.7 子曰:"君子而不仁者有矣夫,未有小人而仁者也。"

【译 文】

孔子说:"君子中间没有仁德的人大约是有的吧,但小人有仁德的是没有的啊!"

【解 义】

君子中间存在着没有仁德的人物,比如所谓"为富不仁"者。孔子这种说法是实事求是的。在孔子看来,小人中间是不会有仁德的,也就是没有能够克己复礼的。本来,"礼不下庶人",礼就不是为小人们制订的。不过小人们自有自己的德行内容和德行标准。这一点,是孔子所不大了解的。

【原 文】

14.8 子曰:"爱之,能勿劳乎?忠焉,能勿诲乎?"

【译 文】

孔子说:"爱他,能不为他劳苦吗?忠诚于他,能不对他规劝吗？"

【解义】

爱谁，就一定要为他操心受累；忠诚于谁，一定要对谁有所规劝。

苏轼认为，劳苦，是指让被爱者劳苦。不让被爱者劳苦，那是牛羊爱犊的爱，会害了所爱的。忠诚于谁而不规劝，那是妇人、宦官的忠，是小忠诚，不是大忠诚。也说得通。

【原文】

14.9 子曰："为命[1]，裨[2]谌[3]草创之，世叔讨论之，行人子羽修饰之，东里子产润色之。"

【注释】

[1] 命，政令。这里指外交文书。
[2] 裨，音 bì。
[3] 谌，音 chén。

【译文】

孔子说："完成一个外交文书，先由裨谌起草，然后世叔提出意见，行人子羽进行修改，东里的子产最后润色定稿。"

【解义】

裨谌和以下几个人,都是郑国大夫。据说裨谌起草文书,必须跑到野外。在城里就写不出来。世叔,就是游吉,《左传》中称"子大叔"。行人,掌管出使的官员。子羽,即公孙挥。东里,地名,子产住的地方。

孔子称赞郑国这几位大夫,和谐相处,互相配合,共同为自己的国家服务。

【原文】

14.10　或问子产。子曰:"惠人也。"

问子西。曰:"彼哉!彼哉!"

问管仲。曰:"人也,夺伯氏骈邑三百,饭疏食,没齿无怨言。"

【译文】

有人问子产怎么样。孔子说:"给民众恩惠的人啊。"

问子西。孔子说:"那个人吗!那个人吗!"

问管仲。孔子说:"这个人,夺了伯氏骈邑的三百户人家,使伯氏生活贫困,但伯氏终生没有怨言。"

【解 义】

子产执掌郑国的政权,有许多政绩。总的结果,就是给民众带来了利益。孔子说子产是给民众恩惠的人,是对子产的整体评价。

子西,就是楚国的公子申,他让掉楚国的王位,拥立了昭王,并且改革楚国政治,也是个贤大夫。但他没有改掉楚国僭称的王号。昭王想重用孔子,子西又加以阻止。后来终于招来白公,以致楚国发生内乱,自己也在内乱中被杀。

"那个人吗!那个人吗!"是瞧不上的用语。就像美国作家斯诺在《红星照耀中国》里写的,他问宁夏一个农民,马鸿逵是不是那么坏。那个农民正在吃西瓜,嘴里一边吐着瓜子,一边叫道:"马鸿逵!马鸿逵!……妈的马鸿逵!"① 也是瞧不起,甚至是极端厌恶的语言。

也有人认为,子西是郑国的大夫公孙夏。

伯氏,齐国大夫。骈邑,地名。齐桓公剥夺了伯氏的领地给管仲,伯氏知道自己的罪过,心服管仲的功劳,所以终身贫困而没有怨言。

---

① 见埃德加·斯诺(Edgar Snow,1905.7.11—1972.2.15)《红星照耀中国》第九篇《同红军在一起(续)》。

【原文】

14.11 子曰:"贫而无怨难,富而无骄易。"

【译文】

孔子说:"贫穷却没有怨恨困难,富有却不骄横容易。"

【解义】

这是指士人的修养,也是孔子对当时社会状况和他的学生们长期观察的结论。

子贡应当是富有而不骄横的士人。但孔子表扬较多的,是颜回的贫穷而没有怨恨。孔子的这种态度,就是要求他的学生们要安于贫穷,做一个奉公守法的好公民。

【原文】

14.12 子曰:"孟公绰为赵、魏老[1]则优,不可以为滕、薛大夫。"

【注释】

[1] 老,家臣的首领。

【译文】

孔子说:"孟公绰做赵氏、魏氏的家臣首领,绰绰有余;却做不了滕、薛这些国家的大夫。"

【解义】

孟公绰为人稳重廉洁,但才能较差。孔子说他做一个强大的大夫家臣首领,能力也是有余的。要做一个小国的大夫,能力就不够了。

赵氏、魏氏,就是后来的赵国、魏国。当时他们还是晋国的大夫,但领地已经非常广大。滕、薛都是当时鲁国附近的小国。

孟公绰当时是鲁国的大夫,大概是个庸碌之辈,所以孔子这样说他。

孔子的说法也表明,当时一个国的事务要比一个家的事务复杂得多。所谓"麻雀虽小,五脏俱全"。

【原 文】

14.13 子路问成人。子曰:"若臧武仲之知,公绰之不欲,卞庄子之勇,冉求之艺,文之以礼乐,亦可以为成人矣。"

曰:"今之成人者何必然?见利思义,见危授命,久要[1]不忘平生[2]之言，亦可以为成人矣。"

【注释】

[1] 久要，过去的诺言、盟约。
[2] 平生，平日。

【译文】

子路问什么样才是个成熟的人。孔子说："如能有臧武仲的智慧、孟公绰的廉洁、卞庄子的勇气、冉求的才能，再加上精通礼仪音乐，也可以说是成熟的人了。"

又说："今天成熟的人也不一定非要这样。见到利益能想到正义，碰到危险敢于献出生命，平日里不忘当初的誓言，也可以算是成熟的人了。"

【解义】

臧武仲，鲁国大夫，名纥。卞庄子，鲁国卞邑的大夫，能够徒手打虎。成熟的人，如同全面发展的人。孔子这里实际上说两种人都可以算是成熟的人。第一种是有德（廉洁、勇敢）、有才（智慧、才能），还要奉公守法，遵守礼制。第二种仅仅是有德行，不过德行要比较全面（讲正义、献身、坚守誓言）。由此可见，即使孔子认可的成熟的人，也不可能具备全部的优点。这大约是"人无完人"格言的由来。虽无完人，但优点较多，也可以算是成熟的人，全面发展的人。

【原 文】

14.14 子问公叔文子于公明贾曰:"信乎夫子不言、不笑、不取乎?"

公明贾对曰:"以告者过也。夫子时然后言,人不厌其言;乐然后笑,人不厌其笑;义然后取,人不厌其取。"子曰:"其然,岂其然乎?"

【译 文】

孔子向公明贾求证公叔文子的事:"先生是真的不说话、不笑、不拿别人东西吗?"

公明贾回答说:"这是传得过头了。先生该说的时候才说,别人不讨厌他说;快乐的时候才笑,别人不讨厌他笑;合乎道义时才拿别人东西,别人不讨厌他的拿取。"孔子说:"是这样啊!真的是这样吗?"

【解 义】

公叔文子,卫国大夫公孙枝。公明贾,卫国人,姓公明,名贾。公叔文子应当是一个不太爱说话、不苟言笑、又比较清廉的人,社会上才有这样的传言。孔子不大相信传言,所以向公明贾求证。但也不大相信公明贾的解释。

不相信传言,如果认为重要,就向有关人士求证,是孔子实事求是态度的表现。求证以后仍然不大相信,那就暂时存疑。这是智者的做法。

【原文】

14.15　子曰:"臧武仲以防求为后于鲁,虽曰不要[1]君,吾不信也。"

【注释】

[1] 要,音 yāo,用要挟来请求。

【译文】

孔子说:"臧武仲以防邑为条件,要求鲁国封给他的儿子。虽然他说这不是要挟君主,我也不信的。"

【解义】

臧武仲,就是第十三章那个臧武仲。因为和季氏的矛盾,逃到邾国后,又回到自己的领地防邑,要求鲁襄公把防邑继续封给他的儿子,否则他就发动叛乱,鲁襄公只好答应他的要求。所以孔子认为他是要挟君主,尽管他话说得很卑顺。

臧武仲逃到齐国,齐庄公要封给他一块土地。当时齐国要进攻晋国。他看到齐国将要动乱,就故意用言语刺激齐庄公说,老鼠昼伏夜出,不在宫殿庙宇里打洞,因为他害怕人。现在你知道晋国内乱要去进攻人家,和老鼠夜里使坏有什么区别。齐庄公于是取消了给他封地的念头，他也躲过了齐国的一场内乱。

臧武仲曾做过鲁国的司寇，也为鲁国出过一些好主意，是个很有智慧的人，但就是品德较差。所以孔子赞扬他的智慧，批评他的为人。臧武仲的爷爷就是臧文仲。

【原文】

14.16 子曰："晋文公谲[1]而不正，齐桓公正而不谲。"

【注释】

[1] 谲，音 jué，诡诈。

【译文】

孔子说："晋文公诡诈而不正派，齐桓公正派而不诡诈。"

【解义】

晋文公名叫重耳，父亲是晋献公。晋献公后来又娶了骊姬，生了个小弟弟。为了让这个小弟弟继承君位，父亲晋献公杀害了他的哥哥太子申生，逼跑了重耳。重耳在国外流亡二十八年，后来回国继承了君位，并称霸诸侯。是所谓"春秋五霸"之一。

齐桓公名叫小白，也是在政治动乱中流亡在外。后来，他和哥哥子纠争夺君位，取得胜利。辅佐哥哥的管仲曾经射了他一箭。他不计前仇，任用管仲，是"春秋五霸"中最早称霸诸侯的。

齐桓公称霸的手段比较正规。比如他因恼恨蔡姬打败了蔡国以后，又采纳管仲的意见，率领诸侯进攻楚国，责备楚国为什么不向王室进贡白茅。由于是维护王室威信，符合礼制，所以孔子认为他比较正派。

继他之后的晋文公，也要学齐桓公，率领诸侯晋见周王。他用的办法是，要求周王以到"河阳"，即黄河北岸、今河南孟州一带打猎为名，接受诸侯们的朝拜。孔子认为他这是"以臣召君"，违犯礼制，而且近似骗局。其他不少事情，也大多如此，所以说他诡诈而不正派。

【原文】

14.17 子路曰："桓公杀公子纠[1]，召[2]忽死之，管仲不死。"曰："未仁乎？"

子曰："桓公九[3]合诸侯，不以兵车，管仲之力也。如其仁！如其仁！"

【注释】

[1] 纠，音 jiū。

[2] 召，音 shào。

[3] 九，《左传》写作"纠"："桓公是以纠合诸侯而谋其不协。"(《左传·僖公二十六年》)据晋代儒者范宁统计，二十多年间，桓公会合诸侯共有十一次。使天下保持了相对的秩序和稳定。

【译文】

子路说："齐桓公杀害了公子纠，召忽死了，管仲不死。"又说："这不是仁德吧？"

孔子说："桓公屡次召集诸侯，不用武力，都是管仲的作用啊。这就是他的仁德，这就是他的仁德！"

【解义】

召忽和管仲都是公子纠的师傅。齐国动乱时，公子纠逃亡到鲁国。弟弟小白继承君位，要求鲁国杀死公子纠。公子纠死，召忽作为师傅，也自杀了。管仲也是师傅，辅佐的主人死了，自己却没有从死。子路认为，这是没有仁德的表现。

孔子认为，齐桓公之所以能够称霸诸侯，多次召集诸侯会盟，共同尊奉周王室，使天下归于秩序，都是管仲的功劳。这种大功劳，也是真正的仁德。

孔子认为管仲有仁德，也是对《颜渊》篇中"克己复礼为仁"的最好注释。

【原文】

14.18　子贡曰:"管仲非仁者与?桓公杀公子纠,不能死,又相之。"

子曰:"管仲相桓公,霸诸侯,一匡天下,民到于今受其赐。微管仲,吾其被发左衽[1]矣。岂若匹夫匹妇之为谅也,自经于沟渎而莫之知[2]也。"

【注 释】

[1] 被发左衽,是所谓夷狄的风俗。被,音 pī,同披。衽,音 rèn,衣襟。
[2] 莫之知,《后汉书·杨终传》作"人莫之知"。

【译 文】

子贡说:"管仲不能算是一个仁者吧?齐桓公杀了公子纠,他不能从死,又做了桓公的宰相。"

孔子说:"管仲作桓公的宰相,称霸诸侯,一下于就纠正了天下的乱象,民众到现在还能感受到他的恩惠。没有管仲,我们都要披散头发,穿左边开襟的衣服了。怎能像一个普通男女的信义,在荒山野沟中上吊自杀了也没人知道。"

【解 义】

这一章接着上一章的意思说。在子贡看来,管仲不死还可以，但是又去做仇敌桓公的宰相，这就太过分了。但在孔子看来，只有给更多的人带来利益的行为，才是真正的德行。这种德行，是那些对人无益、对己有害的守信仗义行为所不能比拟的。

【原文】

14.19 公叔文子之臣[1]大夫僎[2]，与文子同升诸公[3]。

子闻之，曰："可以为'文'矣。"

【注释】

[1]臣，家臣。

[2]僎，音 zhuàn。

[3]公，公朝。指推荐他和自己一起成为公朝的臣。

【译文】

公叔文子的家臣大夫僎，和文子一起做了公朝的臣。
孔子听到了，说："可以谥为'文'啊！"

【解义】

公叔文子的家臣，能在国家的朝廷上做官，和文子成为同事，那是由于文子的推荐。文子能够识得贤才，是智慧；让这贤才为国家服务，是忠诚。不嫉妒过去的家臣和自己同列，是厚道。古代的谥法也有"赐民爵位为文"的记载。所以孔子说，可以谥为"文"了。

【原文】

14.20 子言卫灵公之无道也，康子曰："夫如是，奚而不丧？"

孔子曰："仲叔圉治宾客，祝鮀治宗庙，王孙贾治军旅。夫如是，奚其丧！"

【译文】

孔子说，卫灵公是个无道的君主啊。康子说："既然这样，为什么还不灭亡？"

孔子说："仲叔圉主管宾客，祝鮀主管宗庙祭祀，王孙贾主管军事。既然如此，怎么能够灭亡！"

【解义】

无道，就是不守规矩。孔子以及春秋、战国时代的其他思想家所追求的，都是一种道，即一种正确的行为方式，特别是正确的治理国家的行为方式。道可以不同，但都要有一种道，即有一种正确的行为方式。按照这正确的行为方式行事的，就是有道。不按照这正确的行为方式行事的，就是无道。就像今天有人在公路上横冲直撞，不守交通规则一样。中国古人认为，这种不守规则的人，是会自取灭亡的。不守规则的君主，一定会闹得国家灭亡。

孔子说卫灵公无道，为什么还不灭亡呢？孔子的回答是，有几个能干的臣子在治理这个国家。他们共同合作，和谐相处，这个国家才没有灭亡。

其中仲叔圉就是《公冶长》篇第十六章说的孔文子。祝鮀就是《雍也》篇第十六章说的口才好的祝鮀。王孙贾就是《八佾》篇第十三章的王孙贾。他们通力合作，维持着卫国政权的运转。虽然君主无道，尚不至于灭亡。他们虽然各有缺点，但从他们通力合作维持国家来说，可以算是"和而不同"的君子。

【原　文】

14.21　子曰："其言之不怍，则为之也难。"

【译　文】

孔子说："说大话而不觉得惭愧，做起来就会困难。"

【解　义】

说大话不觉得惭愧，就是所谓"大言不惭"。这种人，要么是不自量力，要么就是只管说，而不管是否能够实行，或者根本也就不打算实行。那么，他的话，实行起来就一定困难。

【原 文】

14.22 陈成子[1]弑简公[2]。

孔子沐浴而朝，告于哀公曰："陈恒弑其君，请讨之。"

公曰："告夫三子！"

孔子曰："以吾从大夫之后，不敢不告也。君曰'告夫三子'者。"

之三子告，不可。孔子曰："以吾从大夫之后，不敢不告也。"

【注 释】

[1] 陈成子，齐国大夫，名恒，历史上也称为田常。
[2] 简公，齐国君主，名壬。事在《左传·哀公十四年》。

【译 文】

陈成子杀害了齐简公。

孔子沐浴后上朝，向鲁哀公报告说："陈恒杀害了他们的君主，请您出兵讨伐他。"

哀公说："您去和他们三个说！"

孔子说:"因为我曾经做过大夫,所以不能不来报告。君主告诉我,'和他们三个说'吧。"

向那三个人报告,不让出兵。孔子说:"因为我曾经做过大夫,所以不能不来报告。"

【解 义】

这是春秋时代历史上一个重大事件。

早在齐景公当政时期,孔子就看出齐国的政治处于君不君、臣不臣的局面。齐景公死,果然发生内乱。齐景公的几个儿子争权,最后由齐景公儿子阳生继位,就是齐悼公。三四年的工夫,齐悼公就被臣子杀害。他的儿子壬继位。三四年后,又被臣子陈恒杀害。孔子要求鲁国出兵讨伐齐国。鲁哀公没有权力,所以让他向那三个人报告。那三个人,就是当时掌握着鲁国政权的季孙、仲孙、孟孙三个人。

那么,春秋时代。臣子杀害君主的事件很多,为什么其他的弑君事件,孔子都没有要求鲁国出兵讨伐,这一次却沐浴以后,郑重其事地要求鲁国去讨伐呢?《左传·哀公十四年》记载,孔子沐浴斋戒三天后,请鲁哀公出兵讨伐,鲁哀公说:鲁国被齐国弄得很弱小了,力量不够。孔子说,陈恒杀害他们的君主,民众不满意的有一半。以鲁国的民众,加上齐国民众的一半,一定能够取胜。哀公让孔子向季孙报告。

宋代程颐认为,《左传》这段记载肯定不真实,孔子不会说这样的话。因为这段话的意思,不是根据道义,而是凭借力量对比。孔子不会这样做的。那么，明明自己弱小，却不自量力，招致灭亡，难道是孔子所主张的吗？程颐没有进一步讨论。

【原　文】

14.23　子路问事君。子曰："勿欺也，而犯之。"

【译　文】

子路问如何侍奉君主。孔子说："不要欺骗他，可以触犯他。"

【解　义】

触犯，就是批评君主的缺点。这也是儒家主张的事君之道中的一项基本内容。

【原　文】

14.24　子曰："君子上达。小人下达。"

【译　文】

孔子说："君子懂得高尚的，小人懂得低下的。"

【解义】

所谓高尚的，就是仁义道德之类；低下的，就是求财谋利之类。

【原文】

14.25　子曰："古之学者为己，今之学者为人。"

【译文】

孔子说："古代求学的人为的是提高自己；今天求学的人为的是向别人炫耀。"

【解义】

古代求学的人是否都是如此，无须考证。但提倡为提高自己而努力学习，却是孔子的真实用意。

【原文】

14.26　蘧伯玉使人于孔子。

孔子与之坐而问焉，曰："夫子何为？"对曰："夫子欲寡其过而未能也。"使者出。子曰："使乎！使乎！"

【译文】

蘧伯玉派使者来见孔子。

孔子让使者坐下,然后问道:"蘧先生在做些什么?"使者回答说:"先生在努力减少过错只是还未做到。"使者走了。孔子说:"好一个使者!好一个使者!"

【解义】

蘧伯玉,卫国大夫,名瑗。孔子在卫国,曾住在他家。不久返回鲁国,所以蘧伯玉派了人来。

《庄子·则阳》篇说:"蘧伯玉行年六十而六十化,未尝不始于是之而卒诎之以非也。"也就是说:"蘧伯玉活到六十岁也变化了六十年,没有不是开始认为正确而最终确定是错误的。"可知这是一个不断反省自己、改正过错的君子。使者说他只想少犯过失却还未能做到,那他反省、克制自己,常常像做得不够的意思就可以见到了。使者的话谦卑而简略,他主人的贤明也就愈加鲜明,这是一个深知他主人的心思,并且善于辞令的人,所以得到了孔子的连声赞扬。

【原文】

14.27 子曰:"不在其位,不谋其政。"

【译 文】

子曰:"不在其位,不谋其政。"

【解 义】

和前面《泰伯》篇第十四章重复。

【原 文】

14.28　曾子曰:"君子思不出其位。"

【译 文】

曾子说:"君子考虑事情不超越自己的职位。"

【解 义】

这是《易传·象传·艮卦》的一句话:"君子思不出其位。"曾子大约曾赞赏过,因为和上一章的意思类似,所以编者也记录了这句话。

儒家一向主张,每个人都应该安守本分,不要做非分之想,这样社会就能安定,政权就不会有被推翻的危险。现代社会,不可能仅仅这样要求,但是每个人首先应该做好自己本职以内的工作,这仍然是社会的基本要求。

【原 文】

14.29　子曰:"君子耻其言而过其行。"

【译 文】

孔子说:"君子为自己的言论超越自己的行为感到羞耻。"

【解 义】

这也是反对讲大话、空话,而不能做好实际工作。

【原 文】

14.30　子曰:"君子道者三,我无能焉:仁者不忧,知[1]者不惑,勇者不惧。"

子贡曰:"夫子自道也。"

【注 释】

[1] 知,音 zhì,智。

【译 文】

孔子说:"君子的行事原则有三条,我未能做到:仁德的人不忧愁,智慧的人不迷惑,勇敢的人不畏惧。"

子贡说:"先生这是说他自己啊!"

【解 义】

仁德、智慧和勇敢，后来成为赞扬品德高尚的基本条件。

【原 文】

14.31　子贡方人。子曰："赐也贤乎哉？夫我则不暇。"

【译 文】

子贡好去比较别人。孔子说："赐啊，你很贤明了吗？我就没有这样的工夫。"

【解 义】

孔子教育子贡，不要总拿人和人相比较，也不要拿自己和别人做比较。这样的比较，往往是没有积极意义的。不是助长盲目自信，就是增加自卑和悲观。喜欢比较别人，也往往会忽视改进自己。人各有所长，也各有所短。要能不断进步，重要的是发扬自己的长处，克服自己的缺点。

【原 文】

14.32　子曰："不患人之不己知，患其不能也。"

【译文】

孔子说:"不忧虑别人不了解自己,应忧虑自己没有能力。"

【解义】

类似的内容在《论语》出现了四次。另外三次是:《学而》篇第十六章:"不忧虑别人不了解自己,忧虑的是自己不了解别人。"《里仁》篇第十四章:"不忧虑别人不了解自己,只求具备那可以被人了解的。"还有后面的《卫灵公》篇第十九章:"君子忧虑自己的无能,不忧虑别人不了解自己。"

类似内容的反复出现,说明孔子对这种德行的特别重视,也是对学生们的谆谆教诲。因为别人是否了解,这是自己无法左右的。抱怨别人不了解自己,除了增加烦恼,没有其他用处。所以孔子教导学生,只有把精力用于提高自己,才是正确的人生之路。

【原文】

14.33 子曰:"不逆[1]诈,不亿[2]不信。抑亦先觉者,是贤乎!"

【注 释】

[1] 逆，迎接。
[2] 亿，臆测。

【译 文】

孔子说："不预测别人的欺诈，不臆想别人的不诚实，也可能预先察觉，是因为贤明吧。"

【解 义】

这一章的意思说明，孔子不主张随便怀疑别人，但主张凭借聪明智慧，做到预先察觉。如果没有预先察觉的能力，受了小人的欺骗甚至愚弄，也是孔子所不赞成的。

【原 文】

14.34 微生亩谓孔子曰："丘何为是栖栖者与？无乃为佞乎？"

孔子曰："非敢为佞也，疾固也。"

【译 文】

微生亩对孔子说："孔丘为什么总是忙忙碌碌的，是不是要卖弄你的口才啊！"

孔子说:"不是要卖弄口才,是讨厌那些顽固不化的人。"

【解义】

微生亩,姓微生,名亩。当是一位年龄长于孔子的隐者,所以倚老卖老,口气傲慢。孔子的回答,虽然礼貌恭敬,但内容直率。如何回答那些倚老卖老的人,孔子这里做了榜样。

【原文】

14.35 子曰:"骥[1],不称其力,称其德也。"

【注释】

[1]骥,千里马。

【译文】

孔子说:"千里马,赞美的不是它的力气,而是它的德行。"

【解义】

大约孔子认为,千里马不仅是跑得快,而且特别听人使唤。不过在普通人的印象中,跑得快的马往往是性情暴躁的烈马。所以这话应当是孔子对当时的人们不重视德行的感慨。

【原 文】

14.36　或曰:"以德报怨,何如?"

子曰:"何以报德?以直报怨,以德报德。"

【译 文】

有人说:"以德报怨,怎么样?"

孔子说:"怎么报德?(应该是)以直报怨,以德报德。"

【解 义】

"以德报怨"的话,见于《老子》第六十三章:"报怨以德。"大约当时这句话比较流行,所以传到了孔子的耳朵里。也许就是听老子本人说的,因为孔子曾经向老子请教礼仪方面的事。

孔子的话,是实事求是的。道理讲得简要而明白。是的,以德报怨,那么该如何报德?所以只能是以直报怨,以德报德。如果损害了别人而不受惩罚,甚至还会得到好处,只能是鼓励坏人作恶。

从这里也可以看出,那种主张"打了左脸,再给人右脸"的说教,是多么虚伪!

"以直报怨",意思是说,做了坏事的人,该受什么样的惩罚,就应该给他什么样的惩罚。

【原文】

14.37　子曰："莫我知也夫！"

子贡曰："何为其莫知子也？"子曰："不怨天，不尤人。下学而上达。知我者，其天乎！"

【译文】

孔子说："没人了解我了啊！"

子贡说："为什么他们不了解先生您呢？"孔子说："不怨恨上天，也不责备别人。学习那基本的知识，懂得那深刻的道理。了解我的，只有上天吧！"

【解义】

孔子从鲁国辞职以后，周游列国，再无人任用他。他感慨别人不了解，应当是由此而发。但另一面，了解他的人也不少，学生众多就是证明。但无论如何，孔子为此不怨恨上天，也不埋怨别人。自己只是勤奋地学习，以求理解深刻的道理。但他坚信，上天是了解自己的。这里，又一次清楚地表明了孔子的天命信仰。

"怨天尤人"这话，现在已经是一个成语。在孔子以前，怨恨上天的言论是很多的。《诗经》中就有不少这样的诗歌。但是孔子的态度，影响了一代又一代儒者对待上天的态度。就历史文献而言，孔子以后，直到清朝灭亡，文献里记载的、除了司马迁曾经因为伯夷、叔齐的命运对上天是否帮助善人发出过疑问之外，再未见有人对上天的公正和明察发出怀疑的言论，更没有所谓怨恨情绪。

【原文】

14.38　公伯寮诉子路于季孙。子服景伯以告，曰："夫子固有惑志于公伯寮，吾力犹能肆诸市朝。"

子曰："道之将行也与？命也。道之将废也与？命也。公伯寮其如命何！"

【译文】

公伯寮对季孙说子路的坏话。子服景伯来告诉孔子，说："季孙先生也不大相信公伯寮的话，我有能力让公伯寮横尸街头。"

孔子说："大道若是能够推行吗，是天命。大道若是被抛弃吗，也是天命，公伯寮他能改变天命吗！"

【解义】

公伯寮，鲁国人。子服，姓氏；景，谥号；伯，字；即鲁国大夫子服何。这一章，说明孔子不赞成用杀人的方式去处理同事间的矛盾，也说明孔子对于天命的虔诚信仰。后来孟子也强调，儒家的道能否推行，上天的意志才是决定的因素。

【原文】

14.39 子曰:"贤者辟世,其次辟地,其次辟色,其次辟言。"

【译文】

孔子说:"贤能的人因为世道污浊而隐居,其次因为当地无道而隐居,其次因为不公正对待而隐居,其次因为言论不合而隐居。"

【解义】

士人的职业是出仕,即做官,为国家和社会服务。但是因为世道污浊,也就是政治黑暗,出仕不能正常履行职务,反而经常有生命危险,这时候,往往有许多士人隐居起来,甚至逃进深山,不再做官。也有的是因为朝代更迭,因为自己是前朝官员,所以不愿为新的政权服务,也隐居起来。这是一种隐居的理由。

隐居的理由和方式也各种各样。对世道,也就是对政治不满而隐居的,叫"避世隐居"。有的是认为某个国家政治黑暗而跑到另一个国家的,这叫"避地隐居"。有的是因为君主脸色难看,也就是不能公正地对待他,叫作"避色隐居"。有的是因为君主不采纳他的意见,也就是言论不合君主的心意,这叫作"避言隐居"。孔子对当时隐居者的观察和分类,对我们认识当时那些隐居士人的情况，有一定的帮助。

【原　文】

14.40　子曰："作者七人矣。"

【译　文】

孔子说："起身隐居的，有七个人了。"

【解　义】

有人说，七个人，就是《论语》中将要提到的长沮、桀溺、荷蓧丈人、石门晨门、荷蒉、仪封人、楚狂接舆，共七个人。也有人说，七个人是伯夷、叔齐、虞仲、夷逸、朱张、柳下惠、少连。也有人说：伯夷、叔齐、虞仲，是避世者；荷蓧、长沮、桀溺，是避地者；柳下惠、少连，是避色者；荷蒉、楚狂接舆，是避言者。共十个人，错写成七个。也有人认为，这都是猜测，不可当真。

【原　文】

14.41　子路宿于石门。晨门曰："奚自？"子路曰："自孔氏。"曰："是知其不可而为之者与？"

【译文】

子路在石门这地方借宿。晨门问:"从哪里来?"子路说:"从姓孔的那里来。"说:"是那个知其不可而为之的人吗?"

【解义】

晨门,早晨负责开门的人。就是上一章所谓起身隐居的七人之一。

"知其不可而为之",就是知道不能成功却还要去做,后来成为对孔子一生所作所为的扼要描述。

【原文】

14.42　子击磬于卫。有荷蒉而过孔氏之门者,曰:"有心哉!击磬乎!"

既而曰:"鄙哉!硁硁乎!莫己知也,斯已而已矣。深则厉,浅则揭。"

子曰:"果哉!末之难矣。"

【译文】

孔子在卫国击磬。有荷蒉者从孔子门口经过,说:"有什么心思吧?这个击磬的。"

停了一会儿,又说:"发贱啊!这么当当当的,好像别人都不了解自己。这样停下来也就算了。水深就连衣服一起蹚河，水浅就提起衣裳蹚河。"

孔子说："果断得很啊！他是没什么难的。"

【解义】

荷蒉，背草筐的，也是第四十章说的七人之一。磬，古代石制的乐器。

这一章的意思不大好解，古人说法也不一样。大意是，这个背草筐的从磬声中听懂了孔子的心思，认为孔子总想让别人了解自己，推行自己的主张，很不高尚，不如就这样停下来算了。社会的水深呢，你就穿着衣服蹚河；社会的水浅呢，你就撩起衣服蹚河。随世浮沉，何必这样喋喋不休地急着推行自己的道呢！

孔子的意思，是说这个人真是果断得很，丢下一切都不觉得困难，而自己是难以丢下的。

《论语》中从不同的角度，都在说明，孔子难以和这些隐居的人为伍。

【原文】

14.43 子张曰："《书》云：'高宗谅阴，三年不言。'何谓也？"

子曰："何必高宗？古之人皆然。君薨，百官总己以听于冢宰三年。"

【译文】

子张说:"《尚书》记载:'高宗谅阴,三年不言。'什么意思?"

孔子说:"不仅商高宗,古人都是这样。君主去世,三年之内文武百官一起服从宰相领导。"

【解义】

高宗,商代的君主武丁。谅阴,现代的《尚书》版本作"亮阴"。《礼记》中作"谅闇"。谅,意思是诚信、确实;阴,沉默。有人认为,谅阴的意思,就是什么话都不说。也有人认为,谅阴,就是住在临时搭起的守丧草棚里。也有人认为,谅阴是什么意思,说不清楚。

根据孔子这里的解释,谅阴或亮阴的意思,就是君主死后,文武百官都由宰相领导,而新的君主则什么事也不管,什么话也不说。并且认为,这是古代的一项制度。是否如此,已经无法考证。不过至少从孔子以后,除非新的君主幼小不懂事,就再未见有人实行过这样的制度。

【原文】

14.44 子曰:"上好礼,则民易使也。"

【译 文】

孔子说:"上面的人喜好礼仪,民众就容易听从使唤。"

【解 义】

这一章,清楚地表明了孔子主张以礼治国的目的,就是让民众容易听从使唤。否则,也就是说,治国的人不喜欢礼仪,就会使秩序混乱,民众自然也难以遵守规矩。不守规矩的民众,使唤起来当然也不会顺手。

【原 文】

14.45　子路问君子。子曰:"修己以敬。"

曰:"如斯而已乎?"曰:"修己以安人。"

曰:"如斯而已乎?"曰:"修己以安百姓。修己以安百姓,尧、舜其犹病诸!"

【译 文】

子路问怎样做一个君子。孔子说:"修养自己的态度,要认真严肃。"

问:"这样就够了吗?"答:"修养自己,安宁别人。"

问:"这样就够了吗?"答:"修养自己,安宁百姓。修养自己安宁百姓,尧、舜也感到困难。"

【解 义】

尧和舜是传说中古代的英明君主，也是孔子经常推崇的榜样。连他们也觉得使百姓安宁是不容易办到的事情，一面说明，即使在他们统治的时期，就未必做到了这一点；一面也说明，使百姓安宁，确实是古代社会很难办到的事情。

孔子的这个说法，是实事求是的。

无论古代还是当代，使百姓安宁，至少要有两个条件：第一自然是温饱，不受饥寒之苦；第二就是社会秩序良好，不担心生命财产随时会受到侵害。在中国古代，即使丰收的年份，可以说，也未能解决百姓的温饱问题。一面是生产力低下，一面也是封建制度的痼疾。至于社会安宁，则古代就未能真正实现过。

当今世界，不少国家可说都解决了百姓的温饱问题。然而社会秩序的乱象，却使百姓时常担心生命财产会受到侵害。晚上不敢轻易上街，某些社区也不敢轻易前往，恐怖活动、枪击事件不断发生，而政府不是漠不关心，就是束手无策。更不必说那些发生战乱或者被人搞得战乱不断的国家和地区。所以两千多年前孔子的话，今天仍然让人感慨万千：修养自己安宁百姓，尧、舜也感到困难！

【原 文】

14.46　原壤夷[1]俟。子曰:"幼而不孙[2]弟[3],长[4]而无述焉,老而不死,是为贼!"以杖叩其胫[5]。

【注 释】

[1] 夷,蹲着。
[2] 孙,音 xùn。
[3] 弟,音 tì。
[4] 长,音 zhǎng。
[5] 胫,音 jìng,朱熹认为是足骨,即踝骨。

【译 文】

原壤张开两腿蹲着等孔子来。

孔子说:"从小你就没有礼貌,长大了也不干好事,老了还不死去,就是个害人精!"用拐杖敲他的脚。

【解 义】

原壤,鲁国人,孔子的老朋友。据《礼记·檀弓》篇记载,原壤母亲死了,孔子帮他为母亲做棺木。他说,我好久不唱歌了,于是跳到棺木上唱了起来。孔子就当没有听见,仍然在帮他干活。

这也是一个不大遵守礼制的人。

【原文】

14.47 阙党童子将命。或问之曰:"益者与?"

子曰:"吾见其居于位也,见其与先生并行也。非求益者也,欲速成者也。"

【译文】

阙党一个少年做了孔子的传话人。有人问:"是个求上进的人吗?"

孔子说:"我见他大模大样地坐着,见他和年长的先生一起并行。不是个追求上进的人,是个想尽快成名的人。"

【解义】

过去的大户人家,往往都有一些仆人,其中有的仆人是负责看门和传达消息的。也就是假如有客人来访,要先向主人通报一下。这个少年,就是孔子的传话人。

朱熹《论语集注》解释说,按照礼制,童子应坐在角落、跟在后头。但这个童子,不遵循这个礼。所以不是要求进步,只是想尽快成名。孔子之所以让他来回传话,是要让他看看老少的顺序,学习作揖逊让的姿态。这是为抑制而教育他,不是表示宠爱和奖励。

第十五篇　卫灵公

【解题】

这一篇,从卫国君主卫灵公问战争问题开始,论述治国和做人。下一篇《季氏》,从评论鲁国大夫季氏违背礼制、擅自讨伐小国的事开始,较为集中地论述了当时礼制败坏的状况,讨论了君子的处事原则。再下一篇《阳货》。阳货是季氏的家臣,曾有背叛行为。《阳货》篇中,记述了孔子和阳货等几位当时背叛主人的家臣交往的事迹。

这三篇是一组。

本篇共四十二章。

【原 文】

15.1　卫灵公问陈[1]于孔子。孔子对曰:"俎豆[2]之事,则尝闻之矣。军旅之事,未之学也。"明日遂行。

【注 释】

[1] 陈,音 zhèn,指军队的队伍、行列。
[2] 俎豆,礼器。

【译 文】

卫灵公向孔子请教如何排兵布阵。孔子回答说:"祭祀礼仪方面的事,曾经听说过;行军作战方面的事,没有学过。"第二天,就离开了卫国。

【解 义】

这种情况,就类似《子路》篇第三十九章所说的"言论不合"。孔子其实很有军事才能。他的学生冉求做季氏家臣,曾经率领鲁国的军队打败了齐国。冉求说,他的军事知识就是跟老师学的。但孔子不愿意帮助卫灵公这样的所谓"无道"君主穷兵黩武。

【原文】

15.2 在陈绝粮，从者病，莫能兴。

子路愠见，曰："君子亦有穷乎？"子曰："君子固穷，小人穷斯滥矣。"

【译文】

走到陈国，断粮了。随从的学生们饿病了，起不来床。

子路很恼火地来见孔子，说："君子也有被困住的情况吗？"孔子说："君子固然有被困住的情况，小人到被困住的时候就会为非作歹。"

【解义】

孔子离开卫国，先到曹国。曹国人不接纳，又到了宋国。遭遇宋国司马桓魋要加害孔子的事件。于是孔子又离开宋国到了陈国。碰上吴国来进攻陈国，陈国内部混乱，所以断粮被困。

"君子固穷"，一般认为，这是说君子固然有被困的情况。也有人认为，这话的意思是，君子即使穷困时也能坚持，遵守规矩，不越规行事。

【原文】

15.3 子曰："赐也，女以予为多学而识之者与？"

对曰:"然,非与?"

曰:"非也,予一以贯之。"

【译 文】

孔子说:"赐啊,你以为我是那博学强记的人吗?"

子贡回答说:"是啊,难道不是吗?"

孔子说:"不是的,我有一以贯之的思想。"

【解 义】

孔子学问渊博,这是容易看到的。至于这渊博知识之中那一以贯之的思想,连子贡这样的优秀学生也没有发现。曾参认为,那一以贯之的思想是"忠恕",子贡却未能说出是什么。有人认为,这是子贡不如曾参的地方。其实未必。

【原 文】

15.4 子曰:"由!知德者鲜矣。"

【译 文】

孔子说:"由,懂得德行的人太少了啊!"

【解 义】

一般认为,这是因为在陈国断粮时,子路很恼火,是缺少德行的表现。所以孔子说，懂得德行的人太少了。

从第一章到这里，大约都是同一段时间里说的话。这一章完全是为子路恼火而发的议论。

【原 文】

15.5　子曰："无为而治者，其舜也与？夫何为哉？恭己正南面而已矣。"

【译 文】

孔子说："实行无为而治的，应该就是舜吧！有什么可做的呢，自己郑重其事地面南而坐就是了。"

【解 义】

"无为而治"，是中国古代政治的一项重要原则。老子是最重要的提倡者。《老子》第二章："是以圣人处无为之事，行不言之教。"第三章"为无为，则无不治。"第二十八章："将欲取天下而为之，吾见其不得已。天下，神器，不可为也。为者败之，执者失之。"第三十七章："道常无为而无不为。"第五十七章："我无为而民自化，我好静而民自正。"等等。司马迁作《史记》，把老子的政治主张概括为："无为自化，清静自正。"（《史记·老子列传》）与老子的政治主张相对立，儒家的主张被认为是"有为"的政治。

什么是"有为"政治，比较明确，那就是行仁义之道，用礼制治国。"无为"政治是什么样子？老子以后不久，就发生了许多争论。今天的学者，仍然在争论。这里我们介绍一个汉朝初年实行无为政治的事例，供读者参考。

追随刘邦推翻了秦朝、打败了项羽的第一名战将曹参，在汉朝建国以后，被派到新封的齐国做丞相。他在那里实行无为政治。刘邦死后，他又替代丞相萧何做全国的丞相。每天就在家里喝酒作乐，不理政事。他儿子劝告他，被他猛揍了一顿。后来，汉惠帝亲自来拜访他。他问惠帝："你比你父亲如何？"惠帝说："我不如父亲。""那么您看我比萧丞相如何？""也不如。"曹参说："他们定下了各种规矩，我们照办就是了。"

汉代以后，中国有许多新的王朝刚刚建立的时候，往往采取让民众"休养生息"的政策，较少地干涉民众的日常生活，也较少出台新的法令政策，较少地兴办不是急需的工程。这样的政策措施，一般都被称为"无为"政治。

孔子认为，舜的政策，就是无为政治。虽然如此，历史上几乎没有人认为儒家也是主张无为政治的。

【原文】

15.6　子张问行。

子曰："言忠信，行笃敬，虽蛮[1]貊[2]之邦行矣；言不忠信，行不笃敬，虽州里，行乎哉？立，则见其参于前也；在舆，则见其倚于衡[3]也。夫然后行。"

子张书诸绅[4]。

【注释】

[1] 蛮，南蛮，指当时华南一带的居民。
[2] 貊，北狄，指当时北方的居民。
[3] 衡，车辕前面的横木。
[4] 绅，古人用丝或麻做成的大腰带较长，下垂的部分叫绅。中国古代，有一定社会地位的人才有这样的腰带，所以称他们为"绅士"。

【译文】

子张问怎样才能行得通。

孔子说："言语要忠诚可信，行为要切实认真，即使到了野蛮的地方，也行得通；言语不忠诚可信，行为不切实认真，就是在本乡本土，能行得通吗？站着，好像看见这几句话浮在眼前；坐车，好像看见这几句话刻在车上。然后就可以行得通。"

子张把这几句话写在腰带上。

【解义】

直到今天，各个国家、地区、民族的发展，仍然是不平衡的。发达地区的人们看待欠发达地区的人们，往往视为落后甚至野蛮。对待落后和野蛮的态度,却是天壤之别。殖民主义者、帝国主义者,视落后民族的土地为资源供应地,视落后民族的人是他们的打工仔,甚至掠夺他们的人口做奴隶,抢他们的资源谋私利。直到现在,掠夺和压榨,仍然是他们对待落后民族的基本态度。

【原　文】

15.7　子曰:"直哉史鱼!邦有道,如矢;邦无道,如矢。君子哉蘧伯玉!邦有道,则仕;邦无道,则可卷而怀之。"

【译　文】

孔子说:"正直得很啊!史鱼。政治清明,他像箭那样直;政治黑暗,他还是像箭那样直。君子啊!蘧伯玉。政治清明时,他就出来做官;政治黑暗时,就收起锋芒藏在怀里。"

【解　义】

史鱼,卫国大夫,名鰌。史,是他的官名。古代好多人就是把自己的官名作了姓氏。比如司马、司空之类。

据《孔子家语》,史鱼曾劝告卫灵公重用蘧伯玉,罢免佞臣弥子瑕,不被采纳。临死时,他交待儿子,不要装殓。卫灵公来吊唁,很奇怪。他儿子说了原因,于是卫灵公就重用了蘧伯玉，罢免了弥子瑕。孔子认为，一般人劝告君主，死了也就中止。史鱼死后，还用自己的尸体进行劝告，所以是正直的典型。

据《左传·襄公十四年》卫国大夫孙林父曾想驱逐卫灵公的爷爷卫献公，事前问蘧伯玉，是否可行？蘧伯玉回答说："君主是国家的主宰，做臣子的最好不要侵犯。再换一个君主，未必就会更好一些。"说完，就抄近路出关逃走了。这就是孔子说的"收起锋芒藏在怀里"。

孔子称赞史鱼的正直，但没说史鱼是君子。因为孔子真正赞成的，是蘧伯玉那样，在政治黑暗时收起锋芒以保全自己。

【原文】

15.8　子曰："可与言而不与之言，失人；不可与言而与之言，失言。知[1]者不失人，亦不失言。"

【注释】

[1] 知，音 zhì（智）。

【译文】

孔子说："可以交谈而不和他交谈，是错失好人；不可交谈却和他交谈，是错失良言。智者不错失好人，也不错失良言。"

【解义】

所谓"仁至义尽""苦口婆心",对象往往都是那些不可交谈的,大约都不是智者的作为。

【原 文】

15.9 子曰:"志士仁人,无求生以害仁,有杀身以成仁。"

【译文】

孔子说:"志士仁人,没有为保全生命而危害仁德的,只有牺牲生命成就仁德。"

【解 义】

志士,有志向、有理想的人。仁人,有仁德的、道德高尚的人。这些人,为了自己的理想和志向可以牺牲生命,不会为了保全生命而放弃理想和德行。

【原 文】

15.10 子贡问为仁。子曰:"工欲善其事,必先利其器。居是邦也,事其大夫之贤者,友其士之仁者。"

【译 文】

子贡问怎样培养仁德。孔子说:"工欲善其事,必先利其器。到了某个国家,要尊重那里贤明的大夫,和士人中有仁德的交朋友。"

【解 义】

"工欲善其事,必先利其器。"现在也是一个成语。就是说,工匠要做好自己的事,一定先磨利自己的工具。在孔子看来,贤明的大夫,有仁德的士人。就是培养仁德的利器。

【原 文】

15.11　颜渊问为邦。

子曰:"行夏之时,乘殷之辂,服周之冕,乐则《韶》舞。放郑声,远佞人。郑声淫,佞人殆。"

【译 文】

颜渊问怎样治国。

孔子说:"使用夏代的历法,坐商朝的车子,戴周朝的礼帽,用舜的《韶》乐。禁止郑国的音乐,疏远花言巧语的人。郑国的音乐淫荡,花言巧语的人危险。"

【解义】

夏朝的历法，以寅月为正月（元月）。寅月也是春天的第一个月，使用起来于农业生产比较方便。也可能与孔子的建议有关，从汉武帝时代开始，中国古代一直用夏代的历法。直到今天的农历，也是夏历。

商朝的车子叫辂，朴素坚固。周朝则加了很多装饰。奢侈华丽但容易损坏。

周朝的礼帽叫冕，比较华丽。朱熹认为，冕是小物件，华丽也够不上奢侈浪费。

用《韶》乐，是因为它尽善又尽美。

郑声被认为是靡靡之音，这里又说是淫荡的音乐。据说是因为这种音乐声调较高，不符合中正平和的要求。中正平和，不能慷慨激昂，也不能如细语缠绵，是一切宗教音乐的基本要求。

在孔子看来，以上这些措施，都是古代国家治理的重要手段。

【原文】

15.12 子曰："人无远虑，必有近忧。"

【译 文】

孔子说:"一个人没有长远打算,一定会很快就遇到麻烦。"

【解 义】

这是孔子人生的经验,不知道是否对每个人都管用。不过,一个人应该有长远的打算,还是对的。苏轼说:"人脚下所踩的那一点之外,都是无用的地方,却不可抛弃。所以思虑若是不在千里之外,灾祸就会产生在床头桌下。"

【原 文】

15.13 子曰:"已矣乎!吾未见好德如好色者也。"

【译 文】

孔子说:"算了吧,我从未见过爱好美德像爱好美色一样的人啊!"

【解 义】

《子罕》第十八章就记录了孔子这句话,据说那是因卫灵公宠爱南子而发的感慨。这里又重复这话,就不仅指卫灵公而言,而是无论在哪里,都没有见过这样的人。

【原 文】

15.14 子曰:"臧文仲其窃位者与?知柳下惠之贤而不与立也。"

【译 文】

孔子说:"臧文仲是个贪恋权位的人啊!他明明知道柳下惠比他贤明,却不推荐。"

【解 义】

臧文仲不举荐贤才,就遭到孔子的批评。至于那些嫉妒、排挤别人的,就更下一等了。

柳下惠,姓展,名获,字禽。柳下是他的领地。惠是死后的谥号。

【原 文】

15.15 子曰:"躬自厚而薄责于人,则远怨矣。"

【译 文】

孔子说:"责备自己多,责备别人少,就能远离怨恨。"

【解 义】

宽厚的人,自然少被怨恨。

【原 文】

15.16 子曰:"不曰'如之何,如之何'者,吾末如之何也已矣。"

【译 文】

孔子说:"遇事不说'怎么办,怎么办'的人,我对他也不知道怎么办了。"

【解 义】

这话主要是教人遇事要慎重,行动之前要反复思考,不要莽撞。如果遇到莽撞人,怎么办呢?孔子说,我就没有办法了。这也是实事求是之词。不是大话、空话,也不说实际办不到的过头话,是实事求是的作风。

【原 文】

15.17 子曰:"群居终日,言不及义,好行小慧,难矣哉!"

【译 文】

孔子说:"整天聚在一起,讲些没有意义的废话,好卖弄小聪明,难有什么成就的。"

【解 义】

朱熹认为,讲些没有意义的话,就会增长歪门邪道的心思;好卖弄小聪明,就可能会投机冒险。这样的人,德行不会提高,还可能遭受灾难。

【原 文】

15.18 子曰:"君子义以为质[1],礼以行之,孙[2]以出之,信以成之。君子哉!"

【注 释】

[1] 质,质料、骨干。
[2] 孙,音 xùn,谦逊。

【译 文】

孔子说:"君子以正义为根本,用礼仪来推行它,用谦虚来宣传它,用信用来成就它。这就是君子啊!"

【解 义】

用礼仪来推行正义,和把礼仪作为仁德的外部表现,意义是一样的。也就是说,孔子主张以礼治国,主张人应该遵循礼制行事,不是为礼仪而礼仪,而是为了用礼仪来体现仁德、推行正义。仁德和正义,是礼仪的灵魂、内容;礼仪,是仁德和正义的外部形式。

谦虚,是礼仪自身的要求;信用,是仁德和正义的本身要求。不守信用,背信,就必然弃义、弃仁。所以,信用是完成君子品德的最后一道工序。

【原 文】

15.19 子曰:"君子病无能焉,不病人之不己知也。"

【译 文】

孔子说:"君子忧虑自己的无能,不忧虑别人不了解自己。"

【解 义】

意思和《宪问》第三十二章相同。

【原 文】

15.20　子曰:"君子疾没世而名不称焉。"

【译 文】

孔子说:"君子忧虑到死名字也不被人称赞。"

【解 义】

一个人,到死名字也不被人称赞,说明他没有做什么有益于社会和人民的事。也有那死后很久才被人称赞的人,只是太少而已。孔子这里说的,是一般情形。一个人忧虑这些,就会勉励自己去做好事。

【原 文】

15.21　子曰:"君子求诸己,小人求诸人。"

【译 文】

孔子说:"君子依靠自己,小人依靠别人。"

【解 义】

所谓依靠自己,就是依靠自己的努力。小人总想借助别人,所以就去投机钻营、巴结奉迎。另一种解释是,君子严格要求自己，小人总是要求别人，也说得通。

【原 文】

15.22　子曰："君子矜[1]而不争，群而不党[2]。"

【注 释】

[1] 矜，庄重自律。
[2] 党，拉帮结派。

【译 文】

孔子说："君子自尊自重而不争个人的名利地位，就不会损害群体的团结，与群体和谐而不拉帮结派。"

【解 义】

自尊自重，就是重视自己的人格尊严；与群体和谐不拉帮结派，就不会损害群体的利益。

【原 文】

15.23　子曰："君子不以言举人，不以人废言。"

【译文】

孔子说:"君子不因为谁说得好就提拔他,也不因为人品而抛弃他的言论。"

【解义】

不因为谁说得好就提拔谁,因为说得好不等于能够做得好;不因为人品而抛弃他的言论,因为坏人的话未必都是没有道理的坏话。

【原文】

15.24 子贡问曰:"有一言而可以终身行之者乎?"子曰:"其'恕'乎!己所不欲,勿施于人。"

【译文】

子贡问:"有没有一句终身都可以遵照执行的话?"孔子说:"那大概就是'宽恕'吧。己所不欲,勿施于人。"

【解义】

"己所不欲,勿施于人",是对"宽恕"的说明。也就是说,孔子主张的宽恕,就是不要把自己不喜欢的东西加于别人。基督教讲的宽恕,则是要赦免别人的一切罪过。这不是孔子所说的宽恕。

和"爱"一样。爱有各种各样的爱，恕也有各种各样的恕。

从这一章的内容看来，宽恕，只是个人终身应该实行的一种品德，而不是全部品德。即使再加上一个忠诚，也不是个人终身应该坚持的全部品德，更不是贯彻孔子学说全部内容的核心要义，即所谓"一以贯之"之道。所以，《里仁》篇第四章曾参把孔子"一以贯之"的内容理解为"忠恕"，仅是个人的理解罢了。

【原 文】

15.25　子曰："吾之于人也，谁毁谁誉？如其所誉者，其有所试矣。斯民也，三代之所以直道而行也。"

【译 文】

孔子说："我对于别人，诋毁过谁，又赞扬过谁呢？假若他被我赞扬，也一定是经过考察的。这些百姓，夏商周三代时都是直道而行的人啊！"

【解 义】

孔子不凭空赞扬或者诋毁别人。假若赞扬了谁，那一定是经过他的考察，确实有值得赞扬的地方。

孔子认为，他之所以不随便赞扬或者凭空诋毁别人，因为这些百姓曾经是夏、商、周三个朝代的百姓。夏、商、周三代的百姓，都是直道而行的人，即都是处心公正、性情耿直的人。夏、商、周三个朝代是孔子，也是后来儒家非常推崇的朝代，认为这三个朝代的政治，是最好的政治，也是后来应该效法的榜样。

赞扬或者批评都应该有事实根据，是正确的。作为统治者，应该像夏、商、周三代那样，以公平、正直的观念对待民众，是应该的。如果心里就认为民众都是好的，就会放松警惕；心里认为民众都是坏的，就可能暴力过分。两种情况，都不利于正确进行统治。但如果说是因为这些民众都是原来夏、商、周三代遗留下来的。那时候他们都公正、耿直，因而现在仍然公正、耿直，就不正确了。孔子应当不是这个意思。

【原　文】

15.26　子曰："吾犹及史之阙文也，有马者借人乘之。今亡矣夫！"

【译　文】

孔子说："我还能看得见史书中缺字的情况，有马的人借给别人骑乘。现在没有这样的事了。"

【解 义】

这是说，古代优秀的史官，如果对所记事实有疑问，就缺漏不记，留出空白。有马如果暴烈不训，就借给别人骑乘调教。现在没有这样的事，是说当时的史官不再保持这种认真的传统。

也有人认为，史书中缺字，和把马借给别人骑乘，两事互不相干。可能中间有缺失的文字。究竟是什么意思，不可妄加猜测。

但认为史官如果对史实有所疑问，应该缺漏不记，则是严谨的学风，正确的态度，也是所有学者都应该遵循的学术规范。

【原 文】

15.27　子曰："巧言乱德，小不忍则乱大谋。"

【译 文】

孔子说："花言巧语会搞乱德行，小不忍则乱大谋。"

【解 义】

花言巧语，会颠倒是非、混乱黑白，使人难辨善恶，搞乱人们的德行观念。"小不忍则乱大谋"，也就是小事不忍耐会破坏大的谋划。如所谓匹夫之勇、小慈小爱，都会妨碍大的计划。无论是历史上，还是现实中，因为局部的不能忍耐，因而破坏大局计划的事，都所在多有。所以孔子"小不忍则乱大谋"这句话也就常常被人提起。

【原文】

15.28　子曰："众恶之，必察焉；众好之，必察焉。"

【译文】

孔子说："大家都厌恶他，一定要考察；大家都喜欢他，也一定要考察。"

【解义】

人的处世，不可能所有的人都讨厌，也不可能所有的人都喜欢。因为人们的利益关系不同，喜欢还是讨厌，决定的因素是人们的利益关系。所以碰到这种情况，一定要考察，不能完全相信。

这是孔子对社会现象的深刻认识。

【原 文】

15.29 子曰:"人能弘道,非道弘人。"

【译 文】

孔子说:"人能使道发扬光大,道不能使人发扬光大。"

【解 义】

人能使道发扬光大,容易理解。一种主张或者学说,是人创立的,也是由人来发展的。道不能使人发扬光大,不好理解。古代的解说都认为,这是说某种主张或学说不能使人提高德行和才能。

然而孔子一生的使命,就是问道、求道、行道,甚至说过:"早上明白了正道,傍晚死了也值得。"他要这个道干什么呢?在后面的《阳货》第四章,孔子还说:"君子学道则爱人,小人学道则易使也。"这又是什么意思呢?

可以理解为,道是一种主张,一种学说。这些主张或学说,本身也是一种规范。人们学得了道,可以使自己的言行得以规范,而不能使原来的特点发扬光大。如果原来的特点和道一致,也就是守道而已;如果原来的特点和道不一致,就要纳入道的规范,而不能继续发展。想成名的,道不能帮你成名;想出人头地的,道也不能帮你出人头地。如此等等。

是否如此?仅供读者思考。

【原 文】

15.30　子曰:"过而不改,是谓过矣。"

【译 文】

孔子说:"有过错不加改正,那就真成过错了。"

【解 义】

有错必改,以后就不会再犯同样的过错。有错不改,就可能重犯,所以就真成过错了。

【原 文】

15.31　子曰:"吾尝终日不食,终夜不寝,以思。无益。不如学也。"

【译 文】

孔子说:"我曾经一整天不吃饭,一整夜不睡觉,来思考问题。没有收获。不如学点什么。"

【解 义】

这是孔子的经验之谈。思考需要原料,才能有个结果。学习,就是补充知识的过程。补充了知识原料,再进行思考,才会有个成果。

【原文】

15.32　子曰:"君子谋道不谋食。耕也,馁在其中矣;学也,禄在其中矣。君子忧道不忧贫。"

【译文】

孔子说:"君子考虑的是求道而不是谋生。耕田种地,就包含着要饿肚子;学习求道,其中包含的是俸禄。君子考虑的是道而不是贫穷。"

【解义】

孔子这里说的,是实话。在那个时代,耕田种地的,确实是常常饿肚子的。而求道的君子们,则可能得到俸禄。不过也只能是"包含"着而已,却未必一定。假如他学的道不被采纳,也有饿肚子的可能。

【原文】

15.33　子曰:"知及之,仁不能守之,虽得之,必失之。知及之,仁能守之,不庄以莅之,则民不敬。知及之,仁能守之,庄以莅之,动之不以礼,未善也。"

【译文】

孔子说:"智慧能够达到,如果不能用仁德加以保持,即使获得了,也一定要失去。智慧能够达到,也能用仁德加以保持,如果不能庄重地面对,民众就不会尊敬。智慧能够达到,也能用仁德加以保持,并且庄重地面对,如果行动上不遵守礼仪,也不是优秀的。"

【解 义】

上一章讲君子谋道会有俸禄。这一章讲君子们应如何保持自己的俸禄。孔子提出了四个条件:第一要有智慧,第二是要有仁德,第三是态度要庄重,第四是行动遵守礼仪。

孔子这个教导,具有普遍的意义。

【原 文】

15.34 子曰:"君子不可小知而可大受也。小人不可大受而可小知也。"

【译 文】

孔子说:"君子不可以从小事情上认识他,但可以担当重要的使命;小人可以从小事情上认识他,但不可以担当重要使命。"

【解 义】

这就是说的大智若愚、大愚若智。有大智慧的,往往在小事上显得愚钝。小事情上表现优秀,未必能担当大任。从古到今都是一样的。

这是孔子观察社会人物所得出的重要结论,是观察人的重要方法。

【原 文】

15.35 子曰:"民之于仁也,甚于水火。水火,吾见蹈而死者矣,未见蹈仁而死者也。"

【译 文】

孔子说:"民众对于仁德的需要,要比水火更加迫切。水与火,我见有因此而死的,没有见过因为仁德而死的。"

【解 义】

在孔子看来,仁德对于民众,是比水与火更加迫切需要的东西。水与火,是民众日常生活所不可缺少的,但却有因为它们而死亡的。仁德是民众更加需要的东西,却没有人因为仁德而死亡。这是鼓励人们去实践仁德。

另一种解释是,有人为了水与火而死,却没有人为了仁德而献身。

民众是不是需要仁德胜于水火,只能说是孔子自己的看法了。因为在老子、庄子那一派看来,仁德正是造成天下大乱的根源。所以宋代儒者李郁说:"这是夫子勉励人们行仁的话。"

【原文】

15.36 子曰:"当仁,不让于师。"

【译文】

孔子说:"应当实践仁德的时候,即使是老师也不要谦让。"

【解义】

这也是鼓励人们勇敢地去实践仁德。一般情况下,学生应该对老师谦让,这是礼仪的要求。但是需要实行仁德的时候,即使是老师,也不要谦让,更不要说别人。所谓"当仁不让"的成语,就由此而来。

【原文】

15.37 子曰:"君子贞[1]而不谅[2]。"

【注 释】

［1］贞，朱熹认为正派并且坚执不变。

［2］谅，指不顾是非而只讲信用。

【译 文】

孔子说："君子正派而坚定，不重视小信用。"

【解 义】

孔子一向认为，"言必信，行必果"，是小人物的道德。大人物处理大事，情况千变万化，所以未必都能够，也不需要坚守承诺。但孔子又不止一次地强调诚信或者信用的重要。而且信誉后来成为儒家主张的五种最重要的德行内容之一，和仁、义、礼、智并列。如何理解孔子在信用方面的思想？就笔者目前所见，似乎研究还不够深入。

【原 文】

15.38 子曰："事君，敬其事而后其食。"

【译 文】

孔子说："侍奉君主，要认真把事情办好，然后再享用报酬。"

【解 义】

这是孔子主张，求官的人要首先想着把事情办好，不要先想着有多少俸禄。

古代求官，现在找工作，都有不少人首先想的是报酬多少，而不是如何把事情办好。这样的人，往往见异思迁。事情办不好，自己也未必有好前途。

【原 文】

15.39　子曰："有教无类。"

【译 文】

孔子说："有教无类。"

【解 义】

一种解释是：无论什么类型的人，接受教育以后，都可以变好。另一种解释是：无论什么类型的人，我都进行教育。也有人结合以上两种说法，认为我之所以无论什么人都进行教育，因为我相信受过教育的人都能变好。

【原 文】

15.40 子曰:"道不同,不相为谋。"

【译 文】

孔子说:"道不同,不相为谋。"

【解 义】

"道不同不相为谋",现在也是一句成语了。意思是主张不同、道路不同,无法在一起讨论问题、谋划事情。因为一个主张往东,一个主张向西,只能是不欢而散,无法取得一致意见,不如各自为政好些。

这句话在现在,可以理解为立场不同,无法在一起讨论问题。

在立场、道路和主张背后,是人们的利益关系。迄今为止,凡是能够坐在一起讨论问题,并且达成某种协议的情况,都是因为有共同利益的缘故。利益有了分歧,好朋友也难以合作。利益一致,原来的仇敌也可能有共同协议。

【原 文】

15.41 子曰:"辞达而已矣。"

【译 文】

孔子说:"语言文字,能准确表达意思就可以了。"

【解 义】

说话、写文章,都需要斟酌、修饰,但基本目的是准确。过分华丽,往往会损害准确,不是优秀的作品。

【原 文】

15.42 师冕见,及阶,子曰:"阶也。"及席,子曰:"席也。"皆坐,子告之曰:"某在斯,某在斯。"

师冕出。子张问曰:"与师言之道与?"

子曰:"然。固相师之道也。"

【译 文】

师冕来见孔子。到台阶跟前,孔子说:"台阶。"到坐席旁边,孔子说:"坐席。"都坐下后,孔子告诉说:"某人在这里,某人在这里。"

师冕走后,子张问道:"这是和盲人讲话的规矩吗?"孔子说:"是的,本来就是助手帮助盲人的方法。"

【解 义】

　　师，乐师。古代的乐师多是盲人。冕，乐师的名字。重复说"某人在这里，某人在这里"，是一个个介绍在座的人。盲人需要一个助手。孔子说，他对待师冕的方式，本来就是乐师助手帮助盲人的方法。

第十六篇 季 氏

【解 题】

这一篇，通过教导冉有和子路应该如何做家臣，概述了当时的政治演变。接着讨论如何做一个君子，并且论述了君子品德的各个方面。

共十四章。

【原 文】

16.1 季氏将伐颛臾[1]。

冉有、季路见于孔子曰："季氏将有事于颛臾。"

孔子曰："求！无乃尔是过与？夫颛臾，昔者先王以为东蒙主，且在邦域之中矣，是社稷之臣也。何以伐为！"

冉有曰："夫子欲之，吾二臣者皆不欲也。"

孔子曰："求！周任[2]有言曰：'陈力就列，不能者止。'危而不持，颠而不扶，则将焉用彼相矣？且尔言过矣。虎兕[3]出于柙[4]，龟玉毁于椟[5]中，是谁之过与？"

冉有曰："今夫颛臾，固而近于费。今不取，后世必为子孙忧。"

孔子曰："求！君子疾夫舍曰'欲之'而必为之辞。丘也闻：有国有家者，不患寡而患不均，不患贫而患不安。盖均无贫，和无寡，安无倾。夫如是，故远人不服，则修文德以来之。既来之，则安之。今由与求也相夫子，远人不服，而不能来也；邦分崩离析，而不能守也。而谋动干戈于邦内。吾恐季孙之忧，不在颛臾，而在萧墙之内也。"

【注释】

[1] 颛臾，鲁国的附庸国。颛，音zhuān。臾，音yú。
[2] 周任，古代的优秀史官。
[3] 兕，音sì，野牛。
[4] 柙，音xiá，圈槛。
[5] 椟，音dú，柜子。

【译文】

　　季氏将要进攻颛臾。冉有和子路一起来见孔子,说:"季氏将要对颛臾动手了。"

　　孔子说:"冉求,这不是你的过错吗?颛臾那个国家,是先王封他们做东蒙山的主人,况且就在鲁国的疆域之内,是国家的臣子,为什么要进攻它?"

　　冉有说:"季先生要这么干,我们俩都不同意。"

　　孔子说:"冉求啊,周任说过:'估量力气站到队伍里头,觉得能力不够就该退出。'遇到危险不去挽救,眼看要翻车却不扶助,那么要你们这些助手干什么呢?而且你说的也不对。老虎、犀牛跑出了笼子,乌龟、美玉在柜子里被毁坏了,是谁的过错呢?"

　　冉有说:"现在这个颛臾,城墙坚固而且靠近费地,现在不夺取它,以后一定是儿孙们的祸害。"

　　孔子说:"冉求,君子讨厌那种不说是自己'想要'却百般寻找借口的。

　　"孔丘我听说:统治着一国或是一家的,不该忧虑寡少而要忧虑不公平;不该忧虑贫穷而要忧虑不安宁。只要公平就不嫌贫穷,只要和睦就不嫌寡少,只要安宁就不会颠覆。

　　"假若能够如此,那么,远方的人们还不服从,就好好修养自己的德行吸引他们到来。他们来了,就好好安顿他们。

　　"现在仲由和冉求你们两个做季先生的助手,远方的人们不服从，没有办法吸引他们到来；国家四分五裂，不能保持它的安全。却要在国内挑起大规模战争。我恐怕季孙的忧虑，不在颛臾，而在他的家门之内！"

【解义】

据《左传·僖公二十一年》，颛臾和须句等四个小国都是风姓，也就是伏羲氏的后代，应该是很早就存在的封国，东蒙山在它境内，所以孔子说是先王封他们做东蒙山的主人。颛臾后来成了鲁国的附庸国，须句在春秋时代被鲁国的邻居邾国吞并。据朱熹《论语集注》，当时鲁国的土地，一半已被季氏占领。四分之一则被孟孙、叔孙两家瓜分。留给鲁国君主的，只有四分之一。能服从鲁君统治的，也只有颛臾这个附庸国，现在季氏也要夺走。所以孔子认为季氏太贪婪，批评冉求既然做了季氏的家臣，就应该阻止季氏的贪婪行为。冉求为自己辩解，所以遭到孔子的批评。

颛臾的结局，《左传》上没有记载，可能就在这次被季氏给吞并了。

文中的"不该忧虑寡少而要忧虑不公平；不该忧虑贫穷而要忧虑不安宁"（原文"不患寡而患不均，不患贫而患不安"），后来成为古代国家治理的名言。但到汉代，第一句被董仲舒修改为："不患贫而患不均。"直到今天，不少人还是沿用董仲舒的说法。不过意思也相差不远。

"我恐怕季孙的忧虑，不在颛臾，而在他的家门之内！"

（原文"吾恐季孙之忧，不在颛臾，而在萧墙之内！"）后来也成为对那些只顾外患、不顾内忧的人们的警诫用语。而就在季氏想吞并颛臾后不久，鲁哀公就想借越国的力量除掉季氏，终未成功。

【原文】

16.2 孔子曰："天下有道，则礼乐征伐自天子出；天下无道，则礼乐征伐自诸侯出。自诸侯出，盖十世希不失矣；自大夫出，五世希不失矣；陪臣执国命，三世希不失矣。天下有道，则政不在大夫。天下有道，则庶人不议。"

【译文】

孔子说："天下秩序正常时，制礼作乐、出兵讨伐，都由天子发令；天下秩序混乱时，制礼作乐、出兵讨伐，都由诸侯发令。由诸侯发令，十代以后很少有不中断的；由大夫发令，五代以后很少有不中断的；由家臣执掌国家的命运，三代以后很少有不中断的。天下秩序正常，政权不会落到大夫手里；天下秩序正常，一般民众不会乱发议论。"

【解义】

汉代儒者认为，西周时期，就是秩序正常的时代。自从周平王把京城从西安迁到洛阳,制礼作乐、出兵讨伐的命令,就逐渐由诸侯发出,而不是由天子发出了。

从鲁国的情况来说,不听天子号令,自己制礼作乐、决定出兵征讨的事,从鲁隐公开始,到鲁昭公,十代。鲁昭公就被他的臣子驱逐,死在了国外。鲁国的政治逐渐转到了大夫季氏手里。从季文子开始,到季桓子,五代,他的家臣阳虎就造反了。阳虎的祖父、父亲都是季氏家臣,到他三代。他曾经一度掌握了鲁国的政权,但不久也被驱逐出国。

汉代儒者引证鲁国政治以说明孔子的话是正确的。不过朱熹的《论语集注》没讲这些事情。大约在朱熹看来,孔子这里讲的,是普遍的规律,但并不完全准确。因为虽然有许多曾经自己制礼作乐、自己决定出兵征讨的诸侯大夫很快就灭亡了。但也有几个就逐渐发展起来,形成了战国的七个大诸侯国。而那些中断或灭亡的诸侯、大夫、陪臣等,执政统治的时间也长短不一,不可一概而论。即使鲁国,情况也不像汉代儒者们解说的那样。但他认为,权力越往下面转移,能够维持的时间就越短,大体上还是正确的。

其实,从中国古代的整个历史看来,由下层的将军、官吏,甚至平民掌握政权,维持长久的,也不在少数。孔子这样说,反映了一部分事实,但更重要的,是表达了对天子失去权力的遗憾,对传统政治格局变化的不满罢了。

孔子说的"天下秩序正常,一般民众不会乱发议论"这一条,成为后来二千多年间中国古代社会实施政治统治的基本原则，那就是，不让民众随便议论国家政治。直到清朝末年，茶楼、饭店等公共场所，往往挂着写有"莫谈国事"的牌子，以提示民众。

就在清朝末年，康有为主张变法。变法最重要的内容，就是开设议院。国家大事由议院讨论决定，皇帝最后认可。在康有为看来，议院议政，就是所谓"庶人议"。他要学孔子"托古改制"，即托名是古代传统来实行今天的改革。孔子托古，他则托孔子。托孔子，就不能说孔子不主张庶人议政。所以他的《论语注》认为，"庶人不议"，即"一般民众不会乱发议论"，中间的"不"字，不是孔子的原话，而是后来传述过程中增加进去的文字，属衍文。他也以此为理由，把"庶人不议"改成"庶人议"，并且解释说，孔子那时候，就是主张开设议院的。慈禧太后反对康有为变法，主要原因也是反对开设议院。在太后看来，国家大事都由议院决定，那还要我干什么！于是镇压了变法。

这件事说明，孔子政治主张的基本原则，和现代的民主政治，是根本对立的。现代的国家管理，孔子的许多主张还是给人启发甚至是用得着的。但是施政的基本原则，则是无法回到孔子的理想中去了。

【原 文】

16.3　孔子曰："禄之去公室五世矣。政逮于大夫四世矣。故夫三桓之子孙微矣。"

【译文】

孔子说："俸禄不再由鲁公决定，已经五代了。政权由大夫掌握，已经四代了。所以桓公的三房子孙也衰落了。"

【解义】

官吏的俸禄不由鲁公决定，说明鲁公已经失去了权力，政权由大夫掌握了。

鲁国从鲁文公逝世，公子遂杀了该继承公位的子赤，拥立鲁宣公，从此君主就失去权力。经过鲁成公、襄公、昭公、定公，到孔子说这话的时候，一共五代了。鲁国从季武子开始独揽大权，经历了悼子、平子、桓子，共四代，掌握着鲁国的政权。到季桓子被家臣阳虎抓住并囚禁起来，三桓的子孙们也都衰落了。三桓，就是季孙、孟孙、叔孙三家，都是鲁桓公的后代，所以称为"三桓"。

这一章，明确是讲鲁国政治的演改，和上一章的内容不重合，所以上一章未必专指鲁国。朱熹的意见，是正确的。

【原文】

16.4 孔子曰："益者三友，损者三友。友直，友谅，友多闻，益矣。友便辟，友善柔，友便佞，损矣。"

【译文】

孔子说:"有益的朋友有三类,有害的朋友有三类。和正直的人交朋友,和忠实的人交朋友,和见多识广的人交朋友,是有益的;和装腔作势的人交朋友,和狐媚妖娆的人交朋友,和好话连篇的人交朋友,是有害的。"

【解义】

这是孔子站在正直、忠实人的立场上说话,也是希望把人们都培养成正直、忠实的人。如果不是正直、忠实的人,或者目的也不是要作一个正直、忠实的人,孔子的话就要反过来读了。

"物以类聚,人以群分!"据说这话也是孔子说的。

【原文】

16.5　孔子曰:"益者三乐,损者三乐。乐节礼乐,乐道人之善,乐多贤友,益矣。乐骄乐,乐佚游,乐宴乐,损矣。"[1]

【注释】

[1] 乐,音 yào。"礼乐"的"乐",音 yuè。"骄乐""宴乐"的"乐",音 lè。

【译 文】

孔子说:"有益的快乐有三种,有害的快乐有三种。以礼乐的节制为快乐,以夸人的优点为快乐,以高尚的朋友多为快乐,是有益的;以骄横放肆为快乐,以安于游荡为快乐,以吃吃喝喝为快乐,是有害的。"

【解 义】

这里的有益或有害,对所有人应该都是一样的。

【原 文】

16.6 孔子曰:"侍于君子有三愆:言未及之而言谓之躁;言及之而不言谓之隐;未见颜色而言谓之瞽。"

【译 文】

孔子说:"在君子跟前有三种错误:君子还没有说到呢就抢先说,叫急躁;君子说到了却不说,叫隐瞒;不看君子脸色就说,叫眼瞎。"

【解 义】

这是孔子总结的下级对上级讲话的一些原则。

一个人,既要敢于说话,又要善于说话,无论什么时候,都是正确的。只是敢于说话，就会莽撞；只讲究善于说话，就会奸诈。莽撞和奸诈，对于办好事情，都是不利的。

【原　文】

16.7　孔子曰："君子有三戒：少之时，血气[1]未定，戒之在色；及其壮也，血气方刚，戒之在斗；及其老也，血气既衰，戒之在得。"

【注　释】

[1] 血气，指构成人体的两种因素。血是骨肉等物质身体，气指性格意志等精神方面的因素。

【译　文】

孔子说："君子要警惕三种情况：青少年时期，身体和思想都不成熟，要警惕贪恋美色；壮年时期，体质健壮，意志坚强，要警惕爱好争斗；老年时期，体力衰弱，意志消沉，要警惕贪得无厌。"

【解　义】

孔子讲的这几条原则，今天仍然是一个人提高修养的至理名言。

【原　文】

16.8　孔子曰："君子有三畏：畏天命，畏大人，畏圣人之言。小人不知天命而不畏也，狎大人，侮圣人之言。"

【译　文】

孔子说："君子有三种畏惧：畏惧天命，畏惧大人，畏惧圣人的话。小人不懂得天命，所以不知道畏惧。戏弄大人，（讲）侮辱圣人的话。"

【解　义】

孔子那个时代，也包括孔子以后，中国整个的古代社会，信仰鬼神、信仰天命，是一种美德。这一点，和其他民族是一样的。那些不敬畏神祇的行为，则被认为是不道德的行为。至于无神论者，在古代社会，简直就是罪恶的代名词。所以孔子才认为，信仰并且畏惧天命，乃是君子的美德。而那不畏惧天命的，则是小人的行为。

社会发展到今天，不信仰鬼神，已经是社会意识的主流。信仰鬼神，往往被认为是迷信、愚昧。以致不少学者往往喜欢把孔子说成是无神论者，至少是具有无神论倾向的人。这样的说法，不仅违背历史事实、也违背孔子的教导。本意是要抬高孔子，却把孔子置于"小人"的地位。

【原文】

16.9 孔子曰:"生而知之者,上也;学而知之者,次也;困而学之,又其次也;困而不学,民斯为下矣。"

【译文】

孔子说:"生来就知道的,是上等;学了以后才知道的,是次一等;遇到困难才知道学习,就又次一等了。遇到困难也不学习,民众就是这种最下等的了。"

【解义】

孔子这里描述的,大体是当时的实际情况。也就是说,对待学习的态度,当时大约有这样几种情况。

这里所说的"知道"和"学习"的内容或者对象,应当是孔子所教授的那些内容。其中礼仪制度之类,富贵人家的孩子,从小耳濡目染,好像是生下来就懂得。这大概是孔子所说的"生来就知道"的情况。一般民众,遇到困难也不学习,应当也是实际。至于为什么他们不学?大约就不是孔子能够了解的了。

古代社会,儒者们神化孔子,把孔子说成是"生来就知道"的圣人,尽管孔子曾经明确否认自己是"生来就知道"的人,儒者们仍然要这么认为。但是无论是历史文献中的记载,还是从现实中得来的正常认识,都明白孔子实际上并不是

"生来就知道",更不可能是无论什么都知道的。于是有人对这一段话做了一些修正。说孔子生来就知道的,是礼仪制度和道德规范;不知道的,是那些具体的知识。实际上,即使礼仪制度和道德规范,也不可能是生来就知道的,而是在后来的实际生活中逐步了解、懂得的。

然而孔子还是承认有"生来就知道"的人。一面是认识上的错误,一面也是难以突破的当时社会对圣人的过分崇拜甚至神化。

【原 文】

16.10 孔子曰:"君子有九思:视思明,听思聪,色思温,貌思恭,言思忠,事思敬,疑思问,忿思难,见得思义。"

【译 文】

孔子说:"君子有九种'想着':看,想着要看得明;听,想着要听得清;面色,想着要温和;外貌,想着要恭敬;说话,想着要忠诚;办事,想着要认真;疑虑,想着要请教;愤怒,想着有后患;见到利益,想着道义。"

【解 义】

这里的"想着",有向往和愿望的意思。

【原 文】

16.11　孔子曰："'见善如不及，见不善如探汤。'吾见其人矣，吾闻其语矣。'隐居以求其志，行义以达其道。'吾闻其语矣，未见其人也。"

【译 文】

孔子说："'见到美德好像追赶不上，见到恶行像是向沸水伸手。'我见到过这样的人，我听到他这样说。'隐居是为实现他的志向，实践正义为贯彻他的主张。'我听说过这样的话，但没有见过这样的人。"

【解 义】

据古人的解释，大约后者要比前者困难，所以孔子当时没有见过这样的人。

不过也只能说是孔子没有见过，不能说当时就没有。《论语》中那些隐士，至少有相当一部分，就是隐居为实现自己志向的。至于实践正义为贯彻自己主张的，春秋战国时代，可以说是并不少见。广为人知的墨子及其学派，应该算作这一类人。而类似的人们，应当还有很多。这些人，是中国的脊梁。

【原 文】

16.12　齐景公有马千驷。死之日，民无德而称焉。伯夷、叔齐饿于首阳之下，民到于今称之。其斯之谓与？

【译 文】

齐景公有马四千匹。死的时候，没有可让民众称颂的美德。伯夷、叔齐在首阳山下忍饥挨饿，民众到现在还称颂他们。就是这个意思吧！

【解 义】

末尾"就是这个意思吧"，意思是说，只有德行才能得到后人的崇敬。

伯夷、叔齐隐居挨饿的首阳山在什么地方，至少从汉朝开始，就有几种说法。一种说法是在"河东蒲坂县华山之北河曲之中"，就是现在的山西省永济市境内。第二种说法是在洛阳东北方，就是现在的河南省偃师市北部的邙山岭上。第三种说法是在周代的发祥地岐山南面，即现在的陕西省岐山县境内。第四种说法是甘肃省渭源县境内。第五种说法在河北省迁安市南，那里原来是伯夷、叔齐所在的孤竹国领土。许多地方都愿意把当地的首阳山说成是伯夷和叔齐隐居的地方，说明古代对于伯夷、叔齐的广泛称颂。

【原文】

16.13 陈亢[1]问于伯鱼曰:"子亦有异闻乎?"

对曰:"未也。尝独立,鲤趋而过庭。曰:'学诗乎?'对曰:'未也。''不学诗,无以言。'鲤退而学诗。他日,又独立,鲤趋而过庭。曰:'学礼乎?'对曰:'未也。''不学礼,无以立。'鲤退而学礼。闻斯二者。"

陈亢退而喜曰:"问一得三:闻诗,闻礼,又闻君子之远其子也。"

【注 释】

[1] 亢,音 gāng。

【译 文】

陈亢问伯鱼:"您有没有得到特别的传授?"

回答说:"没有。有一次,父亲一个人站在庭里,我从他眼前经过。他问我:'学诗了吗?'我回答说:'还没有。''不学诗就不知道怎么说话。'以后我就去学习诗歌。几天以后,父亲又一个人站在庭里,我从他眼前经过。问我:'学礼了吗?'我回答说:'还没有。''不学礼就无法在社会上立身。'以后我就去学习礼仪。听到过这两次。"

陈亢离开后高兴地说："问了一个问题，听到了三个回答。听到要学诗，听到要学礼，还听到君子没有特别关照自己的儿子。"

【解义】

技术问题有些特殊的窍门。告知这些窍门，就是特别地传授。孔子教授的是一般的治国原则，做人的道理，本来就没有什么特殊的窍门。陈亢以为老师会给自己儿子一些特别的教导，是小农经济下的学生心理。

【原文】

16.14　邦君之妻，君称之曰"夫人"，夫人自称曰"小童"，邦人称之曰"君夫人"，称诸异邦曰"寡小君"。异邦人称之，亦曰"君夫人"。

【译文】

诸侯国君主的妻子，君主称呼她"夫人"，夫人自称"小童"，国人称呼她"君主夫人"，对别国的人则称"寡小君"，别国人称呼她也是"君主夫人"。

【解义】

寡，是谦虚用语。有人认为，这是孔子针对于当时称呼的紊乱而说的。也有人认为,《论语》中这一类记载,也可能是流传已久的话,未必是孔子说的。究竟是怎么回事?无法考证。

第十六篇 季氏

第十七篇　阳　货

【解题】

本篇讲述了孔子对待叛乱之人的态度，讨论了德行修养中的种种问题，特别是讨论了各种影响德行的因素。

共二十六章。

【原文】

17.1　阳货欲见孔子，孔子不见，归[1]孔子豚。孔子时其亡也，而往拜之，遇诸途。

谓孔子曰："来！予与尔言。"曰："怀其宝而迷其邦，可谓仁乎？"曰："不可。""好从事而亟失时，可谓知乎？"曰："不可。""日月逝矣，岁不我与。"孔子曰：

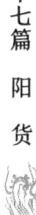

"诺。吾将仕矣。"

【注释】

[1] 归，音 kuì。

【译文】

阳货想会见孔子，孔子不和他相见，他就送给孔子一只小猪。孔子趁他不在家的时候，去回访他，在路上碰到了。

他对孔子说："过来，我给你说。"

接着就说："怀揣着宝贝却让国家迷乱，可算是仁德吗？"孔子说："不能算。"

阳货又说："一心想要做事却总是失去机会，可算是智慧吗？"孔子说："不能算。"

"日月交替，时光不会等人。"孔子说："是的，我就要去求职了。"

【解义】

阳货，季氏家臣，名虎，曾囚禁季桓子并独揽鲁国大权。他想会见孔子，让孔子出仕，帮助他掌握鲁国政权。但孔子不见他，他根据当时的礼制："大夫对士有所赏赐，士如果不在家当面接受，就要登门回访。"所以瞅着孔子不在家时，他送了一头小猪，想让孔子回拜。孔子也趁他不在家时去回拜，不料在路上碰到了。

阳虎的那些话，都是旁敲侧击，督促孔子出仕。孔子的话，敷衍而已。对待阳虎，也只能敷衍，而无法讲道理。

有人认为，两次回答"不能算"是阳虎的自问自答。朱熹《论语集注》认为是孔子"随问而对"，而且"对而不辩"。本书此处采纳朱熹的意见。

阳虎后来发动叛乱，先逃到齐国，后逃到晋国，做了晋国赵氏的家臣。在赵简子的控制下，帮助赵氏发展起来。

据《史记·孔子世家》，阳虎逃出鲁国后，和阳虎一起发动叛乱的公山不狃（又作弗扰、不扰）在费邑邀请孔子。孔子准备应邀，遭到子路反对，未去。不久，就接受鲁定公的任命，做了中都地方的长官。一年以后，治理得很好。于是先做司空，很快升任大司寇。在与齐国会盟时，代理宰相，迫使齐国归还了侵占鲁国的土地。

【原 文】

17.2 子曰："性相近也，习相远也。"

【译 文】

孔子说："性相近，习相远。"

【解 义】

孔子这句话后来被编入了古代的儿童读物《三字经》：

"人之初,性本善;性相近,习相远。"《三字经》流传广远,今天仍然是许多家长教育儿童的读物。大家习以为常,不觉得其中有什么不妥。事实上,这两句话是自相矛盾的。如果"性本善",就不是"性相近",而应该是"性相同"。"性相近",只是接近、类似,而不能是相同。只是因为"人性本善"是孟子的主张,又得到宋代儒者的高度认可,所以编《三字经》的人才把这句话作为首句。然而孔子的话又不好否认,于是接着有了"性相近,习相远"的下一句。

中国古代关于人性问题的争论,持续了两千年。孟子主张人性本善,荀子主张人性本恶,汉代扬雄主张人性是善与恶混杂,唐朝韩愈认为人性可以分为"三品",即三个等级或三个类别。到宋代,儒者大多都接受了孟子的人性本善。孔子的"性相近",被认为说的只是所谓"气质之性",即人有了身体以后的本性。所谓人性本善,是说形成人的物质:气,在尚未形成人体时,本性是善的。一旦形成了人,有了身体,即有了由气所聚集而成的质——气质,也就有了气质之性。而气质之性,就不是原本就善的。或者用孔子的话说,不过是"性相近"而已。这恰恰说明,孔子所说的人性,才是真实的人的本性,即:"人的本性本来是互相近似的,长期从事的事业使人们的性情拉开了距离。"

应该说,孔子的人性理论,是最实事求是的人性理论。

【原文】

17.3 子曰:"惟上知与下愚不移。"

【译文】

孔子说:"只是非常智慧的和非常愚蠢的人,是不会改变的。"

【解义】

上句说了"习相远",即经常从事的事业使人们的性情拉开了距离。但是有一种情况,即使长期从事的事业,也无法改变,那就是非常智慧的和非常愚蠢的。

这非常智慧和非常愚蠢的是谁?古代也有不同的理解。有的理解为社会地位的区别,也有理解为出生时禀赋的不同。汉代历史学家班固作《汉书》,其中《古今人表》,把人分为九个等级。一二三等,是圣人、仁人和智人。这三种人,应该都是非常有智慧的人,但未必是社会地位最高的人。比如孔子是圣人,颜回是仁人,子贡、子路等都是智人。虽然他们的社会地位也都属于君子之列,但不是最高的。至于"下愚",即非常愚蠢或愚昧的人,则有商纣王、周厉王、卫灵公等人,这些人,社会地位都是最高的。也就是说,古人认为,孔子这句话,主要是从个人品质上说的,而不是从社会地位上说的。

历史和现实中,各个阶层,都有这样一些人,死到临头,也执迷不悟，就是那种非常愚蠢的人。

【原文】

17.4　子之武城，闻弦歌之声。

夫子莞[1]尔而笑曰："割鸡焉用牛刀？"

子游对曰："昔者偃也闻诸夫子曰：'君子学道则爱人，小人学道则易使也。'"

子曰："二三子！偃之言是也。前言戏之耳。"

【注释】

[1] 莞，音 wǎn。

【译文】

孔子到武城，听到弹琴唱歌的声音。

孔子轻轻笑了一下，说："杀鸡何必用牛刀。"

子游回答说："过去我听先生说过：'君子学得了正道就懂得爱护别人，小人学得了正道就听候使唤。'"

孔子说："同学们，言偃的话是对的。我刚才的话不过是个玩笑。"

【解义】

武城，是鲁国的一个小城。在孔子看来，治理这样的小城，是用不着礼仪、音乐这样的大手段的。由于言偃的反驳，孔子收回了自己的话，说不过是个玩笑。这是孔子为自己的失言辩护，也可以看作是委婉的歉意。

孔子这样最好的老师也有失言的时候，言偃面对老师的错误立即表示反驳，这是言偃的坦率。孔子的歉意，说明不固执己见。在这件事上，孔子师生双方，都有可取之处。

【原　文】

17.5　公山弗扰以费畔，召，子欲往。

子路不说，曰："末之也已，何必公山氏之之也。"

子曰："夫召我者，而岂徒哉？如有用我者，吾其为东周乎？"

【译　文】

公山弗扰占领费地发动叛乱。邀请孔子，孔子准备接受。

子路不高兴，说："不要去了吧，何必要到公山氏那里去呢！"

孔子说："那邀请我的，难道是白邀请的吗？如果有用我的，我就要在东方再建一个周朝。"

【解　义】

公山弗扰，季氏的家臣。和阳虎一起，囚禁了季桓子，占领了季氏领地里面的费城，发动叛乱。阳虎逃到了齐国，他则邀请孔子帮助自己，孔子准备接受邀请。

孔子不愿意在阳虎当政的鲁国出仕做官，却准备接受和阳虎一起叛乱的公山氏邀请，并说准备要借助公山氏，在东方复兴周朝的统治。从孔子及其以前的历史情况看，是符合逻辑的。因为到阳虎那里做官，只是一个普通的鲁国官员。而到公山氏那里，有一块土地做根据地，可以逐步发展。据说商汤当时也就是有块七十里大小的领地，周文王当年也就是有一百里左右的领地。他们就是凭借自己的这块领地，发展壮大，最后夺取了整个天下。从这个角度看问题，孔子准备接受公山氏的邀请，就是有道理的，符合逻辑的。

然而孔子又是一贯主张按礼制行事的。季氏用八佾，祭泰山，就遭到他的批评。公山氏的叛乱，不是更加严重的违礼行为吗，为什么可以支持呢？是不是因为公山氏反对的，是破坏礼制的季氏，而不是鲁国？这是难以想通的问题。

据邢昺《论语正义》，公山弗扰就是《左传》中的公山不狃，费邑的长官，名弗扰，或写作不狃，字子洩。孔子不久以后就做了鲁国的司寇，子路遵照孔子的意思，要拆毁费邑等三座城的城墙，公山不狃发动叛乱，进攻鲁国，孔子派人平定了叛乱。公山不狃后来逃到吴国，成为吴国的大夫。

宋代儒者程颐认为："圣人认为天下没有不可以有为的人，也没有不可改过的人，所以想去。然而到底没去，那是因为知道了他一定不会改恶从善的缘故。"

不过，据《论语》记载，孔子支持叛乱者的事，不只这一件。

【原文】

17.6　子张问仁于孔子。孔子曰："能行五者于天下，为仁矣。"请问之。曰："恭、宽、信、敏、惠。恭则不侮，宽则得众，信则人任焉，敏则有功，惠则足以使人。"

【译文】

子张问孔子，怎样才能成为一个仁人。

孔子说："能在天下实行这五件事，就可以成为一个仁人。"子张问是哪五件事。孔子说："恭敬、宽厚、诚信、敏捷、恩惠。恭敬就不会遭受侮辱，宽厚就会得到大家拥护，诚信能得到别人信任，敏捷就能成功，恩惠足以使唤别人。"

【解义】

这五件事，都是君主对待臣子，或者上级对待下级的办法。君主能做到这些，就是得到臣子们的拥护和支持。上级能够做到这些，就能得到下级的拥护和支持。五件事其实也就是一件，使臣子或者下级得到他们应该得到的利益，包括人格的尊重。

古代社会，后面几项还比较容易办到。要让臣子或者下级的人格也受到尊重，是很难的。

【原文】

17.7 佛肸[1]召，子欲往。

子路曰："昔者由也闻诸夫子曰：'亲于其身为不善者，君子不入也。'佛肸以中牟畔。子之往也，如之何？"

子曰："然。有是言也。不曰坚乎，磨而不磷[2]；不曰白乎，涅[3]而不缁。吾岂匏[4]瓜也哉？焉能系而不食？"

【注释】

[1] 佛，音 bì。肸，音 xī。
[2] 磷，音 lín，薄。
[3] 涅，音 niè。
[4] 匏，瓠瓜，即葫芦。

【译文】

佛肸邀请孔子，孔子想接受邀请。

子路说："过去我曾听先生讲过，说'亲自做了坏事的人，君子是不到他那里去的。'佛肸占据中牟城发动叛乱，您却要去，为的是什么呀？"

孔子说:"是的,我说过这样的话。不是说那坚固的东西,磨也磨不薄;不是说那洁白的东西,染也染不黑吗!我难道是一个葫芦吗,怎么能挂在那里不给人吃!"

【解义】

据《史记·孔子世家》,佛肸,晋国大夫,中牟城的主官。后来,中牟城归属大夫赵氏。赵简子攻击晋国另一个大夫范中行,佛肸支持范中行,于是赵简子进攻中牟。这时孔子离开了卫国。鲁国当时也支持范中行,所以佛肸就派人来邀请孔子。在子路看来,中牟城既是赵氏领地,佛肸反对赵氏就是背叛,所以要阻止孔子。孔子也不认为佛肸的行为是正义的,只是说,自己如同又坚硬、又洁白的石头,不会被磨薄、染黑,也就是不会被佛肸的背叛行为带坏。而且自己就是要推行正道,不能像葫芦那样,只能挂在那里而不给人吃。

宋代儒者张栻说:"子路过去所听到的,只是君子保持自身纯洁的一般原则。夫子今天所说的,是圣人以道为本体的巨大的灵活性。然而夫子对于公山、佛肸的召唤都打算去,是因为天下没有不可变的人,没有做不成的事。他终于没有去,是知道了那人终究不可改变而事情也终于不可能有所作为。一面是养育万物的仁,一面是知人的智。"

张栻的评论是否中肯,读者们可以有自己的判断。但准备接受公山弗扰和佛肸这两个人的邀请,说明孔子并不完全反对当时的叛乱者。孔子的处乱世的态度,也为理解从孟子开始及后来儒者们在乱世中的一系列政治选择,提供了一把钥匙。

这是一个艰难的选择,是英雄和懦夫的分界线,也是仁人和叛徒的分水岭。

【原文】

17.8 子曰:"由也,女闻六言[1]六蔽矣乎?"对曰:"未也。"

"居,吾语女。好仁不好学,其蔽也愚;好知不好学,其蔽也荡;好信不好学,其蔽也贼;好直不好学,其蔽也绞;好勇不好学,其蔽也乱;好刚不好学,其蔽也狂。"

【注释】

[1] "六言",即仁、智、信、直、勇、刚六个字,也是六种美德。

【译文】

孔子说:"仲由啊,你听说过'六个字的六种弊病'吗?"回答说:"没有。"

"坐下,我告诉你。喜好仁德而不好学问,这样的弊病是愚蠢;喜好智慧却不好学问,这样的弊病是不守规矩;喜好信誉而不好学问,这样的弊病是害人;喜好正直而不好学问,这样的弊病是偏激和顽固；喜好勇敢而不好学问，这样的弊病是闹事；喜好刚强而不好学问，这样的弊病是狂妄。"

【解 义】

有人问叛徒："你怎么什么都说啊？"叛徒答："我这人从来不讲假话！"可以作为孔子这段话的注释。

笔者也见过这样的人。每开口，先声明："我这人讲话可直！"往往就是他要攻击别人的前奏。

不仅美德，还有真理，也包括现在的自由、民主，都是一样。如果只知其一，不知其二；只守一点，不计其余，那么都会转到它的反面，成为恶德和谬误。

孔子这里所说的学问，可以理解为知识和理论。一个人，有了广博的知识和深厚的理论功底，就可能少犯片面和固执的错误。

孔子这段话，也可作为辩证思维的典范。

【原 文】

17.9 子曰："小子何莫学夫诗？诗，可以兴，可以观，可以群，可以怨。迩之事父，远之事君。多识于鸟兽草木之名。"

【译文】

孔子说:"小子们你们为什么不学习诗?诗,可以启发联想,可以观察民情,可以团结群众,可以抒发怨气。就近可以侍奉父母,远大可以侍奉君主。多认识鸟兽草木的名称。"

【解义】

启发联想,是培养想象力。观察民情,因为诗歌中反映着民众的思想和生活状况。团结群众,是互相切磋。抒发怨气要像《诗经》中的诗那样,虽然哀怨但不愤怒。事父事君,是诗中的道理。最后一条,是纯粹的知识问题。

这是古代诗歌的作用,也是理解古代诗歌的一把钥匙。其中许多功能现在已被其他文艺形式或理论形式所取代,所以不能把今天的诗歌功能和古代等量齐观了。

【原文】

17.10 子谓伯鱼曰:"女为《周南》《召[1]南》矣乎?人而不为《周南》《召南》,其犹正墙面而立也与?"

【注释】

[1] 召,音 shào。

【译文】

孔子对伯鱼说:"你读过《周南》和《召南》了吗?人要是不学《周南》《召南》,就像面朝墙壁站立。"

【解义】

《诗经》分风、雅、颂三大部分。风,也称"国风",是各诸侯国的民歌。其第一篇,由《周南》和《召南》两部分组成。儒者一般认为,这原是周朝初年二位大臣周公姬旦和召公姬奭原封地的民歌。南,是说他们对民众的教化,由北而南逐步流行的意思。

朱熹认为,《诗经》第一篇讲的都是修身、齐家的事。"不学《周南》《召南》,就像面朝墙壁站立",意思是,假如不学习《诗经》,即使对于那些身边最近的地方,也是看不见一件事物,不可以行走一步。

【原文】

17.11　子曰:"礼云礼云,玉帛云乎哉?乐云乐云,钟鼓云乎哉?"

【译义】

孔子说:"礼啊,礼啊,说的就是献祭的玉器和丝帛吗!

音乐啊,音乐啊,说的就是那钟鼓的铿锵作声吗!"

【解义】

礼有五类。最重要的是祭礼。祭礼最明显的特征,就是献给神祇的祭品。献给神祇的祭品中,最显眼又最贵重的,就是美玉和丝帛。

汉代儒者郑玄和马融认为,礼的作用是"安上治民",不仅是玉器和丝帛;乐的作用是移风易俗,不仅是钟鼓铿锵。王弼认为,礼以恭敬为主,乐以和谐为主。这是孔子批评当时的礼仪不知恭敬,当时的音乐不能和谐,只是徒具形式。宋代儒者邢昺和朱熹都认为,这是批评当时的礼、乐都失去了根本。

其他事情也是一样,如果失去根本,徒具形式,也就失去了它的作用。

【原文】

17.12 子曰:"色厉[1]而内荏[2],譬诸小人,其犹穿窬之盗也与?"

【注释】

[1] 厉,严厉。
[2] 荏,音rěn,柔弱。

【译 文】

孔子说:"脸色严厉,内心怯懦,可以比作小人物中那些挖洞盗窃的贼!"

【解 义】

内心怯懦,脸色却又非常严厉,一定是要掩盖什么。所以孔子把这样的人比作挖洞盗窃的贼。

中国古代社会,小农经济。一家一户,住宅多是土木结构或砖木结构,夜晚在墙外挖洞,入室盗窃,是小偷作案的基本方式。今天高楼大厦,水泥钢筋,挖洞盗窃的方式就很少见了。

【原 文】

17.13 子曰:"乡原,德之贼也。"

【译 文】

孔子说:"乡原,是德行的贼。"

【解 义】

色厉而内荏者,就像挖洞盗窃的贼。乡原,则是德行的贼。

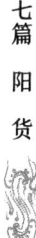

乡，指世俗而言。原，就是愿，世俗中的愿者。也就是今天说的"烂好人"。因为他不分是非，往往同流合污以谄媚世人，所以在世俗中间被称为愿。他像有德其实并不是德，并且反倒扰乱德，所以孔子认为这种人是贼害德的，并深恶痛绝。

【原　文】

17.14　子曰："道听而途说，德之弃也。"

【译　文】

孔子说："道听途说的事，德行高尚的人是不采信的。"

【解　义】

今天的传播工具更加多样，也更加方便快捷，辨别是非真假也更为重要。不轻信，多动脑，是对待各种信息的第一道关口。

【原　文】

17.15　子曰："鄙夫[1]可与事君也与哉？其未得之也，患得之；既得之，患失之。苟患失之，无所不至矣。"

【注释】

[1] 鄙夫，朱熹："庸恶陋劣之称。"

【译文】

孔子说："卑鄙的家伙可以和他一起侍奉君主吗？当他得不到的时候，担忧得不到；得到以后，又担忧会丢掉。假如他担忧丢掉，那就什么事都能干得出来。"

【解义】

古代的臣子，都是君主的奴仆。臣子的责任，就是侍奉君主。侍奉君主，首要的要求是忠诚。这种患得患失的人，是不会忠诚的。古代的士人，出路也只有一条，那就是做官，侍奉君主。

现在的人们，职业多样，选择多种。忧虑得不到和忧虑失去，都是正常现象，一般不会使用卑劣的手段。所以孔子对此类人的鄙视，现在未必合适。

如果是在一个为共同事业而奋斗的群体中，仅仅忧虑个人的得失，那就和孔子批评的患得患失者差不多了。

【原文】

17.16 子曰："古者民有三疾，今也或是之亡也。

古之狂也肆，今之狂也荡；古之矜也廉，今之矜也忿戾；古之愚也直，今之愚也诈而已矣。"

【译　文】

孔子说："古代的民众有三种毛病，现在或许连这些也没有了。古代的狂妄张扬，现在的狂妄放荡；古代的矜持廉洁，现在的矜持愤恨；古代的愚昧直率，今天的愚昧奸诈就是了。"

【解　义】

在孔子看来，即使是同样的缺点，当时的人们也不如古代。孔子，是个真诚而全面的"好古"者。

【原　文】

17.17　子曰："巧言令色，鲜矣仁。"

【译　文】

孔子说："花言巧语，装模作样，很少有仁德的。"

【解　义】

和第一篇《学而》第三章重复。

【原 文】

17.18 子曰:"恶紫之夺朱也,恶郑声之乱雅乐也,恶利口之覆邦家者。"

【译 文】

孔子说:"我讨厌紫色混淆朱红,讨厌郑国的音声扰乱了雅乐,讨厌口齿伶俐颠覆了国家。"

【解 义】

在孔子看来:紫色混淆朱红,是以假乱真;郑声扰乱雅乐,是以邪压正;口齿伶俐颠覆国家,是奸人得逞。这些都是孔子不能容忍的。

【原 文】

17.19 子曰:"予欲无言。"

子贡曰:"子如不言,则小子何述焉?"

子曰:"天何言哉!四时行焉,百物生焉,天何言哉!"

【译 文】

孔子说:"我想不再讲什么了。"

子贡说:"先生如果不讲,我们该拿什么告诉别人呢?"

孔子说:"上天讲了什么呢?四季周而复始地运行,万物蓬蓬勃勃地生长,上天讲了什么呢!"

【解义】

古人的注释,大体上有两个意思。一是说,这是孔子在多次碰壁之后,觉得无人听他的话,所以不想再讲什么了。至于说上天也不讲话,则认为是孔子想效法上天,来推行他的教化。

有一点可以肯定的是,上天是孔子及以后儒者们信仰的最高神。认为这个最高神是不讲话的,则是从孔子开始的、儒者们的神祇观念。此后孟子也讲过,说上天给人指示,不是谆谆教导那样的指示,而是用它的行动和事情的成败,来显示自己的意志。比如,天子是上天任命的。怎么任命呢?以大禹为例。舜死以后,百姓们不歌颂舜的儿子而歌颂大禹,不投奔舜的儿子而投奔大禹;让大禹主持祭祀,上天和神祇们都欣然接受。这就是上天用自己的行动和事情的成败,表示对大禹的任命。也就是说,认为最高神不用语言表达自己的意志,是孔子到孟子关于最高神祇的观念。

到了汉代,儒者们为了明确表示上天的意志,创造了很多上天的预言。预言的主要内容,就是该由谁来做皇帝。这些预言被编辑成书,就是《河图》《洛书》。

汉代以后,儒者们不断创造出类似于《河图》《洛书》的新天书。到北宋时代，儒者刘牧看到这些天书的荒唐，于是援引孔子"上天讲了什么呢"（"天何言哉"），说上天是不讲话的，哪里有记载上天语言的天书。于是他创造了五十多幅由黑白点阵组成的图案，说，这才是传说中的《河图》《洛书》。

刘牧以后，儒者们关于什么是《河图》《洛书》，又进行了数百年的争论。但是就不再认为《河图》《洛书》是记载上天语言的天书，则达成了共识。

因此，孔子说"天何言哉"，在中国古代社会，是一种新的、较为进步的上天观念。

【原 文】

17.20 孺悲欲见孔子，孔子辞以疾。将命者出户。取瑟而歌，使之闻之。

【译 文】

孺悲想会见孔子，孔子推辞说有病。传话的刚出屋，孔子就弹起瑟，唱起了歌，要让孺悲听到。

【解 义】

孔子要让孺悲知道，自己不是真的有病，而是不愿见他。大概孺悲是一个令孔子非常讨厌的家伙。

孺悲，鲁国人，鲁哀公曾派他向孔子学习《士丧礼》。

【原 文】

17.21　宰我问:"三年之丧,期[1]已久矣。君子三年不为礼,礼必坏;三年不为乐,乐必崩。旧谷既没,新谷既升,钻燧改火,期可已矣。"

子曰:"食夫稻,衣夫锦,于女安乎?"曰:"安。"

"女安,则为之!夫君子之居丧,食旨不甘,闻乐不乐,居处不安,故不为也。今女安,则为之!"

宰我出。子曰:"予之不仁也!子生三年,然后免于父母之怀。夫三年之丧,天下之通丧也。予也有三年之爱于其父母乎?"

【注 释】

[1]期,音jī,一周年。

【译 文】

宰我问:"守丧三年的规定,期限太长了。君子一年之中不演习礼仪,礼仪一定会坏掉;三年之内不演奏音乐,音乐一定会失传。旧粮吃完了,新粮又收获了,钻燧改火,一年就可以了。"

孔子说:"吃稻米,穿锦绣,你感到心安吗?"

宰我说:"安。"

"你心安，你就那样做吧。但君子们在守丧期间，吃香的也觉得不香，听到音乐也不会快乐，一举一动都不安心，所以不会像你那样做。现在你觉得心安，你就那样做吧。"

宰我出去了。孔子说："宰予这是不仁啊！儿女生下三年，才能离开父母的怀抱。那三年的丧期，是天下共同遵守的期限。宰予他难道没有父母三年的爱护吗？"

【解义】

中国古代，非常重视父母的丧事。父亲或母亲去世，儿子要为父母守丧三年。所谓守丧，正规的做法是，在父母墓旁修建一间简陋的小屋，自己要辞去工作，离开妻子儿女，单独住在里面。吃简单的饭食，直到三年期满。

这样的制度不知起源于何时，也说不清是什么理由。宰我觉得时间太长，所以向孔子提出了自己的问题。认为一年就可以了。因为一年之中，旧粮吃完了，新粮收获了。钻木改火也循环一周了。为父母守丧也该结束了。

"钻燧改火"事源于钻木取火。传说在上古某个时候，有个叫燧人氏的圣人，发明了用钻木取火的方法，从此人类能够吃到熟食。此后，用钻木的办法来取得火种成为传统。汉代儒者马融说，钻木取火的事，在周代成为一种制度。据《周书·月令》篇，一年四季，钻木所用的木材都不一样："春取榆柳之火，夏取枣杏之火，季夏取桑柘之火，秋取柞楢之火，冬取槐檀之火。一年之中，钻火各异木，故曰'改火'也。"马融说的书，今天已经看不到了。现存的《逸周书》，有《时训解》，相当于"月令"，其中并无钻木改火之事。只有《周礼·司烜氏》记载，司烜氏"掌以夫燧取明火于日，以鉴取明水于月。"据此，则周代已经有更先进的取火方法，即用"夫燧"从太阳那里取火。这应该是一种金属做的凹面镜。《礼记·内则》也记载，君子孝敬父母，身上必须佩带一些小挂件。左边佩金燧，右边佩木燧。金燧就是《周礼》中的夫燧；木燧是钻木取火的工具。取火的工具成为君子必须佩带的挂件，说明这样的东西已经有很久的历史了。

因此，周代已经有更方便的金属取火工具，目的是供祭祀时用火。钻木取火的事，可能还保留着，但未必普遍使用。宰我的话，只是为了说明周年循环的事已经完成而已。

至于为父母守丧的日期，说是三年，其实只是二十五个月。也就是两年加一个月，跨了三个年头而已。也有人认为应是二十七个月，那是考虑到闰月的缘故。

【原 文】

17.22 子曰："饱食终日，无所用心，难矣哉！不有博[1]弈[2]者乎，为之，犹贤乎已。"

【注 释】

[1] 博，一种棋类游戏。

[2] 弈，围棋。

【译文】

孔子说："一天到晚，吃得饱饱的，什么心也不操，难办呢！不是有下棋的吗，去下下棋，也强过什么也不干。"

【解义】

"无事生非"，这种无所用心、无所事事的人，很可能是坏主意、坏事情的发源地，所以连孔子都觉得难办。这样的人，在旧社会有两种。一种是富贵人家的所谓"花花公子""纨绔子弟"；另一种是家庭并不富裕，但也游手好闲、好吃懒做。这种人还有个称呼，叫"二流子"。

孔子说，去下下棋也好，也比什么心也不操，什么事也不干要好，实在是没有办法的办法。

整治这些人也有办法，那就是让他们从事生产，不过孔子是无法办到的。

【原文】

17.23　子路曰："君子尚勇乎？"子曰："君子义以为上。君子有勇而无义为乱，小人有勇而无义为盗。"

【译 文】

子路说:"君子崇尚勇气吗?"孔子说:"君子崇尚的是正义。君子有勇气而没有正义,就会叛乱;小人有勇气而没有正义,就会做强盗。"

【解 义】

这段话和本篇第八章相呼应:"喜好勇敢而不好学问,这样的弊病是闹事。"一般情况下,君子有资源,闹的事也大。小人,也就是下层民众,缺少资源,闹的事也小。公山弗扰、佛肸的叛乱,都是君子闹事的典型事例。

【原 文】

17.24 子贡曰:"君子亦有恶[1]乎?"子曰:"有恶。恶称人之恶者,恶居下流而讪[2]上者,恶勇而无礼者,恶果敢而窒[3]者。"

曰:"赐也亦有恶乎?""恶徼[4]以为知[5]者,恶不孙[6]以为勇者,恶讦[7]以为直者。"

【注 释】

[1] 恶,音 wù,下同。
[2] 讪,音 shàn,嘲笑,诋毁。

[3] 窒，不通。

[4] 徼，音jiāo，偷看。

[5] 知，音zhì。

[6] 孙，音xùn。

[7] 讦，音jié，揭发、攻击别人的隐私。

【译文】

子贡说："君子也有厌恶的东西吗？"孔子说："有厌恶的。厌恶喜欢说人坏话的，厌恶身居下位而嘲笑上级的，厌恶勇敢而不守规矩的，厌恶果断敢干但偏执顽固的。"

孔子问："端木赐你也有厌恶的东西吗？"（子贡答：）"厌恶把抄袭别人当作自己的智慧，厌恶把不谦逊当作勇敢，厌恶把揭发、攻击别人的隐私当作直率。"

【解义】

在德行和品质问题上，在许多情况下美德和恶行往往难以区分。不少人，往往把自己的恶行装饰为美德。孔子和子贡的对话，可作为我们分辨是非曲直的重要参考。

【原文】

17.25 子曰："唯女子与小人为难养也，近之则不孙，远之则怨。"

【译文】

孔子说:"只有女子和小人是难以对待的。亲近了他们就不守规矩,疏远了他们就有怨气。"

【解义】

孔子的这种观念,是今天的人们所难以接受的。然而就像亚里士多德说"奴隶是会说话的工具"一样。亚里士多德的话反映了古希腊社会中奴隶在社会中的实际地位,孔子的话反映了当时的人们,至少是君子们,对待妇女和下层民众的一般态度。

有人解释说,这里的女子,只是大概而言,并不是指所有的女人。比如《诗经·周颂·雍》篇"既右烈考,亦右文母"的文母,就是一个周王室中的贤德女子。至于"小人",有人认为是指所谓奴仆而言。说这里的女子不是指所有的女子,小人是指奴仆,有相当道理,可能合乎孔子的本意。但即使如此,也难以改变孔子等古代君子对待女子和小人的基本态度。

到了当代,有人为了说明孔子的伟大,独创解释说,此处"女子"的"女",应该读作"汝",就是"你"的意思。因此,孔子不是歧视妇女。该人还请某名家为他的新发现书面作证。扬言要重新注释《论语》,并要把自己的成果推广到联合国。1996年,笔者组织了一次学术讨论会。该人不知因何人也到了会上。因为学术会没有秘密,多一人、少一人都无所谓，也就听之任之。会下休息时，该人拿出印制好的表格，要许多与会者填写，做他项目的顾问。找了笔者三次，笔者推说才疏学浅，没有答应。最后一次，该人发怒了："我请您做顾问是瞧得起您！"笔者连忙答道："不必不必。"多少年过去了，笔者注释到此，忽然想到：这大约就是所谓"疏远了就有怨气"吧，虽然我未能体会他的"亲近了就不守规矩"。

二者齐备的，是陈来教授在纪念任继愈先生的文章中提到的某君："极善交际，堪称奇才。不但校内文科老先生们皆被他哄得高兴，对他表示欣赏，校外北京中国哲学史学界的领导人物也都被他的忽悠所迷糊，跟他的关系相当密切。"密切到他可以和不少老先生拍肩膀。这大约是"亲近了就不守规矩"。陈来教授讲："老先生之中只有一位不为所动，那就是任先生。"[1] 因此，该君就常在背后，甚至当着我们这些学生的面，讲任继愈先生的坏话。这应当就是"疏远了就有怨气"。

这些经历，使笔者想到，"难以对待"的小人，大概不仅指奴仆之类。君子堆里，那些"亲近了他们就不守规矩，疏远了他们就有怨气"的，也当是小人之列。

---

[1] 陈来《纪念任继愈先生》，载《哲人其萎，风范永存》，第87页，国家图书馆编，国家图书馆出版社，2009年9月。

【原文】

17.26 子曰:"年四十而见恶[1]焉,其终也已。"

【注释】

[1]恶,音 wù。

【译文】

孔子说:"活到四十岁了还惹人讨厌,一辈子也就完了。"

【解义】

孔子大概是就他自己的见闻而言,并不都是这样。晋朝有个叫周处的,仗着勇力过人,胡作非为。当地把他和山上的猛虎、河中的蛟龙并称"三害"。某一天,周处上山杀虎,下河斩蛟,然后投奔将军陆云,说自己想幡然改过,但"年已蹉跎"。是否已到四十,没有说明,但从"年已蹉跎"四字看来,年龄也不算太轻。陆云说,古人赞扬"朝闻夕改"。只要努力,一定会有好名声。周处后来建功立业,青史留名。

时至今日,人们的寿命延长,四十岁还只能算作青年。此后而有成就、称誉的,史不绝书。问题仅仅在于,是否有"朝闻夕改"的勇气。

第十八篇　微　子

【解题】

本篇从商代贤臣微子讲起，记述了许多古代圣贤和当代隐士们的事迹，以及孔子几件亲身经历的大事，也记录了孔子对古代圣贤和当代隐士们的态度和评价。

共十一章。

【原文】

18.1　微子去之，箕子为之奴，比干谏而死。孔子曰："殷有三仁焉。"

【译 文】

微子出走了。箕子做了奴隶,比干劝诫被处死。

孔子说:"商朝有三位仁人。"

【解 义】

孔子很少称赞某人是仁人,但认为商代这三个人是仁人。

据《史记》,微子是商代末期君主帝乙的长子,名启。因为母亲地位低,所以不能继承帝位。帝乙死,正后的儿子辛继承帝位,就是纣王。纣王胡作非为,微子屡次劝诫都不听,就离开了。周朝建立,依照古代传统,把微子封在河南商丘一带,继承商朝的祭祀,国号为宋。

比干是商朝的王子,屡次劝告纣王,纣王不听。比干认为,作为臣子,君主不听劝告,就应该以死相争,于是强行规劝。纣王大怒,说:"听说圣人的心有七个孔窍。"命人挖了比干的心。

箕子,有人说是纣王的叔父,有人说是纣王的庶兄,有人说是纣王的亲戚。屡次劝告纣王,纣王不听。又看到比干被杀,于是佯装疯狂,给别人做了奴隶。周朝建立以后,周武王曾向箕子请教如何治理国家。箕子不愿讲商朝的罪恶,只是讲了一些治理国家的基本原则。这就是《尚书》中的《洪范》篇。"洪范"的意思,就是大的原则。后来武王把箕子封到朝鲜,箕子成为朝鲜的开国元首。

这三位，都是中国古代广受称赞的仁人、圣人。

【原文】

18.2 柳下惠为士师，三黜。人曰："子未可以去乎？"曰："直道而事人，焉往而不三黜？枉道而事人，何必去父母之邦？"

【译文】

柳下惠做典狱长，多次被罢免。有人说："你不能出国吗？"回答说："用正直的态度工作，到哪里能不被罢免？不用正直的态度工作，何必要离开自己的故乡！"

【解义】

柳下惠，就是《卫灵公》篇第十四章孔子批评臧文仲知道比他高明却压制不提拔的贤者。典狱长，是一个低级职位。但他不嫌职位低，仍然认真履行职责。

柳下惠虽然职位很低，但确实德行高尚，才能出众。据《国语·鲁语》，海鸟爰居飞到鲁国，臧文仲让国人祭祀。柳下惠就批评说，这是因为海上起了大风，海鸟躲避风灾而来，不是什么神祇。并因此讲了一大篇论述祭祀原则的话。大意是，凡是作为神祇加以祭祀的，必须是给国家和人民树立起榜样、建立过大功业的人物。自然事物被崇拜为神，比如日月星辰、名山大川，都是因为它们对人民的生活有重大作用，如此等等。他的话，被收入儒家的重要经典《礼记》，成为后世儒者确定祭祀神祇的基本原则。

【原　文】

18.3　齐景公待孔子，曰："若季氏，则吾不能，以季、孟之间待之。"曰："吾老矣，不能用也。"孔子行。

【译　文】

齐景公谈如何对待孔子，说："像鲁国对待季氏那样，我办不到。就在季氏和孟氏之间吧。"又说："我老了，不能用孔子了。"孔子就离开了。

【解　义】

鲁昭公在位的第二十五年，和季氏等三家发生冲突。三家合伙进攻昭公，昭公逃到了齐国。不久，孔子也到了齐国。于是就发生了齐景公谈要如何对待孔子的问题。

齐景公的意思是说，像鲁国那样，把整个政权都交给季氏，他是办不到的；但也不会像鲁国对待孟氏一样，使他有职而无权。也就是说，比鲁国对待季氏低一些，但要比鲁国对待孟氏高一些。

然后又说，自己老了，无法用孔子了，也就谈不上高或者低了。而齐景公之所以又说不用孔子，根本原因，当是因为晏婴认为，孔子那一套办法太烦琐，不切实用。

也有人认为，齐景公所说的，仅仅是招待孔子的礼仪的高低。可备一说。

【原 文】

18.4 齐人归女乐。季桓子受之，三日不朝。孔子行。

【译 文】

齐国送给鲁国一个女子乐队。季桓子接受了，三天不上朝。孔子就离开了。

【解 义】

季桓子，鲁国大夫，名斯。据《史记·孔子世家》：鲁定公十四年，孔子做鲁国司寇，代理宰相。齐国害怕，赠送了女子乐队以扰乱鲁国政治。季桓子接受了这个乐队，沉浸于玩乐之中，孔子就离开了。

《周易·系辞传》说："君子见几而作，不俟终日。"就是说，君子看见一点苗头，就要立即行动，不要等到这天终了。孔子离开鲁国，就是看到了季桓子的作为，将要使鲁国的政治更加腐败下去。

【原 文】

18.5　楚狂接舆歌而过孔子，曰："凤兮！凤兮！何德之衰？往者不可谏，来者犹可追。已而！已而！今之从政者殆而！"

孔子下，欲与之言。趋而辟之，不得与之言。

【译 文】

楚国的狂人接舆唱着歌从孔子旁边经过。他唱道："凤凰啊，凤凰啊，为什么德行滑坡了！过去的没法追究，未来的还可以挽救。算了吧，算了吧，现代当权的都快完蛋了！"

孔子下了车，想和接舆交谈。接舆跑开了，没有和他交谈。

【解 义】

接舆，就是《宪问》篇第四十章中孔子说的起身隐居的七人之一。他的隐居方式是装疯。

凤凰是古人观念中的神鸟。《山海经·南山经》载，凤凰"其状如鸡"，身有五彩，"见则天下安定"。但人们往往理解为"天下安定则见"。接舆把孔子比作凤凰，认为现在是天下不安定的时候，不该出现，更不该到处奔走，要挽救这个世道，所以说凤凰的德行滑坡了。孔子想向接舆解释，接舆不愿意听，就跑开了。

所谓人各有志。志向不同，交谈也不会有结果。

【原文】

18.6 长沮[1]、桀溺[2]耦而耕。孔子过之，使子路问津焉。

长沮曰："夫执舆者为谁？"子路曰："为孔丘。"曰："是鲁孔丘与？"曰："是也。"曰："是知津矣。"

问于桀溺，桀溺曰："子为谁？"曰："为仲由。"曰："是鲁孔丘之徒与？"对曰："然。"曰："滔滔者天下皆是也，而谁以易之？且而与其从辟人之士也，岂若从辟[3]世之士哉？"耰[4]而不辍。

子路行以告。夫子怃然，曰："鸟兽不可与同群，吾非斯人之徒与而谁与？天下有道，丘不与易也。"

【注释】

[1]沮，音 jǔ。
[2]溺，音 nì。
[3]辟，音 bì，躲避。
[4]耰，音 yōu，覆盖种子。

【译文】

长沮、桀溺一起耕田。孔子经过，让子路去问渡口。

长沮问："驾车的那位是谁？"子路答："是孔丘。"问：

"是鲁国的孔丘吗?"答:"是的。"长沮说:"他知道渡口。"

子路又问桀溺,桀溺说:"您是谁?"答:"我叫仲由。"问:"是鲁国孔丘的学生吗?"回答道:"是。"桀溺又说:"天下到处都是洪水滔天的样子,谁又能改变它?况且你与其追随那躲避坏人的人,就不如追随这躲避世道的人。"说完又继续耕作。

子路回来报告。孔子怅然,说:"无法和鸟兽们一起生活,我不和人生活在一起又和谁在一起呢?假如天下太平,我也不必去改变它。"

【解 义】

这是孔子从楚国返回蔡国,在路上的遭遇。到了河边,不知道渡口在哪里,所以让子路去问。

本来是子路驾车。因为子路下车问路,所以孔子就代子路拉着马的缰绳。这两个耕田的人显然听说过孔子的事,不赞同孔子的做法,所以都不愿告诉子路渡口在哪里。

长沮、桀溺也是《宪问》篇第四十章中孔子说的起身隐居的七人中的两个。

孔子听子路讲了这两人的态度,怅然若失。但自己无法隐居山林,与鸟兽为伍,而只能和人群在一起。正因为天下不太平,所以才要想办法挽救。如果天下太平,他就不会想去改变什么了。

孔子的这种所谓"入世"态度,是中国古代仁人志士

"以天下为己任"的思想来源。

【原文】

18.7 子路从而后，遇丈人，以杖荷蓧。子路问曰："子见夫子乎？"丈人曰："四体不勤，五谷不分。孰为夫子？"植其杖而芸。

子路拱而立。

止子路宿，杀鸡为黍而食之，见其二子焉。

明日，子路行以告。子曰："隐者也。"使子路反见之。至，则行矣。

子路曰："不仕无义。长幼之节，不可废也；君臣之义，如之何其废之？欲洁其身，而乱大伦？君子之仕也，行其义也。道之不行，已知之矣。"

【译文】

子路随从孔子落在了后面，遇到一位老人，用拐杖背着除草的竹篓。子路问道："老者看见我家夫子了吗？"老人说："你们四体不勤，五谷不分，谁是你们家夫子？"插起拐杖开始除草。

子路拱手站在旁边。

老人留子路住宿，杀鸡做饭招待他。又让两个儿子出来见客。

第二天，子路赶来并讲了昨天的事情。孔子说："是个隐士啊。"让子路返回拜访老人。到老人家里，人已经走了。

子路说："不出仕做官是不义的。长幼尊卑的礼仪，知道不能抛弃；那么君臣之间的大义，怎么就能够抛弃呢！想洁身自好，却破坏了最大的规矩。君子的出仕做官，是为了推行正义。正道的不能推行，我们是知道的。"

【解 义】

用拐杖背竹筹的老者，也是所谓起身隐居的七人之一。他让儿子来见子路，是不忘长幼的礼仪。那么，君臣的礼仪，怎么就能忘了呢！这是孔子和子路的思想。

也就是说，在孔子和子路看来，一个士人，就应该出仕做官，为君主服务。这是大义，是最重要的人伦。这样的观念，也是后来儒者们的基本观念。

筹，耘田，即除草的工具。汉代人也只说是一种竹制的工具。什么样子，如何除草，则从未有人说清。

【原 文】

18.8　逸民[1]：伯夷、叔齐、虞仲、夷逸、朱张、柳下惠、少连。

子曰："不降其志，不辱其身，伯夷、叔齐与！"

谓:"柳下惠、少连,降志辱身矣。言中伦,行中虑,其斯而已矣。"

谓:"虞仲、夷逸,隐居放言。身中清,废中权。我则异于是,无可无不可。"

【注释】

[1] 逸民,言行超凡脱俗的人。

【译文】

超凡脱俗的人有:伯夷、叔齐、虞仲、夷逸、朱张、柳下惠、少连。

孔子说:"不降低志向,不使自身受侮辱的,大约是伯夷和叔齐吧!"

说:"柳下惠、少连,降低了志向,自身受了侮辱。但是说话合乎伦理,行动经过思虑,他们是这个样子的吧。"

说:"虞仲、夷逸,隐居起来,言论放纵。但自身合乎清高,处事变通适当。我和他们都不同,没有什么是可以、什么是不可以的。"

【解义】

虞仲,即仲雍,太伯的弟弟。他和太伯一起逃到吴地,就是今天的江苏一带。当时被称为蛮夷之地,人们"断发纹身",作为裸体的装饰。即剪短了头发,身上文出花纹,不戴冠冕，不穿衣服。他隐居起来，独善自身，言论放纵，合乎道的清高。自我废弃，是合乎道的权变。夷逸、朱张，不见经传，事迹无法考证。

柳下惠在政局混乱的鲁国做了一个小官，是降低了志向；常常被罢免，是自身受了侮辱。但他讲的海鸟飞到鲁国是因为海上大风，得到广泛认可。他讲的祭祀原则，成为后世制定祭礼的根据。这都是说话合乎伦理。别人劝他离开鲁国，他讲的不离开理由，非常充分，说明"行动经过思虑"。少连，《礼记·杂记》称他"善于为死者守丧。三天了还不怠慢，三月了还不懈怠，一年了还悲哀，三年了还忧愁"。大约就是他的"行动经过思虑"。

孔子说自己是"没有什么是可以、什么是不可以的"。据孟子的解释是："可以出仕就出仕，可以停止就停止，可以长久就长久，可以快速就快速。"根据情况，适当变通。

【原文】

18.9 大师挚适齐，亚饭干适楚，三饭缭适蔡，四饭缺适秦。

鼓方叔入于河，播鼗[1]武入于汉，少师阳、击磬襄入于海。

【注释】

[1] 鼗，音 táo，小鼓。两旁有耳朵，握住柄摇动，两旁的鼓耳就交替击鼓。

【译文】

太师挚逃到了齐国。亚饭干逃到了楚国，三饭缭逃到了蔡国，四饭缺逃到了秦国。

鼓手方叔到了黄河之滨，摇拨浪鼓的武到了汉水之上，少师阳、击磬的襄到了海边。

【解义】

这里讲的是鲁国的乐师们的下落。

太师是乐官之长，少师当是太师的副手。亚饭、三饭、四饭，都是君主进餐时的乐官。鼓手、摇拨浪鼓、击磬，也都是他们在乐队中的职务。挚、干、缭、缺、方叔、武、阳、襄，分别是他们的名字。

国家衰落，国内的文化人也难以生存，纷纷逃到了别国。

【原文】

18.10 周公谓鲁公曰："君子不施[1]其亲，不使大臣怨乎不以[2]。故旧无大故[3]，则不弃也。无求备于一人。"

【注释】

[1] 施，陆元朗的版本作"弛"。福建本也是"弛"，遗弃的意思。
[2] 以，用。
[3] 大故，指叛逆等大罪。

【译文】

周公对鲁公说："君子不遗弃自己的亲属，不让大臣抱怨不被信任。老臣旧部没有大的罪过，就不要抛弃。不要对一个人求全责备。"

【解义】

周公，就是周武王的弟弟姬旦。鲁公，是姬旦的儿子伯禽。周朝的君主称王，王以下最高爵位是公。

这是周公姬旦对儿子鲁公伯禽的告诫。

【原文】

18.11　周有八士：伯达、伯适、仲突、仲忽、叔夜、叔夏、季随、季騧[1]。

【注释】

[1] 骒，音 guā。

【译文】

周朝有八位知名人士：伯达、伯适、仲突、仲忽、叔夜、叔夏、季随、季骒。

【解义】

据说他们是一母四胎所生的八个儿子，都是双胞胎，都很贤明。有人说，这是要说明当时好人众多。

第十九篇 子 张

【解 题】

这一篇记载的都是弟子们的言论,以子夏最多,其次是子贡。在孔子的学生之中,除颜回之外,最聪明的就是子贡。经商、治国、外交上最有成就的也是子贡。书本知识最好的,是子夏。据说现存许多儒经的注释,源头都可追溯到子夏。本篇记述他们的事迹和言论,比较详尽。

共二十五章。

【原 文】

19.1 子张曰:"士见危致命,见得思义,祭思敬,丧思哀,其可已矣。"

【译文】

子张说:"士人在危险时刻能够献出生命,见到有利的事情能够考虑到正义,祭祀鬼神要虔诚恭敬,办理丧事时要悲伤哀痛,这就算可以了。"

【解义】

士,在春秋战国时代,是第一等的民众,最下一级的官吏。他们的职业,就是准备做官,为国家服务,但不一定求学读书。那些行侠仗义、依靠勇力为国家或贵族服务的士,也是士人的一类。杨伯峻《论语译注》把这里的"士"译为"读书人",是不正确的。

章士钊曾经把历史故事"二桃杀三士"解释为"两个桃子杀了三个读书人",遭到鲁迅的讽刺。鲁迅说,那三个人,都是一个大字不识的文盲。

据《晏子春秋》,齐景公有三个勇士:公孙接、田开疆和古冶子。他们见到宰相晏婴过来,也不起身。晏子觉得,这三个人勇力过人,可以徒手打虎,但不懂礼貌,以后一定会犯上作乱。于是建议齐景公送给三人二枚桃子,让他们论功吃桃。结果争论不下,先后自杀。这个故事被后人编成诗歌《梁父吟》:"步出齐城门,遥望荡阴里。里中有三坟,累累正相似。问是谁家墓,田疆古冶氏。力能排南山,文能绝地纪。一朝被谗言,二桃杀三士。谁能为此谋,国相齐晏子。"诗歌说他们

"文能绝地纪",但《晏子春秋》却只讲他们勇力过人。至少在后人的眼中,他们三个算不得是"读书人"。

士的种类很多。以勇力著称的叫"勇士",行为悲壮的叫"壮士",为别人不惜献出生命的叫"死士",行侠仗义的叫"义士",为人出谋划策的叫"谋士",隐居起来不为国家服务的叫"隐士",战国时代懂点祭神算命或者医药知识的,叫"方士"或"术士"。总之,这是一个介于官民之间的阶层,未必都曾求学读书。

汉代以后,士和大夫阶层逐渐合流,被称为"士大夫"。出现了"博士""学士"之等高级读书人的官职和称呼。但士人中,仍然有文盲,并不都能读书识字。

【原 文】

19.2 子张曰:"执德不弘,信道不笃,焉能为有?焉能为亡?"

【译 文】

子张说:"保持德行却不能发扬,信仰正道却不能坚定,怎么能算作有?怎么能算作无?"

【解 义】

意思是,这样的人,无足轻重。有他也可,无他也可。

【原　文】

19.3　子夏之门人问交于子张。子张曰："子夏云何？"对曰："子夏曰：'可者与之，其不可者拒之。'"子张曰："异乎吾所闻。君子尊贤而容众，嘉善而矜不能。我之大贤与，于人何所不容？我之不贤与，人将拒我，如之何其拒人也？"

【译　文】

子夏的学生向子张请教如何交朋友。子张说："子夏怎么说？"回答说："子夏说'可交的就和他交，不可交的就拒绝他'。"子张说："和我知道的不一样。君子尊重贤能但也容纳大众，赞扬美德但也怜惜低能。我是大贤吗，有什么人不能容纳？我不是贤能，别人将会拒绝我，还怎么去拒绝别人。"

【解　义】

古人注释，一般认为两个都有偏差，也各有交友的范围。"友交当如子夏，泛交当如子张。"（邢昺《论语正义》）也就是说，要交真正的朋友，适用子夏的原则。若是泛泛交往，适用子张的原则。

实际上，不仅人各有志，交友也各有其道。而且"物以类聚，人以群分"。选择的权利，在于个人。这里所讲的，仅仅是追求高尚的人们的交友之道而已。

【原 文】

19.4 子夏曰："虽小道，必有可观者焉。致远恐泥，是以君子不为也。"

【译 文】

子夏说："虽然是小道，也一定有可取之处。实现远大目标，可能会是障碍，所以君子不从事那些。"

【解 义】

大道，就是儒家常说的"治国平天下"。译成现在的话，就是治理好自己的国家，并且使全世界太平安宁。小道，就是具体的方法、技术。技术的"术"，古汉语的意思，也就是"小路"。技术在现代社会上的作用，和古代不可同日而语了。但即使如此，在一个国家里，能使整个国家和平安宁的主张，往往还是比具体的技术重要。至于从整个人类的发展和进步而论，近现代一项事关全局的科学发现或者技术发明，和治理好一个国家的主张比较，哪是大道，哪是小道，有的就难分高低了。

孔子和他的学生们从事的，他们自认为是那治理国家、使整个世界太平安宁的大道。

【原文】

19.5　子夏曰："日知其所亡[1]，月无忘其所能，可谓好[2]学也已矣。"

【注释】

[1] 亡，音wú。
[2] 好，音hào。

【译文】

子夏说："天天能知道自己还有哪些未知的，月月能不忘自己已经懂得的，可算是好学的人了。"

【解义】

每个月都能把已经懂得的加以巩固，每天都能知道还有哪些未知，知识就会不断增加，能力就会不断进步。只是一般人不易做到。能不断有所进步，也就很不错了。

【原文】

19.6　子夏曰："博学而笃志，切问而近思，仁在其中矣。"

【译 文】

子夏说:"广博学习,坚持理想;中肯提问,就近思考,仁德就在这里面了。"

【解 义】

就近思考,就是不要好高骛远。

喜欢提些不切实际的问题,想些不着边际的问题,一般来说,都不是好学生。这些问题不是不可以提,不可以想,但要在学业完成,有了一定知识的基础之后。

【原 文】

19.7 子夏曰:"百工居肆以成其事,君子学以致其道。"

【译 文】

子夏说:"各种各样的工匠们在作坊里完成他们的工作,君子通过学习来获得那个大道。"

【解 义】

工匠们所从事的,就是子夏说的小道。

子夏的意思是说,工匠们在作坊里努力完成自己的工作,求学的君子们应该努力学习，获得那个大道。是鼓励学生们努力学习的意思。

【原 文】

19.8　子夏曰："小人之过也必文。"

【译 文】

子夏说："小人有了过错，一定会加以文饰。"

【解 义】

文过饰非的人，确实不能算是君子，不论他的社会地位如何。

【原 文】

19.9　子夏曰："君子有三变：望之俨然，即之也温，听其言也厉。"

【译 文】

子夏说："君子有三次变化：远远望去庄重严肃，接近之后温和可亲，听他说话则直正严厉。"

【解 义】

君子是否都这样一个模式？恐怕难说。

【原 文】

19.10 子夏曰："君子信而后劳其民，未信则以为厉己也；信而后谏，未信则以为谤己也。"

【译 文】

子夏说："君子有了信誉然后可以烦劳他的民众；尚未取得信誉，民众会认为是虐待自己。取得信任以后可以进行劝告；尚未取得信任，会认为是诽谤自己。"

【解 义】

这是讲信誉的重要，有一定道理。可以和《颜渊》篇第七章"失去民众信任，国家就要完蛋"相互参照。

不过凡事不可绝对。信誉卓著的人，也可能利用人们的信任，偶尔干出出格的事。比如《三国演义》中，一生都小心谨慎的诸葛亮，紧急时刻就演出了一场空城计。

【原 文】

19.11 子夏曰："大德不逾闲，小德出入可也。"

【译 文】

子夏说："德行在大的方面不要逾越界限，小的德行可以有点出入。"

【解 义】

所谓大的德行，就是事关重大的德行。古代的重大德行，就是所谓忠君爱国、孝顺父母之类。小的德行方面很多。比如礼貌不周、言语粗鲁之类。有人解释为大节、小节，也有道理。

今天的社会，人们常常说做人要有底线。做人的底线，就是一条不可逾越的界限。其他方面，可以稍有出入。这不是不让人们努力学好，而是考虑到人无完人。一个人不可能每个方面都做得很好。

【原 文】

19.12 子游曰："子夏之门人小子，当洒扫、应对、进退，则可矣。抑末也，本之则无如之何？"

子夏闻之曰："噫！言游过矣！君子之道，孰先传焉？孰后倦焉？譬诸草木，区以别矣。君子之道，焉可诬也？有始有卒者，其惟圣人乎！"

【译文】

子游说："子夏的那些学生孩子们，做一些洒水扫地、接客待人、出出进进这些事，还是可以的。不过这些都是细枝末节。遇到根本的问题，他们就没有办法了。"

子夏听到了，说："子游错了。君子的大道，哪些要先传授，哪些后来会疲倦，就像花草和树木，是有区别的。君子的大道，怎么可以诬蔑呢！有始有终的，恐怕只有圣人才能吧。"

【解义】

子夏这是说，一般人求学，如果一开始就教一些高深的东西，因为他听不懂，就会感到疲倦。所以教学要有个先后次序，就像花草和树木，要有所区别。哪些要先教，哪些要后教，老师应该有所考虑。对于刚刚开始求学的学生，刚开始教些洒水扫地、待人接物之类的礼貌，是完全正确的。

求学应该由浅入深，古代如此，现在也是如此。这是完全正确的。看到一点局部或者表面，就随便批评别人的人，如果不是怀有恶意，就是浅薄的表现。

【原 文】

19.13　子夏曰:"仕而优则学,学而优则仕。"

【译 文】

子夏说:"做官有了政绩,应该去学习;学习表现优秀,可以去做官。"

【解 义】

今天我们国家也有各级党校、干校,还有各种各样的干部短训班,其中许多都是因为工作卓有成绩,让他们进一步学习,继续提高。

古代的学校就是培养官吏,不像今天的学校,大多要从事技术工作。学习表现优秀可以去做官,那就是说,学习还不够优秀,最好继续学习。这是对个人、也是对国家负责的态度。《公冶长》篇第六章,孔子让漆雕开去做官。漆雕开说自己还有点不自信,希望继续学习,孔子感到高兴,也是这个意思。

【原 文】

19.14　子游曰:"丧致乎哀而止。"

【译文】

子游说:"丧事充分表达了哀痛,就可以了。"

【解义】

子游的话,可能是对那些哀痛过分的人说的。

古人重视孝道。汉代开始,更是把孝作为最重要的美德。然而平素对待父母是否尽孝,难以考察。表现孝心最重要的时刻,就是在父母死亡的时候。于是,有人就过分地哭泣,减少食量,以致损害健康,甚至有送掉性命的。也有人竭尽家里财产厚葬父母,甚至弄到倾家荡产的。子游的话,应该是针对这些过分的行为而言的。

一种美德,强调到不适当的程度,就一定会出现过分的,甚至弄虚作假的行为。中国人是这样,外国人也是这样。古代是这样,现在也是这样。

【原 文】

19.15 子游曰:"吾友张也,为难能也。然而未仁。"

【译 文】

子游说:"我的朋友子张。有很难得的才能,但是没有达到仁德。"

【解 义】

颛孙师子张的性格,偏于勇武、豁达,才能很高。《韩非子·显学》篇说:"孔墨之后,儒分为八。"其中"子张之儒",是八派之一。子游对子张的评价,应当是同学间的看法。说子张没有达到仁德,也应当是实事求是的。因为孔子除了颜回以外,没有认可任何一个学生是达到了仁德的。

【原 文】

19.16 曾子曰:"堂堂乎张也,难与并为仁矣。"

【译 文】

曾子说:"仪表堂堂的子张啊,难以和他一起修养仁德啊!"

【解 义】

《孔子家语》卷九《七十二弟子解》说:"子张少孔子四十八岁,为人有容貌,资质宽冲,博接从容。自务居,不务立于仁义之行。"其中说的"有容貌",应当是这里的"堂堂";"资质宽冲",应当是说他性格豁达;"博接从容",应当说他在交友方面"容纳大众",不像子夏那样严格;"自务居,不务立于仁义之行"，应当就是"难以和他一起修养仁德。"

关于《孔子家语》中这段话的标点和理解，都有分歧。这里的介绍，仅供参考。

【原　文】

19.17　曾子曰："吾闻诸夫子：人未有自致者也，必也亲丧乎！"

【译　文】

曾子说："我听夫子讲过，人没有充分表达自己的机会，（如果说有的话，）那一定是对待父母的丧事吧！"

【解　义】

这就是说，父母的丧事，是儿子充分表达自己孝心的机会。可与本篇第十四章参照阅读。

【原　文】

19.18　曾子曰："吾闻诸夫子：孟庄子之孝也，其他可能也；其不改父之臣，与父之政，是难能也。"

【译文】

曾子说:"我听夫子说过:孟庄子的孝行,别人是可以做到的。他三年之内不撤换父亲的臣子,不改变父亲的政策,是别人难以做到的。"

【解义】

孟庄子,鲁国大夫,名速。他的父亲献子,名蔑。孟献子有贤明的德行,而庄子能留用父亲的臣,坚持父亲的政策。其他孝行,虽然也可称道,但别人都可以做到。比如哭泣的哀痛,只吃稀粥等。但这样的事,却是别人不易做到的。

【原文】

19.19　孟氏使阳肤为士师,问于曾子。曾子曰:"上失其道,民散久矣。如得其情,则哀矜而勿喜。"

【译文】

孟氏要让阳肤出任典狱长,阳肤来请教曾子。曾子说:"上面丢掉了正道,民心涣散的时间长了。如果查出作案真情,应该悲哀而不要高兴。"

【解义】

孟氏，就是掌握鲁政权的三家之中的孟孙氏。三家之中，季孙氏家是上卿，地位最高。孟孙氏家是下卿，地位不高。阳肤是曾子的学生。请他出任的典狱长，当时叫作"士师"，是最基层的官吏，也是士阶层中的一个类别。

曾子说当时民心涣散已久，社会动乱。民众作案，很多是由生活所迫。所以曾子告诫阳肤，即使查得了真情，也不要高兴。

后人读来，仍觉得悲哀！

【原文】

19.20 子贡曰："纣之不善，不如是之甚也。是以君子恶居下流，天下之恶皆归焉。"

【译文】

子贡说："商纣王的恶劣，不像说的那么严重。所以君子害怕处于下游，天下的坏事都会归结到他一个人身上。"

【解义】

把一切好事都归于一人，把一切坏事都归于一人，是大的社会运动中常有的现象。但是作为学者，特别是历史学家们，则应该保持清醒。所以子贡的话，是正确对待历史的榜样。

【原 文】

19.21　子贡曰:"君子之过也,如日月之食焉。过也,人皆见之;更也,人皆仰之。"

【译 文】

子贡说:"君子的过错,就像日食月食。过错,人人都会知道;改正了,人人都会敬仰。"

【解 义】

古代的君子,也是当时社会的所谓"公众人物"。他的过错,即使不会人人都知道,至少是大多数人都知道的。改正了,也会受到民众的敬仰。这是一个事实,也是鼓励那些所谓公众人物不要文过饰非,而要勇于改正错误。

【原 文】

19.22　卫公孙朝问于子贡曰:"仲尼焉学?"

子贡曰:"文、武之道,未坠于地,在人。贤者识[1]其大者,不贤者识其小者,莫不有文、武之道焉。夫子焉不学?而亦何常师之有?"

【注释】

[1] 识，音 zhì，记住。

【译文】

卫国的公孙朝问子贡："仲尼先生的学问是从哪里来的？"

子贡说："文王和武王的道，没有掉落到地上，而是存在于人的心里。贤明的人能记住那些大的，普通人也能记住一些小的。夫子有什么他不学的？又哪里有什么固定的老师！"

【解义】

文王和武王的道，用现代的语言，就是周文王和周武王的主张、主义，包括所有的谋划、训诫、功业以及周代的全部礼乐制度。存在于人的心里，意思是还有人能够记得，所以随处都是孔子学习的内容，如同蜂采花蜜。这是子贡对孔子学问来源的正确解释，也是一切伟大思想诞生的一般情况：即，在社会实践中广泛地学习。

仲尼，是孔子的字。和"夫子"一样，都是别人对孔子的尊称。后世的儒者，也有许多人称孔子为仲尼。

【原文】

19.23　叔孙武叔语大夫于朝曰："子贡贤于仲尼。"

子服景伯以告子贡。子贡曰："譬之宫墙，赐之墙也及肩，窥见室家之好。夫子之墙数仞，不得其门而入，不见宗庙之美、百官之富。得其门者或寡矣。夫子之云，不亦宜乎！"

【译 文】

叔孙武叔在朝廷上对大夫们说："子贡比孔子贤明。"

子服景伯告诉子贡。子贡说："就像王宫的围墙。端木赐的墙，高度可到肩膀，能够看见家里的各种美好。夫子的墙好几丈高，假如找不到门进去，就看不见里面宗庙的美好，百官的众多。能够找到宫门入宫的太少了。叔孙武叔夫子这样说，不是很自然的吗！"

【解 义】

叔孙武叔，鲁国大夫，叔孙氏，名州仇，谥号为武。子服景伯，也是鲁国大夫。

子贡的比喻很恰当，也很正确，也是实事求是，不是故意谦虚。一个人，崇拜什么，赞扬什么，不仅是由于被崇拜者的才能和德行，也表现着崇拜者自己的修养和水平。有位名人讲过：在老鼠的眼里，猫就是世界上最厉害的野兽。虽然刻薄，但很反映本质。

【原 文】

19.24 叔孙武叔毁仲尼。子贡曰:"无以为也,仲尼不可毁也。他人之贤者,丘陵也,犹可逾也。仲尼,日月也,无得而逾焉。人虽欲自绝,其何伤于日月乎?多见其不知量也!"

【译 文】

叔孙武叔诋毁孔子。子贡说:"没有用的。孔子是诋毁不了的。别人的贤能,就像丘陵,还可以逾越。孔子的贤能,就像太阳和月亮,是无法逾越的。有人虽然自己要隔绝太阳和月亮,对太阳和月亮又有什么损伤呢?不过仅仅见到他的不自量力罢了。"

【解 义】

历史上,此类事常有。特别是一些二三流的人物,常常以诋毁伟大人物来发泄怨气或显示高明。唐朝李白、杜甫后来也遭人诋毁。韩愈为此写了一首诗:

李杜文章在,光焰万丈长。
不知群儿愚,那用故谤伤。
蚍蜉撼大树,可笑不自量。
…………

当然,这不是说伟大人物不可以批评。但批评要实事求是，不可妄加诋毁。那些妄加诋毁伟大人物的人，确实像韩愈所说：愚。因为伟大人物之所以伟大，是由他的功业、德行在世，是诋毁不了的。诋毁不了却要妄加诋毁，只能显示自己的偏狭、无知和恶意，很愚蠢。

【原文】

19.25　陈子禽谓子贡曰："子为恭也，仲尼岂贤于子乎？"

子贡曰："君子一言以为知，一言以为不知，言不可不慎也。夫子之不可及也，犹天之不可阶而升也。夫子之得邦家者，所谓立之斯立，道之斯行，绥之斯来，动之斯和。其生也荣，其死也哀。如之何其可及也！"

【译文】

陈子禽对子贡说："先生是太尊敬老师了，仲尼哪里有您贤明呢！"

子贡说："君子一句话就可以显出他的知识，一句话也可以显出他的无知，所以讲话不可不谨慎啊！夫子的高不可攀，就像青天不可搬梯子上去一样。夫子假如能得到国家的任用做大臣，让民众自立就都能自立，加以引导民众就都会跟上，进行安抚民众就都会投奔，有所行动民众就都能和谐。他在世时一生光荣，他逝世后民众悲哀。这怎么可能赶得上呢！"

【解义】

　　不少注释者认为，这个陈子禽，只是和陈亢同字的人，不是子贡的学生陈亢。不过也未必，更可能就是陈亢过于尊崇自己老师子贡的缘故。看子贡如此耐心地教导他，说明这个陈子禽可能就是陈亢，只是当时的见识还不高罢了。

　　《论语》中称赞子贡比孔子还贤能的言论不只一处，没有记载的可能更多。说明孔子的学生中间，除颜回以外，最聪明的确实就是子贡。

第二十篇 尧 曰

【解 题】

　　这一篇只有三章。第一章记载的,被认为是孔子经常教育学生的所谓二帝(尧、舜)、三王(禹、汤、周武王)等人的施政要领。后两章是孔子教导子张应该如何治理国家。第一章较长,所又分为四节。

　　共三章。

【原 文】

　　20.1.1　尧曰:"咨!尔舜。天之历数在尔躬。允执其中。四海困穷,天禄永终。"

　　舜亦以命禹。

【译文】

尧说："喂！告诉你虞舜啊。上天安排的顺序轮到你自己啦。你要切实掌握好那个'中'。假如天下都困苦贫穷，上天给你的俸禄就要永远终结了。"

舜也用这样的话告诉大禹。

【解义】

这段话的内容，保存在《尚书·大禹谟》。原文比这里的内容要多，是舜告诫大禹的话："天之历数在汝躬，汝终陟元后。人心惟危，道心惟微，惟精惟一，允执厥中。"意思是：上天安排的顺序轮到你自己了。你终究要做国家的元首。人心是危险的，道心是微妙的。一定要精心、专一，切实掌握好那个"中"。宋代儒者认为，"人心惟危，道心惟微，惟精惟一，允执厥中"这十六个字，是从尧舜以来，历代帝王的"传心之言"，也就是最重要的治国之道。并由此发展出一整套关于"人心"和"道心"以及如何"执中"的哲学和政治学说。

【原 文】

20.1.2 曰："予小子履，敢用玄牡，敢昭告于皇皇后帝：有罪不敢赦。帝臣不蔽，简在帝心。朕躬有罪，无以万方；万方有罪，罪在朕躬。"

【译 文】

商汤向天帝报告:"儿子履,我冒昧地用黑色的公牛献给您,并冒昧地清清楚楚地向皇皇后帝您报告:有罪的人我不敢赦免。我们作为您的臣子不敢有所隐瞒,一切都在上天您的心里。假如是我的罪过,与四面八方的民众没有关系;四面八方的民众有了罪过,过错都在我一人身上。"

【解 义】

这是商汤推翻了夏朝以后,祭祀上天的祷告词。保存在《尚书·汤诰》,文字比这里的多出一些:"肆台小子,将天命明威,不敢赦。敢用玄牡,敢昭告于上天神后,请罪有夏。……尔有善,朕弗敢蔽。罪当朕躬,不敢自赦,惟简在上天之心。其尔万方有罪,在予一人。予一人有罪,无以尔万方。"

皇皇后帝,是商汤对上天的称呼。中国古代对上天的称呼有许多种。其中用得最多、时间最长的是"昊天上天",其次是"皇天上天"。

在古人的观念中,君主是地上民众的帝、天上上天的臣。文武百官,也是上天的臣。

【原 文】

20.1.3 周有大赉,善人是富。

"虽有周亲,不如仁人。百姓有过,在予一人。"

【译文】

周朝实行大赏,好人都变得富有。

"虽然有最亲的亲属,也不如有仁德的人。百姓们有了过错,过错都在我一人。"

【解义】

引号里面的话,是周武王讨伐商纣王的誓词中的几句,保存于《尚书·泰誓》:"虽有周亲,不如仁人。……百姓有过,在予一人。"

【原文】

20.1.4　谨权量,审法度,修废官,四方之政行焉。
兴灭国,继绝世,举逸民,天下之民归心焉。
所重:民、食、丧、祭。
宽则得众,信则民任焉,敏则有功,公则说。

【译文】

严格衡器、量器和尺度标准,周密制定法律制度,整顿废弃的国家机关,政策和法令就可以在全国顺利推行了。

恢复已经灭亡的国家,继承断绝的世家大族,推荐超凡脱俗的人才，天下的民众就会诚心拥护了。

要重视的是：民众问题、吃饭问题、丧葬礼仪、祭祀礼仪。

宽容就能团结民众，诚信就能得到民众支持，办事利落就有成绩，公平公正民众就会喜悦。

【解 义】

这里讲的都是国家最重要的政策或施政要领。

其中"严格衡器、量器和尺度标准"，"周密制定法律制度"两条，秦朝统一天下以后，可说都做到了。

"恢复已经灭亡的国家"，周武王推翻商朝以后，把微子启封在宋地，继承商朝的祭祀，是一个例子。世家大族，就是过去那些诸侯、大夫的家族。他们的爵位世代相传。秦朝统一以后，这一条就被废除了。秦朝被推翻以后，各诸侯国的继承人纷纷企图恢复他们的国家，其结果，就是互相争夺，最后都归了汉朝。汉朝又新封赏了一批诸侯。这些新封的诸侯，往往是天下动乱的根源。汉朝以后，历代虽然也封王、封侯，给这些王侯们一定的土地，却只允许他们享受封地的税收，而不能掌握封地的权力。至于"推荐超凡脱俗的人才"，特别是被推翻的王朝遗留下来的人才，确实是新王朝重要的人才资源。

在要重视的四个问题当中，丧葬和祭祀礼仪，几乎和民众及其吃饭问题同等重要，因为古代国家，信仰神祇。他们认为，君主的政权，是受神祇、特别是上天保佑的。

【原文】

20.2　子张问于孔子曰:"何如斯可以从政矣?"子曰:"尊五美,屏四恶,斯可以从政矣。"子张曰:"何谓五美?"子曰:"君子惠而不费,劳而不怨,欲而不贪,泰而不骄,威而不猛。"

子张曰:"何谓惠而不费?"子曰:"因民之所利而利之,斯不亦惠而不费乎?择可劳而劳之,又谁怨?欲仁而得仁,又焉贪?君子无众寡,无小大,无敢慢,斯不亦泰而不骄乎?君子正其衣冠,尊其瞻视,俨然人望而畏之,斯不亦威而不猛乎?"

子张曰:"何谓四恶?"子曰:"不教而杀谓之虐;不戒视成谓之暴;慢令致期谓之贼;犹之与人也,出纳之吝,谓之有司。"

【译文】

子张向孔子请教说:"怎么样就可以从政了?"孔子说:"尊重五项美德,摒弃四项恶习,这样就可以从政了。"

子张问:"什么是五项美德?"

孔子说:"君子给人恩惠而不破费,使人劳苦而不受埋怨,有欲望而不贪心,泰然自若而不骄傲,威严却不凶狠。"

子张问:"什么叫给人恩惠而不破费?"孔子说:"借助对

民众有利的事而让民众获利,这不就是给人恩惠而不破费吗?选择可以劳苦的事让民众劳苦,又有谁会埋怨呢?君子想获得仁德就得到了仁德,又怎么能有贪心?君子无论人多人少、无论小人大人,都不敢怠慢,这不就是泰然自若而不骄傲吗?君子衣冠整齐,眼光自重自爱,庄重的样子使人望而生畏,这不就是威严却不凶狠吗?"

子张问:"什么是四项恶习?"孔子说:"不教育就杀人叫作残暴,不事先说明就要求成功叫作急躁,起初要求松懈后来又限期完成叫作害人。同样是要给人东西,总是舍不得出手,那就是个小办事员。"

【解义】

"给人恩惠而不破费",不是捐钱捐物的小慈善,而是兴办利国利民的大事业;"使人劳苦而不受埋怨",因为让民众劳苦的事,是为民众谋福利的,所以民众即使劳苦也不埋怨。如此等等,孔子这里讲的,都是大政策,而不是小事情。

政治都免不了杀人,但是事先要对民众进行教育。办事都要企望成功,但事先必须要说明"怎么做"。一个事业或一项工程,起初就要严肃认真,不能起初松懈而后来却要求限期完成。孔子这里讲的,都是从事政治的人们常犯的毛病。这些告诫归结成一条,就是要兢兢业业。所谓"如临深渊,如履薄冰"。

"同样是要给人东西,总是舍不得出手,那就是个小办事员。"楚霸王项羽就是这样的人。据《史记》,韩信、陈平、郦食其都谈到,将领们作战有功,应该封赏。官印都刻好了,项羽就是舍不得给人家。这就像个管出纳的小办事员。不少人起初追随项羽,后来背叛他投奔刘邦,这是一个重要原因。

【原文】

20.3 子曰:"不知命,无以为君子也。不知礼,无以立也。不知言,无以知人也。"

【译文】

孔子说:"不懂得天命,就没有资格做个君子。不懂得礼仪,就没有自立于社会的资本。不懂得言论,就无法识别人。"

【解义】

这三项,也是在社会上立足的大事。

首先要懂得天命。这是古代宗教观念的基础。孔子说他五十岁懂得天命,是思想境界很高的表现。不懂得礼仪,就没有自立于社会的资本,因为礼仪是古代治理国家的根本原则。懂得言论,就是能够分辨各种言论的是非曲直,真话假话,正话反话,还是话里有话,如此等等,不是件容易的事情。语言是人表达自己最重要的方式。因此,懂得分辨各种言论,也就同时识别了人的品质。

民众有利的事而让民众获利，这不就是给人恩惠而不破费吗？选择可以劳苦的事让民众劳苦，又有谁会埋怨呢？君子想获得仁德就得到了仁德，又怎么能有贪心？君子无论人多人少、无论小人大人，都不敢怠慢，这不就是泰然自若而不骄傲吗？君子衣冠整齐，眼光自重自爱，庄重的样子使人望而生畏，这不就是威严却不凶狠吗？"

子张问："什么是四项恶习？"孔子说："不教育就杀人叫作残暴，不事先说明就要求成功叫作急躁，起初要求松懈后来又限期完成叫作害人。同样是要给人东西，总是舍不得出手，那就是个小办事员。"

【解 义】

"给人恩惠而不破费"，不是捐钱捐物的小慈善，而是兴办利国利民的大事业；"使人劳苦而不受埋怨"，因为让民众劳苦的事，是为民众谋福利的，所以民众即使劳苦也不埋怨。如此等等，孔子这里讲的，都是大政策，而不是小事情。

政治都免不了杀人，但是事先要对民众进行教育。办事都要企望成功，但事先必须要说明"怎么做"。一个事业或一项工程，起初就要严肃认真，不能起初松懈而后来却要求限期完成。孔子这里讲的，都是从事政治的人们常犯的毛病。这些告诫归结成一条，就是要兢兢业业。所谓"如临深渊，如履薄冰"。

"同样是要给人东西，总是舍不得出手，那就是个小办事员。"楚霸王项羽就是这样的人。据《史记》，韩信、陈平、郦食其都谈到，将领们作战有功，应该封赏。官印都刻好了，项羽就是舍不得给人家。这就像个管出纳的小办事员。不少人起初追随项羽，后来背叛他投奔刘邦，这是一个重要原因。

【原 文】

20.3 子曰："不知命，无以为君子也。不知礼，无以立也。不知言，无以知人也。"

【译 文】

孔子说："不懂得天命，就没有资格做个君子。不懂得礼仪，就没有自立于社会的资本。不懂得言论，就无法识别人。"

【解 义】

这三项，也是在社会上立足的大事。

首先要懂得天命。这是古代宗教观念的基础。孔子说他五十岁懂得天命，是思想境界很高的表现。不懂得礼仪，就没有自立于社会的资本，因为礼仪是古代治理国家的根本原则。懂得言论，就是能够分辨各种言论的是非曲直，真话假话，正话反话，还是话里有话，如此等等，不是件容易的事情。语言是人表达自己最重要的方式。因此，懂得分辨各种言论，也就同时识别了人的品质。